U0845484

山东耕地质量评价与应用丛书

济阳耕地

齐建俊　郭荣海　李 涛　吴 兵　主编

山东大学出版社

图书在版编目(CIP)数据

济阳耕地/齐建俊等主编．—济南：山东大学出版社，2013.3
ISBN 978-7-5607-4757-6

Ⅰ．①济…
Ⅱ．①齐…
Ⅲ．①耕地资源—资源评价—济阳县
Ⅳ．①F323.211

中国版本图书馆 CIP 数据核字(2013)第 057226 号

责任编辑：李　港
封面设计：张　荔

出版发行：山东大学出版社
社　址　山东省济南市山大南路 20 号
邮　编　250100
电　话　市场部(0531)88364466
经　　销：山东省新华书店
印　　刷：山东鸿杰印务集团有限公司
规　　格：787 毫米×1092 毫米　1/16
11.25 印张　12 插页　275 千字
版　　次：2013 年 3 月第 1 版
印　　次：2013 年 3 月第 1 次印刷
定　　价：36.00 元

版权所有，盗印必究

凡购本书，如有缺页、倒页、脱页，由本社营销部负责调换

《济阳耕地》编委会

主　　任　高瑞杰　高继锋

副 主 任　李　涛　王奉光　刘传道

委　　员　万广华　吴　兵　王秋堂　齐建俊　郭荣海
　　　　　江　媌　许增海

主　　编　齐建俊　郭荣海　李　涛　吴　兵

副 主 编　王秋堂

编　　委　李　涛　赵庚星　王　健　卢桂菊　泉维洁
　　　　　吴　兵　王秋堂　江　媌　齐建俊　郭荣海
　　　　　尹晓琳　许增海　徐淑华　刘养亭　温　洋
　　　　　赵春锋

审　　稿　齐建俊

制　　图　赵庚星　冯　颂

数据统计　郭荣海　温　洋　尹晓琳

调查试验与分析人员（以姓氏笔画为序）
　　　　　于秀英　王文强　尹晓琳　刘养亭　齐建俊
　　　　　许增海　杜春玉　李光宗　宋建忠　张丽萍
　　　　　陈　文　陈文英　徐淑华　郭荣海　盛善水
　　　　　焦玉凤　温　洋

序

耕地是人类赖以生存的物质基础，是国民经济和社会发展的宝贵资源和重要的生产要素，珍惜、合理利用耕地，切实保护耕地，才能促进经济的可持续发展。新中国成立以来，历届济阳县委、县政府十分重视耕地的保护工作，济阳县先后于1959年和1979年两次开展了土壤普查工作。1979年的第二次土壤普查时，基本查清了土地资源、土地利用现状、土壤类型分布、土壤养分状况和物理性状，摸清了高产土壤条件、土壤障碍因素及其低产田成因，分区论述了土壤改良利用方向与技术措施，编写了《济阳县土壤志》和《土壤利用状况调查报告》，编绘了土壤图、土地利用现状图、土壤养分图等，对全县发展农业生产、发展土壤科学、培养技术人才作出了积极贡献。

自第二次土壤普查以来，济阳县耕地基础设施、耕作方式、施肥方式、农作物布局、种植制度、肥料投入、农作物产量等因素发生了巨大的变化，土壤养分状况和土壤障碍因素也随之发生了巨大变化。随着时代的进步和改革的不断深入，农业生产经营形式由合作社集体经营制转变为家庭联产承包经营制，形成了多样的生产经营管理方式，对土壤地力的培肥和保护各显千秋，土壤容重及地力变化变性加快。农业生产经营方式由数量型向高效型、质量型、集约型过渡，种植作物由较为单一型向多样高效型发展，农业产业结构的调整对耕地土壤的质量和施肥技术提出了新的要求。由于复种指数提高，过量使用农业化肥、农药等，使水质向富营养化发展而变劣，亟须治理。工业生产的加快、人民生活水平的提高，也带来土壤污染、养分失调和土壤物理性状变化。土壤障碍因素的变化，已直接影响土壤肥力变化和供肥能力，在一定程度上影响着农业生产和社会经济的发展。因此，沿用第二次土壤普查时的土壤资料来指导当前农业产业的发展显然已不切实际。

面对全县农业土地利用现状、耕地地力条件的新形势和新变化，按照国家农业部的统一部署，济阳县农业局在山东省、济南市土肥部门的支持和帮助下，组织农业院校专家、学者和全县广大农业科技工作者，历经三年多的艰辛努力，通过深入挖掘、广泛搜集相关资料和精心汇总整理，完成了《济阳耕地》这部全面反映耕地状况的图书。

《济阳耕地》的出版发行，是济阳县农业发展史上的一件大事，标志着我县农业科研水平又上了一个新台阶。该书突出实用性，加强实践性，强调针对性，注重灵活性，具有科学性、系统性，由浅入深，循序渐进，理论联系实际，既具有广泛的适应性，又具有先进性和时代特征，是全县农业生产的工作指南，希望广大农业、科技、行政工作者和农民朋友们，认真学习、借鉴和加以应用。同时，也希望农业部门根据大家的意见和要求，不断对该书进行补充、更新和完善，为推广新技术、新品种提供准确依据，为农民增收、农业发展和建设社会主义新农村作出更新、更大的贡献。

济阳县农业局局长 刘传道

2012 年 3 月

前　言

耕地地力调查与质量评价是继全国第二次土壤普查之后，国家又一次开展的一项基础性、公益性工作。通过本次工作，全面查清了济阳县耕地基础生产能力、土壤肥力状况、土壤障碍因素，分析研究了耕地退化原因，为全县粮食安全发展规划、农业结构调整规划、耕地质量保护与建设、耕地的改良与利用、科学施肥、节水农业以及生态建设提供了科学依据。

济阳县作为2006年全国耕地地力调查与质量评价县之一，根据《2006年全国耕地地力调查与质量评价总体工作方案》及《全国耕地地力调查与质量评价技术规程》等方面的技术要求，在山东省、济南市土肥站的大力支持、督导下，以山东农业大学资源与环境学院和天地亚太国土遥感公司为技术依托，扎实推进耕地地力评价工作，经过广大技术人员的共同努力，圆满完成了本次耕地地力调查与质量评价工作，并取得了一系列成果。先后对济阳县8个镇、2个街道办事处70786.48hm^2的耕地进行了调查取样，累计采集土壤样品8128个，其中可用于耕地地力评价的样品数4959个，详细填写了地块调查表和农户施肥情况调查表。分析测试了土壤有机质、pH、全氮、碱解氮、有效磷、全磷、速效钾、缓效钾、全钾、有效铁、有效锰、有效铜、有效锌、有效硼、有效硫、有效钼、交换性钙、交换性镁、阳离子交换量及土壤容重、土壤孔隙度等21个参数，共计34575项次。共调查农户820户，对农户的生产情况按照要求进行了详尽的调查，掌握了第一手资料。通过系统分析，编写了工作报告、技术报告和专题报告。绘制了24幅数字化耕地地力等级图、土壤养分分布图等成果图件。通过开展地力评价，达到了拥有“一本书”（三个报告）、“一张碟”（数据库）、“一套图”（24幅数字化图）、“一个系统”（耕地资源管理信息系统）。

此次耕地地力调查与质量评价工作，是在新的历史时期、新的经济运行条件下进行的，农业生产环境已发生重大变化，情况复杂，工作范围广，又首次在耕地调查中采用先进的“3S”技术、模糊数学评价方法等，技术难度高，时间紧，任务重，要求严。在整个工作的组织与实施过程中，得到了山东省土壤肥料总站、济南市农业局土肥站的大力支持与帮助。济阳县农业局成立了工作小组、技术小组和专业小组。领导小组，具体负责整个工作的组织实施；技术小组，主要承担工作方案的制定、技术指导、专题研究以及土壤监测工作；专业小组，负责野外调查、土样采集、资料收集、整理统计、资料录入。山东省农科院土肥所承担了水样的测试；山东省农业大学资源与环境学院承担了耕地地力评价及地力等级分析工作；天地亚太国土遥感公司承担了数字化制图和空间数据库的建设工作；济阳县农业局土肥站承担了土壤有机质、大量元素、微量元素、pH 及土壤容重等的测试任务。在江苏省扬州市土肥站、山东农业大学资源与环境学院的大力支持与协作下，建起了济阳县耕地资源管理信息系统和测土配方施肥系统。参加过第二次土壤普查的部分老同志为工作的开展，提出了许多有益的意见和建议，工作中还得到了其他兄弟单位的大力支持与帮助。在此，一并表示感谢。

为了将耕地地力调查与评价结果尽快应用于生产，在山东省农业厅、山东省土壤肥料总站和济阳县委、县政府的正确领导下，在总结调查与评价结果的基础上，借鉴第二次土壤普查的部分成果，我们编写了《济阳耕地》一书，首次全面系统地阐述了济阳县耕地资源类型、地力状况、环境质量、利用状况等。书中引用了大量调查与化验数据，并配以成果图表，增加了可读性。由于水平所限，加之时间仓促，书中难免存在不当之处，请广大读者及专家学者们批评指正。

编　者

2012 年 3 月

目 录

第一篇 耕地地力调查与评价

第二篇　耕地可持续利用对策与建议

第三篇 专题报告

第一篇　耕地地力调查与评价

第一章　自然与农业生产概况

第一节　自然条件

一、地理位置与行政区划

济阳县隶属济南市，地处黄河下游北岸，地理坐标：北纬 36°41′～37°15′，东经 116°52′～117°27′。县境隔黄河与历城区、章丘市、邹平县相望，东北、北部与惠民县、商河县接壤，西北、西部与临邑县、齐河县相连，西南与天桥区毗邻，南北长 39km（最大直线距离，下同），东西宽 48.1km，总面积为 1076.2km^2。全县共辖曲堤镇、仁风镇、垛石镇、太平镇、崔寨镇、孙耿镇、新市镇、回河镇及济阳街道办事处、济北街道办事处，854 个村（居）委会，6 个社区居委会，总人口为 55.24 万。济阳县各镇（街道办事处）分布如图 1-1 所示。

二、地形、地貌

济阳县位于鲁北平原的南部，属黄泛平原，地面高程为 23.8～14m，地势为西南高、东北低，地面坡降平缓，为 1/8000～1/7000。黄河在历史上频繁改道和决口泛滥，使沉积物交错分布，致使全县地势大平小不平，中小地形起伏，岗、坡、洼相间。

以成因为主，并结合形态特征及生产属性的微地貌划分原则，济阳县地貌分为决口扇形地、缓平坡地、浅平洼地、河漫滩高地四种类型。

（一）决口扇形地

决口扇形地面积为 20437.01hm^2，占总土地面积的 24.1%，由黄河决口歧流沉积而成，主要分布于县西部和东北部。西部决口扇形地涉及孙耿镇、太平镇 2 个镇，与齐河县的决口扇形地相连。东北部决口扇形地主要分布于仁风镇，与惠民县决口扇形地相连。决口扇形地地形复杂，起伏不平。土壤类型以沙质潮土为主，保水、保肥能力差，作物中后期易脱肥。其次是盐化潮土，约占决口扇形地面积的 32%，主要分布在东北部。该地貌类型部位较高，潜水位较深，但因地形起伏不平，沙溜、沙洼排水不畅，存在着涝灾威胁。

图 1-1　济阳县各镇(街道办事处)分布图

(二)缓平坡地

缓平坡地面积为 51885.83hm^2,占总土地面积的 61.1%,由黄河泛滥漫流沉积而成,是本县分布最广、面积最大的地貌类型。按地面形态又分为平坡和洼坡。平坡地地势平缓,分布于崔寨镇、回河镇、曲堤镇、新市镇等镇(街道办事处)。洼坡地地处缓平坡地下端,地势低平,如济北街道办事处王荣家洼、垛石镇高家屯洼。缓平坡地土壤质地适中,耕性好,水、肥、气、热条件协调,本县的高产土壤多集中于此。缓平坡地土壤类型以潮土为主。沿黄河一带在高位矿化潜水的作用下,土壤次生盐渍化比较严重。

(三)浅平洼地

浅平洼地面积为 9627.63hm^2,占总土地面积的 11.3%,由黄河泛滥静水沉积而成,地势平缓而低洼,分布于徒骇河两岸,如大寺洼、唐庙洼。浅平洼地质地黏重,耕性差,但潜在肥力高,适宜粮食生产。

(四)河漫滩高地

河漫滩高地面积为 3024.77hm^2,占总土地面积的 3.5%,由黄河漫滩沉积而成。河漫滩高地经常被河水淹没,至今仍处在漫滩沉积过程中,成土过程微弱,因其地势高,干旱比较突出,且局部有风沙灾害。土地利用多为麦田。近几年,由于漫滩发生较少,也有种植小麦、玉米两茬的。

三、土壤成土母质

济阳县成土母质为黄河冲积物，由黄河长期改道北流和决口泛滥夹带的大量泥沙沉积形成。黄河冲积母质深厚，适宜农作物生长，但成土过程短，土壤发育弱，有强石灰反应，呈微碱性。除此之外，母质分选过程中分选性好，决口扇形地为沙质沉积，浅平洼地为黏质，缓平坡地为壤质。黄河冲积母质在多次沉积过程中，多为沙黏间层的层状沉积。

四、农业自然资源

(一)气候资源

济阳县属暖温带半湿润季风气候区。四季分明，光照充足，雨热同季，降水分布不均，形成春旱、夏涝、秋季旱涝交替、冬季寒冷干燥的特点。

1.光资源

济阳县年平均日照时数为2617.6h，日平均为7.2h，日照百分率为59%。一年中5、6月日照时数最多，月平均为268.9～279.5h。农作物生长季节内(4～10月)，日照时数月平均在220h以上。年太阳辐射总量为521kJ/cm^2，全年以5月最大，平均为64kJ/cm^2，作物生长季节各月平均为39kJ/cm^2。光照时数和太阳辐射量的年内分布，在作物生长期间都比较多，这有利于作物的生长发育和产量的提高。

2.热量资源

年平均气温为12.8℃，月平均气温以1月最低，为－3.4℃，7月最热，为26.8℃。年内的气温变化特征为春季升温、秋季降温都比较快，春季升温快对越冬作物返青有利，秋季降温快不利于晚秋作物成熟。济阳县日较差较大，为11.4℃，有利于作物体内干物质的积累。日平均气温不低于0℃的日数为282天，积温为4893.7℃，保证率在80%的积温为4790℃，可满足一年两熟制作物对热量的需求；日平均气温不低于10℃的日数为205天，积温为4410.6℃，保证率在80%的积温为4300℃，可满足棉花、花生、玉米等作物对热量的需求。全年平均无霜期为195天。

3.降水及其分配

全县年降水量平均为583.4mm，保证率在80%的降水量为500mm，属于降水量比较少的地区。降水量年际变化大，平均相对变率为22%。降水年内分配极不均匀，春季平均降水量为82.8mm，占全年降水量的14.2%，春旱几乎年年发生；夏季平均降水量为380.2mm，占65.2%，雨热同季有利于作物生长；秋季平均降水量为100.9mm，占17.3%，有旱有涝；冬季平均降水量为19.5mm，占3.3%，冬季雨少，气候干冷。

(二)水资源

济阳县水资源量丰质好，只要合理开采、节约用水，基本可以满足工农业生产的需要。地表水较少，地表径流深多年平均为59.2mm，多年平均径流量为6.371×10^{7}m^3，人均占有136m^3，每公顷耕地占有853.5m^3，低于山东省平均值(山东省人均径流量为380m^3，每公顷为3765m^3)。地下水资源比较丰富，浅层(60m以下)淡水储量为5.83×10^{8}m^3，多年平均淡水区地下水净补给量为1.52×10^{8}m^3，水质好。济阳县客水资源有黄河和徒骇河，黄河流经县内南部、东部的四个镇及济阳街道办事处，多年平均径流量为 $3.59\times10^{10}m^3$，是全县的主要水资源。现有引黄灌区四处，引黄灌溉面积为 $4.22\times10^4hm^2$，占全县总灌溉面积的 85%。徒骇河流经县境北部的五个镇，横贯东西 56km，是济阳县的骨干排水河道。

（三）生物资源

粮食作物有小麦、玉米、谷子、高粱、红薯、水稻、大豆、绿豆、豇豆、红小豆、秫子、黍子等，分属 4 个科，13 个属，15 个种。经济作物有棉花、麻类，分属 4 个科，6 个属，6 个种。油料作物有花生、芝麻，分属 2 个科，5 个属，5 个种。果用瓜类有西瓜、甜瓜、黄瓜、越瓜、冬瓜、南瓜、打瓜等。蔬菜有 15 个科，20 个属，20 个种。药材有 15 个科，15 个属，20 个种，其中野生的有 10 个科，10 个属，10 个种。绿肥有 1 个科，3 个属，3 个种。水生和喜湿性作物主要有藕、苇子、蒲子、三棱草等。全县可见树种有 31 个科，42 个属，49 个种。经济林树种有大枣、柿子、山楂、苹果、桃、梨、核桃、板栗以及小杂果。畜禽、水生、野生动植物资源也十分丰富。

总之，济阳县地势平坦，土层深厚，水资源丰富，光照充足，雨热同季，适种性好，为农、林、牧、副、渔多种经营全面发展提供了有利条件。

第二节　农村经济与农业生产情况

一、农村经济情况

济阳县是农业大县，乡村人口为 48.3 万人，占全县总人口的 87%。耕地面积为 $70786.48hm^2$，农民人均占有耕地 $1291m^2$，位于济南市各县区之首，居全省上游。近几年，济阳县委、县府始终把“三农”工作作为全县各项工作中的重中之重，统筹考虑，科学谋划。2004 年，济阳县以“融入济南建三区，跨越发展创强县”为目标，在农业工作中围绕“增加农民收入”这一关键，重点抓住三件事情：一是大力推进农业结构调整，按照“压粮扩经上畜牧”的思路，发挥近靠济南的优势，大力发展以林业、瓜果、蔬菜为主的经济作物，创建都市型农业。二是加强农村基础设施建设，改善农业生产条件。以挖沟渠、打机井为重点，加强水利建设；在全县完成村村通公路工程；加快农村有线电视的普及和宽带网络的接入，使广大农民能更方便地了解科技知识和市场信息，提高农业生产经营的现代化程度。三是加快小城镇建设，促进农村劳动力向城镇聚集和向二、三产业转移。提出“富裕农民必须减少农民”，增加农民的收入。2007 年，济阳县又从实际出发，宜工则工、宜农则农、宜商则商，走各具特色、适合自身实际的致富道路，以科学发展观为指导，大力发展特色农业、现代农业。全县农业经济以前所未有的速度快速向前发展。

济阳县是全国粮食基地县和畜牧基地县，还是山东省淡水鱼和蔬菜生产基地。2010 年，粮食面积为 $77107.6hm^2$，粮食总产为 520808 吨，其中小麦产量为 238946 吨，玉米产量为 236528 吨，稻谷产量为 39083 吨，大豆种植面积为 $1802hm^2$，总产量为 5647 吨。由于粮食生产成绩突出，2006 年、2009 年两次荣获“全国粮食生产先进县”称号。济阳县现有各类果品种植面积为 $2090hm^2$，产量为 53733 吨，其中苹果为 41874 吨，梨为 571 吨，葡萄为2992吨，柿子为346吨，红枣为1409吨，山楂为4842吨，桃为1145吨，杏为555吨。蔬菜生产是济阳县重要的经济支柱产业，蔬菜面积为21295hm^2，总产量为1179541吨，主要有：菠菜，面积为476hm^2，总产为12571吨；芹菜，面积为1396hm^2，总产为89891吨；大白菜，面积为1762hm^2，总产为101581吨；油菜，面积为280hm^2，总产为11734吨；黄瓜，面积为4111hm^2，总产为273916吨；西葫芦，面积为518hm^2，总产为25416吨；萝卜，面积为328hm^2，总产为21529吨；茄子，面积为1720hm^2，总产为91018吨；番茄，面积为4662hm^2，总产为298023吨；大蒜，面积为2398hm^2，蒜头总产为79678吨，蒜薹总产为19608吨；莲藕，面积为238hm^2，总产为12984吨；食用菌，总产为2016吨。除此之外，还有冬瓜、圆白菜、马铃薯、菜椒、辣椒、韭菜、芸豆、豆角等。济阳县蔬菜全部为无公害蔬菜，远销北京、上海、南京等地区。济阳县的淡水鱼养殖发展较快，2010年养殖面积为1170hm^2，水产总量为8873吨，有青鱼、草鱼、鲢鱼、鳙鱼、鲤鱼、鲫鱼、罗非鱼、虾蟹等，品种繁多。济阳县畜牧业发展迅速，是省政府首批命名的畜牧强县。2010年末，大牲畜存栏量为20.35万头，猪存栏量为29.73万头，羊存栏为21.82万只，肉类总产量达到5.42万吨，其中奶牛存栏量为1.98万头，年产牛奶3.78万吨，畜牧业总产值达到180143万元。济阳县林业生产快速发展，2010年全县造林面积为1057hm^2，年末实有林地面积为24536hm^2，林下蘑菇养殖、林下草药种植初具规模，林业产值达到6061万元，林业生产真正成为农民增收的绿色银行。

济阳县坚持“多予、少取、放活”的方针，优化农业发展环境，促进农业发展、农民稳定增收。自2005年以来，相继取消了屠宰税和劳动积累工、义务工，停征了公益金和农林特产税，免征了农业税及其附加，农民人均减负120元，每年减轻农民负担5700多万元。从2006年开始，对义务教育阶段学生实行“两免一补”（免除学生杂费、对困难家庭学生免除课本费作业本费、发放生活补助），每年减轻农民负担900多万元。为支持新农村建设，落实了国家一系列惠农政策，安排了各种支农资金。如粮食直补、小麦良种补贴、大型农机具补贴和农资综合补贴等，还有路、水、电、气、医、学等方面的扶持资金。同时，县财政也向农业倾斜，全县各级财政每年用于“三农”的投入就多达亿元，其中县级投入6000多万元。今后还将继续加大投入力度，比如，要在大棚建设、养殖、沼气池建设等方面加大扶持力度。在此基础上，注重发挥财政资金的杠杆作用和“四两拨千斤”的作用，调动各方面的积极性，有效引导各类社会资金向新农村建设投入，形成多元化投入农业生产的格局。

各时期农业主要经济指标和农作物播种面积及产量如表1-1和表1-2所示。

表1-1　各时期农业主要经济指标

年份	乡镇个数	其中镇个数	村委会个数	乡村户数（万户）	乡村人口数（万人）	农村劳动力（万人）	粮食单产（kg/hm^2）	农村用电量（万千瓦时）
1978	20	5	786	10.03	44.21	20.81	1725	755
1979	20	5	788	10.11	44.41	20.54	1747.5	524
1980	20	5	792	10.14	44.29	20.85	1657.5	935

续表

年份	乡镇个数	其中镇个数	村委会个数	乡村户数（万户）	乡村人口数（万人）	农村劳动力（万人）	粮食单产（kg/hm²）	农村用电量（万千瓦时）
1981	20		800	10.29	46.31	20.88	2415	1058
1982	20		803	10.08	48.8	21.39	3112.5	1524.8
1983	20		805	10.1	44.95	20.76	3547.5	1774
1984	20	5	828	10.11	44.95	21.34	3877.5	1847
1985	20	5	838	10.13	44.43	21.31	3975	1718.3
1986	20	5	841	10.19	45.08	21.4	3615	1547
1987	20	5	842	10.17	44.97	21.52	3660	1523
1988	20	5	843	10.44	45.01	22.15	3825	1506
1989	20	5	845	10.49	45.06	22.15	4725	1746
1990	20	5	846	10.53	48.11	23.06	4065	2517
1991	20	5	847	11.16	48.51	25.58	4785	3001
1992	20	5	847	11.31	48.69	25.58	4965	4018
1993	20	5	847	11.34	48.16	25.01	4999	4736
1994	20	5	850	11.36	47.94	25.44	5173	3590
1995	20	6	850	11.43	47.79	25.41	5825	3549
1996	20	6	850	11.57	47.7	25.96	5578	3537
1997	20	7	852	11.63	47.53	27	5251	4101
1998	20	7	852	11.61	47.48	27.07	5903	4503
1999	20	7	852	11.61	47.59	27.51	6206	5401
2000	20	7	852	11.62	47.67	27.86	6226	5624
2001	8	7	820	11.63	47.66	28.44	6367	5689
2002	8	7	852	11.65	47.67	28.43	5259	5697
2003	8	7	852	11.77	47.66	28.82	6268	5905
2004	8	7	852	11.78	47.79	28.31	6501	6273
2005	8	7	852	11.76	47.81	27.65	6502	6735
2006	8	7	852	11.78	47.83	27.68	6570	7900
2007	8	7	850	11.78	47.86	27.85	6590	8146
2008	10	7	852	11.75	47.56	27.68	6669	8677
2009	10	8	854	11.82	47.74	28.01	6807	10288
2010	10	8	854	11.89	47.80	28.04	6754	19189

表 1-2 各时期农作物播种面积及产量

年份	播种面积(hm²)					总产量(吨)				
	粮食作物	夏粮	棉花	油料	蔬菜	粮食作物	夏粮	棉花	油料	蔬菜
1978	82247	34927	460	3347	2433	141755	49450	65	2675	
1979	81727	35253	387	3920	2607	143005	51950	65	2825	
1980	78613	34507	4300	4453	2173	130470	39375	1205	7760	
1981	62407	28673	13000	5433	1613	150865	48068	6828	8016	
1982	54247	25020	19340	1993	1353	168800	67470	13445	2420	
1983	54773	27087	25687	373	1427	193950	96000	23640	540	
1984	51913	28080	32420	120	1093	201345	103285	36560	230	
1985	55673	30467	21207	8800	6407	221320	119828	17230	23393	
1986	64307	36667	21567	3000	8167	232527	127238	17413	4502	
1987	59240	27000	26700	880	4907	216715	83384	26978	2234	204505
1988	55713	28667	30893	387	4013	213604	108857	22182	982	211227
1989	59607	30000	29820	300	2260	281486	140115	23995	623	122572
1990	64253	36340	31307	340	3067	261664	160241	19615	266	130966
1991	68020	37380	32013	947	2893	325161	197826	22927	1787	115671
1992	64313	37220	32073	273	3827	319006	207880	13959	560	158672
1993	84353	42814	12143	1663	6329	421001	223026	9385	5030	268673
1994	77924	42948	15519	946	7024	403105	240307	9412	2439	273210
1995	79962	44156	12733	1179	7178	465777	255327	9799	3081	327908
1996	89867	45983	8538	1009	10776	501288	259869	6286	3284	750500
1997	90648	47134	7065	1124	18420	476063	287153	5105	3227	1112624
1998	90097	45717	5731	1635	23570	531844	272795	4416	5322	1221053
1999	92439	48206	2814	1675	25258	573706	300893	2865	6092	1195779
2000	75372	36420	6227	2962	31250	469244	224848	6400	11120	1458140
2001	74794	36227	6356	2817	32655	476218	225134	7225	11013	1642332
2002	70853	34912	5004	3473	36403	443460	214710	6362	14769	1917037
2003	68885	33993	5893	3620	39147	431791	202904	6629	16016	2083567
2004	69305	32578	6853	3908	39122	450521	203287	7934	17831	2132666
2005	72576	35493	4773	4278	31724	471892	222009	5569	19792	1629821
2006	72042	35340	5446	4017	32904	473320	223977	6415	19599	1690608
2007	72321	35573	5504	3773	33304	476576	228592	6389	19061	1949250
2008	75538	36054	5294	3531	20034	503741	233083	6695	17437	1048409
2009	75882	36475	5124	3561	21013	516559	235264	6403	17422	1125529
2010	77108	37003	4968	3511	21295	520808	238946	5613	17370	1179541

二、农业生产现状

济阳县认真贯彻党的十六大精神、十七大精神和中央的各项决策部署，认真执行中央一系列惠农政策，统筹谋划，科学发展，支农、惠农、强农，农业生产快速发展，全县的农业生产形势有四大特点。

(一)产业结构调整更趋合理

济阳县大力进行产业结构调整，三大产业比例由2000年的33∶39∶28调整为2010年的18.93∶58.26∶22.81。第一产业在比重逐渐降低的情况下，产值不断提高，按1990年不变价格计算，2000年农业产值为93043万元，2010年增加到484804万元，增加391761万元，增长421%。在保证粮食安全的前提下，大力发展蔬菜、经济作物和林果，粮经比例由2000年的6.5∶3.5调整到2010年的5.6∶4.4，种植结构得到优化，产业化水平进一步提高。2010年，农、林、牧、渔、副比例为71%、0.9%、26.1%、1.1%、0.7%。

(二)特色品牌基地建设成效显著

近几年，济阳县加大农业结构调整力度，瓜菜、奶牛、林果等特色主导产业迅猛发展，初步形成了优质粮棉、瓜菜、畜牧、林果四大优势产业，逐步建成了仁风西瓜、太平西瓜、垛石番茄、曲堤黄瓜、回河番茄、稍门大米、新市尖椒等七大农产品特色品牌基地，基地面积达到26667hm^2。仁风镇被农业部命名为“中国西瓜之乡”，太平镇被确定为“中国优质西瓜第一镇”，垛石镇被列为国家级绿色食品生产标准化基地，回河镇农业精品园被农业部认定为蔬菜生产标准园，济阳县被列为国家蔬菜产业技术体系建设示范县、全省十大蔬菜生产基地。农产品的质量结构也发生了根本变化，抽检合格率达到90.9%，“仁风”牌富硒西瓜和“太平宝”西瓜被认证为绿色食品和无公害农产品。截至2011年底，组织认证国家级无公害农产品总数达到25个、绿色食品26个、有机食品9个、有机生产资料1个、地理标志3个，有2个基地的市场被农业部定为“全国鲜活农产品专业批发市场”，先后吸引了朝鲜、马拉维、委内瑞拉的农业考察团前来参观考察。到2010年，全县瓜菜、林果、畜牧等特色产业占农业总产值的比重达到72%。

(三)产业化步伐明显加快

粮棉深加工重点依靠旺旺集团、达利食品、仁风银花、盛元食用油等龙头企业；林木加工依托全县20000hm^2的林业资源，积极引进和培植林木深加工项目，发展林下种植、养殖，提高林业综合效益和附加值，拉长林木产业链条，培植壮大了崔寨镇板条加工、垛石镇和太平镇木材加工产业；蔬菜产业以嘉元食用菌、蔬新食品等龙头企业为重点，大力发展蔬菜精深加工；搞好畜牧养殖小区建设，突出发展奶牛养殖业，天甫牧业、鑫源肉食等企业发挥龙头带动作用；尤其在瓜菜产业方面，发挥毗邻省城的优势，大力发展观光休闲农业，建设精品园区。龙头企业的发展，增强了对农户、基地、产业的带动作用，提高了农副产品的加工转化能力。截至目前，全县被山东省政府认定的龙头企业有5家、被济南市政府认定的有28家，同时加快组建农村经济合作组织，全县农民经济合作组织总数达到156家，农业产业化组织连接农户达到2.91万家，户均增收1000余元，农业产业化经营中直接吸纳农业劳动力1.25万人。

(四)农业科技水平大大增强

大力推广各种先进适用的实用技术。大力推广了以粮食安全生产为主的实用技术，有小麦氮肥后移优质高产栽培技术、夏玉米“一增四改”高产栽培技术、水稻优质高产栽培技术等，实现了特色品牌基地粮食生产优化品种、优化品质、优化布局的目标。最为突出的是水稻优质高产栽培技术，通过引种田、高产攻关田、有机栽培田、示范田“四田”建设，辐射带动了全县 6667hm^2 水稻增加产值 500 万元，实现了水稻生产的高产、优质、高效。大力推广了以农业标准化生产为主的实用技术，有优质专用小麦标准化生产技术、日光温室蔬菜无公害标准化生产技术、有机蔬菜生产技术、测土配方施肥技术等，为特色品牌基地农产品的无害化生产提供技术支持。比较突出的有测土配方施肥技术，2006～2010 年，累计推广 176667hm^2，累计增加效益 33603.45 万元。大力推广了以农业生态资源综合利用为主的实用技术，有农作物保护性耕作栽培技术、农村户用沼气池标准化建设技术、秸秆生物反应堆技术、新型包膜控释肥施用技术等，促进了 26667hm^2 特色品牌基地农业资源的综合利用，实现了农业的生态性、生产性和生活性的有机统一，推动了经济社会和生态的协调发展。大力推广了以农业节本增效为主的实用技术，主要推广了速生杨林荫地反季节栽培高温平菇生产配套技术、沼一渔生态养殖技术研究与示范，大力发展优质、高产、高效的现代农业。实施了农民科技素质培训行动，通过开展阳光培训、新型农民培训、创业培训等累计培训新型农民 19150 人，极大地提高了全县劳动者的素质。开展了粮食高产创建活动，安排万亩高产创建示范田、千亩典型示范区、百亩核心攻关方、十亩高产田各两处。其中玉米高产攻关田亩产达到 905kg、小麦高产攻关田亩产达到 711.2kg、水稻高产攻关田亩产达到 750kg，均实现了历史性的突破。新建了基层作物病虫监测点，基层监测点数量达到 9 处，测报范围从原来的大田作物扩展到果蔬类，基本覆盖了全县的优势农作物，为全面进行农业有害生物预测预报奠定了良好的基础。

第三节　农业基础设施情况

一、农田水利建设情况

新中国成立六十多年来，济阳县为了改变农业生产条件，在县委、县政府的领导下，兴建了大批水利工程。截至 2010 年底，灌溉设施有引黄灌区四处，设计供水能力为 $4.7385\times10^8m^3$；灌区固定渠道总长为 508km，其中防渗长度为 7km，干、支、渠三级配套渠道总长为 316km。机井 8083 眼，配套机电井 7754 台，共 6.688×10^4kW，年设计供水能力为 $1.29252\times10^8m^3$。现在固定机灌处有 64 处，固定机电装机容量为 4.52×10^3kW，流动机 16224 台，装机容量为 1.3934×10^5kW，年设计供水能力为 $3.84\times10^6m^3$，2010 年的供水能力达到 $2.66\times10^6m^3$。

(一)引黄灌溉工程

全县引黄灌区有邢家渡、沟杨、葛店、张辛等四处，设计灌溉面积为 57067hm^2。黄河流经济阳县，多年平均径流量为 $3.59\times10^{10}m^3$。2005～2010 年，全县平均引水量为 $2\times10^8m^3$。2010 年，实际供水能力为 $3.317\times10^8m^3$，引黄灌溉面积为 42200hm^2，占全县总灌溉面积的85%。引黄灌溉水的利用率(2005～2010年)平均为0.46,水资源浪费较大。

(二)井灌工程

据2010年统计资料,机井有效控制面积为$30000hm^2$。2010年,实际供水为$1.0469\times10^8m^3$,其中农业灌溉用水为$9.39\times10^7m^3$,实际灌溉面积为$2980hm^2$。

济阳县多年平均地下水可用量为$1.51986\times10^8m^3$。2005～2010年,地下水平均年开采量为$1.0863\times10^8m^3$,开采量为可利用量的71%,地下水利用呈现上升趋势。

各种水利工程的兴建,使济阳县设计灌溉面积达到$60000hm^2$。2009年,总灌溉面积为$54200hm^2$,有效灌溉面积为$49650hm^2$,人均占有$0.12hm^2$的水浇地。

二、农业生产机械情况

济阳县农业生产机械化水平不断提高。据2010年统计,济阳县农业机械总动力为1078961kW。其中,柴油发动机动力为938518kW,汽油发动机动力为11270kW,电动机动力为129173kW。农业生产机械已经推广到农业生产的方方面面,农、林、牧、副、渔五业都有农业机械。种植业机械有耕整地机械、种植施肥机械、农用排灌机械、田间管理机械、收获机械、收获后处理机械、设施农业设备;农产品初加工机械有初加工动力机械、加工作业机械;畜牧养殖机械有饲草料加工机械、畜牧饲养机械、畜产品采集加工机械;渔业机械有增氧机、投饵机;林果业机械有挖坑机;运输机械有农用运输车、手扶变形运输车、农用挂车;还有农田基本建设机械等。种植业机械中,耕整地机械有耕整机33台、机引犁6578台、旋耕机2067台、机引耙183台;种植施肥机械有播种机6619台、化肥深施机235台、地膜覆盖机28台;农用排灌机械有柴油机26819台(238366kW)、电动机5991台(46374kW)、农用水泵32810台;田间管理机械有机动喷雾(粉)剂2596台(3634kW);收获机械有稻麦联合收割机1049台(29569kW)、玉米联合收获机417台(17701kW)、割晒机1926台、其他收获机械1302台;收获后处理机械有机动脱粒机5347台;设施农业设备中,温室为$3.14748\times10^7m^2$。农产品初加工机械有柴油机2490台(21469kW)、电动机1194台(9544kW);粮食加工机械1813台;油料加工机械286台;棉花加工机械312台。畜牧养殖机械有727台(6035kW);渔业机械有186台(245kW);林果业机械有62台(2582kW);运输机械有农用运输车29869台(349161kW)、农用挂车1623台。农田基本建设机械有227台(20989kW)。

由于机械化水平的提高,济阳县种植业机械化作业水平有了大幅度提高,机耕、机播、机收作业面积达到$59434hm^2$、$89388hm^2$、$73435hm^2$,分别占农作物总播种面积的52.6%、79.1%、65%。

第二章　土壤与耕地资源状况

第一节　土壤类型与分布

根据全国第二次土壤普查结果，济阳县土类分为3个土类，5个亚类，因表层质地和土体构型的差异，又分为9个土属，84个土种。

一、土壤的形成与演变

济阳县土壤在水文地质、生物、气候、地形等因素的长期作用下，形成了潮土、盐土和风沙土三大类。

（一）潮土

潮土是在潜水作用下形成的一类土壤，其发育与潜水状况密切相关。在潜水条件变化时，潮土可能向三个不同方向演变。

1. 维持潮土化过程

潜水条件大致可维持土壤水盐平衡状况，即潜水位处于停止蒸发深度与临界深度之间。除雨季外，毛管水强烈上升高度一般达不到耕作层。在这种条件下，土壤维持潮土化过程。

2. 向褐土化潮土演变

当潜水位接近停止蒸发深度以下时，潜水对土壤剖面上部水分的影响明显减弱。土壤中水盐去量大于来量，盐分得到淋洗。在这种情况下，潮土向褐土化潮土发展。

3. 向盐化潮土演变

涝年或人为破坏了地下水自然平衡状态，潜水埋深长时间活动在临界水位上下，土壤剖面受潜水强烈影响和控制，土壤的水盐来量大于去量，土壤由潮土化向盐渍化演变，逐步形成盐化潮土。

（二）盐土

当盐化潮土的潜水条件进一步恶化，即潜水出流滞缓，在高位矿化潜水的作用下，使盐化过程长时间持续进行，盐化由量变到质变，形成盐土。

（三）风沙土

决口扇形地的风成沙丘、沙岗，在自然因素与人为因素的作用下，植被（杂草和阔叶林)初步形成,流动沙丘变成固定沙丘。土壤开始微弱发育,表层与表土层以下已有分异,且有少量腐殖质积累,逐渐发育成为固定风沙土。

综上所述,济阳县土壤的演变是在主要成土因素的维持、改善或恶化的情况下造成的,故其演变也都是可逆的。

二、土壤分类系统及分级命名

(一)土壤分类原则和依据

土壤分类是土壤科学的高度概括,它系统和严密地反映了各类土壤的全部生产特性、发生发展规律和改良利用特点。土壤是自然界的客观实体,也是人类活动的产物。因此,综合考虑自然和社会的成土条件、成土过程及其综合属性是土壤分类的基本方法和依据。第二次土壤普查时,济阳县采用土类、亚类、土属、土种、变种五级分类制。

1. 土类

土类是高级分类的基本单元。它的划分应反映其成土条件、成土过程,且具有土壤类型特征的诊断土层和土类间性质上的明显差异。

2. 亚类

亚类是土类范围内和土类之间的过渡类型。在主导成土过程以外,还有一个附加的成土过程,使土壤属性发生了很大的变化,但同属于一个土类的亚类,且成土过程的总趋势应该是一致的。亚类划分的主要依据:

(1)统一土类的不同发育阶段在成土过程和剖面形态上互有差异。

(2)不同土类之间的互相过渡,在主要成土过程中同时产生附加的次要成土过程。

3. 土属

在土壤发生和分类上,土属具有承上启下的作用,它既是亚类的续分,又是土种的归纳。土属是在同一亚类内,再依据地方性或地域性因素对土壤属性产生的差异来划分。潮土、盐土等土属划分中,应反映母质沉积类型(表土质地),以体现其生产性能和改良利用上的差异。

4. 土种

土种划分的依据是表层质地、土体构型。它体现了土壤发生发育在土种一级的差异,但在划分时,不能机械地搞质地层次的排列组合,否则,土种数目过于繁多反而不便应用,而要根据直接影响土壤水盐运行与生产的特性,适当进行归纳。

5. 变种

变种是土种范围内根据耕层或表层性质的差异进行分类的单元。第二次土壤普查时,济阳县没有划分变种。

(二)土壤分类系统

1. 土壤分类系统

根据土壤分类的原则和依据,济阳县土壤分为 3 个土类:潮土、盐土、风沙土,5 个亚类:潮土、盐化潮土、湿潮土、潮盐土、固定风沙土,9 个土属,84 个变种(见表 2-1)。

2. 土种命名

土种划分按划分土种的依据进行，并注意了不搞过多的质地层次排列组合。为解决土种数目过于繁多，生产上难于利用的问题，济阳县对土种进行了整理归纳和命名。把全县土体构型归纳为五类：蒙金型、蒙银型、漏沙型、易碱型、黏隔型。在归纳的五类土体构型的基础上对土种重新命名，命名方法为土体构型（归纳后的土体构型）加当地俗名（表层质地）。

表 2-1　耕地土壤分类系统表

土类	亚类	土属	土种	当地名称
潮土	潮土	沙质潮土	厚黏腰沙壤质潮土	蒙金型白沙土
			厚壤心沙壤质潮土	蒙银型白沙土
			厚壤腰沙壤质潮土	蒙银型白沙土
			均质壤沙壤质潮土	蒙银型白沙土
			均质沙沙质潮土	漏沙型沙土
			厚沙心沙壤质潮土	漏沙型白沙土
			厚沙腰沙壤质潮土	漏沙型白沙土
			均质沙沙壤质潮土	漏沙型白沙土
			厚黏心沙壤质潮土	黏隔型白沙土
			厚黏底沙壤质潮土	易碱型白沙土
		壤质潮土	厚沙心轻壤质潮土	漏沙型白土
			厚沙腰轻壤质潮土	漏沙型白土
			厚壤腰轻壤质潮土	蒙银型白土
			均质壤轻壤质潮土	蒙银型白土
			厚壤心中壤质潮土	蒙银型两合土
			均质壤中壤质潮土	蒙银型两合土
			均质沙轻壤质潮土	漏沙型白土
			厚沙心中壤质潮土	漏沙型两合土
			厚沙腰中壤质潮土	漏沙型两合土
			均质沙中壤质潮土	漏沙型两合土
			厚黏心轻壤质潮土	黏隔型白土
			均质黏轻壤质潮土	黏隔型白土
			厚黏心中壤质潮土	黏隔型两合土
			均质黏中壤质潮土	黏隔型两合土
			厚黏底轻壤质潮土	易碱型白土
			厚黏腰轻壤质潮土	蒙金型白土
			厚黏腰中壤质潮土	蒙金型两合土
		黏质潮土	均质壤重壤质潮土	蒙银型红土
			均质壤黏质潮土	蒙银型红土
			厚沙腰重壤质潮土	漏沙型红土
			均质沙重壤质潮土	漏沙型红土
			厚黏心重壤质潮土	黏隔型红土
			厚黏心黏质潮土	黏隔型红土
			均质黏重壤质潮土	黏隔型红土

续表

土类	亚类	土属	土种	当地名称
潮土	盐化潮土	沙质盐化潮土	厚黏腰沙壤质轻盐化潮土	蒙金型轻碱白沙土
			均质壤沙壤质轻盐化潮土	蒙银型轻碱白沙土
			厚壤腰沙壤质中盐化潮土	蒙银型中碱白沙土
			均质壤沙壤质重盐化潮土	蒙银型重碱白沙土
			均质沙沙壤质轻盐化潮土	漏沙型轻碱白沙土
			均质沙沙壤质中盐化潮土	漏沙型中碱白沙土
			均质沙沙壤质重盐化潮土	漏沙型重碱白沙土
			厚黏心沙壤质轻盐化潮土	黏隔型轻碱白沙土
			厚黏底沙壤质轻盐化潮土	易碱型轻碱白沙土
			厚黏底沙壤质重盐化潮土	易碱型重碱白沙土
		壤质盐化潮土	厚黏腰轻壤质轻盐化潮土	蒙金型轻碱白土
			厚黏腰轻壤质中盐化潮土	蒙金型中碱白土
			厚黏腰轻壤质重盐化潮土	蒙金型重碱白土
			厚黏腰中壤质轻盐化潮土	蒙金型轻碱两合土
			厚黏腰中壤质中盐化潮土	蒙金型中碱两合土
			厚黏腰中壤质重盐化潮土	蒙金型重碱两合土
			均质壤轻壤质轻盐化潮土	蒙银型轻碱白土
			均质壤轻壤质中盐化潮土	蒙银型中碱白土
			均质壤轻壤质重盐化潮土	蒙银型重碱白土
			均质壤中壤质轻盐化潮土	蒙银型轻碱两合土
			均质壤中壤质中盐化潮土	蒙银型中碱两合土
			厚沙心轻壤质轻盐化潮土	漏沙型轻碱白土
			厚沙腰轻壤质轻盐化潮土	漏沙型轻碱白土
			厚沙腰轻壤质中盐化潮土	漏沙型中碱白土
			均质沙轻壤质轻盐化潮土	漏沙型轻碱白土
			均质沙轻壤质中盐化潮土	漏沙型中碱白土
			厚沙腰中壤质轻盐化潮土	漏沙型轻碱两合土
			厚沙腰中壤质中盐化潮土	漏沙型中碱两合土
			均质沙中壤质轻盐化潮土	漏沙型轻碱两合土
			厚黏心轻壤质轻盐化潮土	黏隔型轻碱白土
			厚黏心中壤质轻盐化潮土	黏隔型轻碱两合土
			厚黏心中壤质中盐化潮土	黏隔型中碱两合土
			厚沙底轻壤质轻盐化潮土	易碱型轻碱白土
			厚沙底轻壤质中盐化潮土	易碱型中碱白土
			厚沙底轻壤质重盐化潮土	易碱型重碱白土
			厚壤腰厚沙底轻壤质轻盐化潮土	易碱型轻碱白土
			厚沙底中壤质轻盐化潮土	易碱型轻碱两合土
			厚沙底中壤质重盐化潮土	易碱型重碱两合土
			厚黏底中壤质中盐化潮土	易碱型中碱两合土
			厚壤腰厚沙底中壤质轻盐化潮土	易碱型轻碱两合土
			厚黏底轻壤质轻盐化潮土	易碱型轻碱白土
			厚黏底轻壤质中盐化潮土	易碱型中碱白土
			厚黏底轻壤质重盐化潮土	易碱型重碱白土

续表

土　类	亚　类	土　属	土　种	当地名称
潮土	盐化潮土	黏质盐化潮土	均质沙重壤质轻盐化潮土	漏沙型轻碱红土
			厚壤腰厚沙底重壤质中盐化潮土	易碱型中碱红土
	湿潮土	壤质湿潮土	厚黏心轻壤质湿潮土	湿黏隔型白土
			厚沙心中壤质湿潮土	湿漏沙型两合土
盐土	潮盐土	壤质潮盐土	厚沙腰轻壤质油潮盐土	湿漏沙型两合土
			厚沙底轻壤质油潮盐土	湿漏沙型两合土
风沙土	固定风沙土	冲积固定风沙土	均质沙冲积固定风沙土	固定飞沙土

三、土壤类型与分布

（一）潮土土类及分布

潮土面积为 84470.15hm^2，占总土壤面积的 99.41%，分布于全县，是济阳县分布最广的一个土类。潮土是在潜水作用下形成的一类土壤。潜水位的升降引起土壤水分的变化，使土体内经常处于干湿交替和氧化还原状态，促进铁在土体中的移动和积累。因此，在土壤剖面中，下部形成锈纹、锈斑及小的铁锰结核，也可能有碳酸钙淋溶淀积形成的小块砂姜。潮土经过人类垦殖，在耕作、施肥、灌溉、排水等措施的作用下，加速了土壤熟化，提高了土壤肥力。其耕层疏松多孔，形成了团粒状或块状结构，从而改善了土壤水、肥、气、热条件，形成了农业土壤。

潮土类的基本特性：一是潮土的组成以粉沙粒为主，粉沙壤土占总土重的 80%左右，颗粒均匀细致，缺乏凝聚性，土壤总孔隙度中毛管孔隙占绝对优势，毛管作用强烈，水盐运动易上不易下，易发生盐渍化。二是有机质含量低，结构性差，潮土土类没有经过生草过程，即转入耕作熟化阶段，土壤有机质来源主要靠农作物的残茬和施肥，土壤缺乏有机质胶结物质，土壤结构性差，湿则板、干则散，水、肥、气、热条件常不能满足作物生长的需要。三是土壤都含有一定数量的可溶性盐，既使土壤盐分没有补给来源，在蒸发条件下，土体盐分向表层聚集，又可能危害作物生长。四是潮土中下部有氧化还原层，土壤呈中性—微碱性反应，pH 为 7～8.5。

济阳县潮土土类根据受潜水作用的程度和盐化情况，分为潮土、盐化潮土、湿潮土 3 个亚类。

1. 潮土亚类

潮土面积为 61132.77hm^2，占总土壤面积的 71.94%，分布全县，多集中于县中、西部地区。潮土亚类潜水活动于临界深度与停止蒸发深度之间，毛管水强烈上升高度，除雨季外，一般达不到耕作层。潜水多为弱矿化水。土体中的水盐运动处于相对稳定状态，土壤含盐量一般不危害作物生长，pH 为 7.5 左右。该土壤适宜农业利用，是全县土壤质量最好的一个亚类。潮土根据表层质地又分为沙质潮土、壤质潮土、黏质潮土 3 个土属。

(1)沙质潮土土属:面积为 11636.45hm²,占总土壤面积的 13.7%。主要分布于县东、西决口扇形地和黄河滩地。按行政区划,集中分布在孙耿镇、太平镇、仁风镇,以及崔寨镇、回河镇、垛石镇等镇(街道办事处)的西部。该土属所处地形部位较高,潜水位常年处于临界深度以下,排水条件较好。沙质潮土土壤黏结力较差,土壤疏松,通气性好,易耕作,但土壤水分蒸发快,易干旱。由于土壤水少气多,土温升高快,土性暖,易出苗,土壤微生物活动旺盛,有机质分解快,含量低。该土属缺氮、缺磷,钾比较丰富,历史上多种植花生、红薯,后来当棉花价格高时,也多种植棉花。

沙质潮土土属包括漏沙型白沙土、漏沙型沙土、蒙金型白沙土、蒙银型白沙土、黏隔型白沙土 5 个土种。

①漏沙型白沙土:面积为 8785.16hm²,占总土壤面积的 10.34%,是沙质潮土土属面积最大的土种,分布于县东、西决口扇形地上。孙耿镇、太平镇、回河镇、仁风镇等镇(街道办事处)分布比较集中。漏沙型白沙土所处地形部位较高,地下水位在 3m 左右,排水条件好,在剖面中下部出现锈纹、锈斑,表土微具结构性,多种植棉花、花生、小麦、玉米等。

代表剖面采自太平镇庙廊北街西北济太公路北 20m。

0~20cm:浅灰色沙壤土,屑粒状,植物根及孔隙多。

20~28cm:灰白色紧沙土,块状、紧实,有动物穴,根系多。

28~49cm:灰白色紧沙土,单粒状、稍紧。

49~65cm:灰白色紧沙土,单粒状、稍紧,植物根较多,空隙大。

65~117cm:褐色黏土,片状结构、紧实,多锈纹、锈斑。

漏沙型白沙土刨面质地偏沙,漏水、漏肥,养分含量低。改良土壤以改良理化性状、提高土壤肥力为重点。方法以增加土壤有机质为主,有条件的可采用掺淤压沙或引黄淤灌来改变土壤质地。另外要重施氮、磷,调节土壤养分比例,与作物需求相适应。

②漏沙型沙土:面积为 981.27hm²,占总土壤面积的 1.16%,分布于黄河滩地洪水急流处。该土种成土过程晚,剖面无发育,表土无结构,土地不平,无灌溉条件,种植小麦、花生,产量较低,每公顷约 700kg。

代表剖面采自崔寨镇周孟村挡水坝北 80m。

0~20cm:浅棕色紧沙土,疏松、单粒状。

20~28cm:浅棕色紧沙土,单粒状、松,植物根系多,孔隙大。

28~62cm:灰白色紧沙土,单粒状、松,植物根系多。

62~150cm:浅灰白色紧沙土,无结构,紧实,无植物根。

漏沙型沙土 1m 土体内多为紧沙土,物理性沙粒含量在 90%以上,其吸水性、毛管型、湿胀性和黏结性比漏沙型白沙土更差,渗漏性更强,因此,该土种不保水、不保肥、不耐旱,土壤肥力极低。虽然可以种植喜沙作物,但地处黄河滩地,每年都有洪水威胁,春播作物较少,多种植小麦。土壤改良措施与漏沙型白沙土基本相同。

③蒙金型白沙土:面积为 553.28hm²,占总土壤面积的 0.65%,分布于西部决口扇形地与洼坡地交接处的垛石镇等镇(街道办事处)。该土种 60~100cm 有重壤或黏土,可防止水分及养分的强烈渗漏。但水分仍可缓缓通过黏土渗入底土,重壤土或黏土裂隙较大时,透水作用更强。因此,土壤的排水条件尚好。该土种上部疏松,耕性良好,抗旱、抗涝,

保水、保肥，土壤肥力高于其他沙质潮土土种，当地群众称为“蒙金土”。

由于地下水活动在黏质土以下，下部土层有锈纹、锈斑。

代表剖面采自太平镇东三教村东头正北700m。

0～21cm：黄褐色沙壤土，屑粒状、疏松。

21～26cm：浅黄褐色沙壤土，单粒状、稍松，根多。

26～60cm：黄白色紧沙土，单粒状、稍松，根多。

60～130cm：黄褐色黏土，块状结构，较紧，有锈纹、锈斑，根系少。

130～150cm：红褐色黏土，大块状结构，裂隙多，锈斑多。

④蒙银型白沙土：面积为938.86hm^2，占总土壤面积的1.1%，分布于孙耿镇等镇（街道办事处）。蒙银型白沙土土体以轻壤或中壤土为主，由于壤质土的性质介于沙土与黏土之间，生产性能兼有沙性土和黏性土之长，该土种表土疏松、耕性良好，具有一定的保水、保肥、通气、透气性，适宜植物根系生长，当地群众称为“蒙银土”。因壤质土体毛管性能强，在地下水位高时，易返盐，发展灌溉应注意降低地下水位，防止土壤次生盐渍化。

代表剖面采自孙耿镇牧马村西南250m。

0～21cm：黄褐色沙壤土，屑粒状、疏松。

21～29cm：灰褐色沙壤土，粒状、稍紧，植物根多，有动物穴。

29～45cm：浅褐色紧沙土，单粒状、紧，大孔隙多。

45～60cm：浅灰色紧沙土，单粒状、紧，植物根及孔隙多。

60～105cm：浅褐色轻壤土，块状结构，出现锈纹、锈斑。

105～150cm：浅褐色轻壤土，小块状结构，锈纹、锈斑多。

⑤黏隔型白沙土：面积小，不再赘述。

（2）壤质潮土土属：面积为43978.81hm^2，占总土壤面积的51.76%。分布于全县，多集中在中部、西北部缓平坡地上。壤质潮土土属耕层质地沙黏配合适当，土壤结构多为屑粒状或小块状。农业生产性状良好，既有良好的保水、保肥、通气、透水性，又有良好的耕性，是济阳县最好的土壤质地类型。该土属适种作物广泛，多种植小麦、玉米、棉花等。

壤质潮土土属包括黏隔型两合土、黏隔型白土、蒙金型白土、蒙金型两合土、漏沙型白土、漏沙型两合土、蒙银型白土、蒙银型两合土等8个土种。

①黏隔型两合土：面积为13703.08hm^2，占总土壤面积的16.13%，主要分布在浅平洼地的边缘和洼坡地上。地下水位为1～2m，济阳街道办事处、垛石镇等镇（街道办事处）分布比较集中，新市镇、太平镇等镇（街道办事处）北部也有成片分布。

土壤剖面表层有20cm左右的中壤土，其下则为厚层重壤土或黏土，故耕性好，但受下部黏质土的影响，表土有龟裂现象，不耐干旱，表土下黏质土深厚，影响水分、养分的移动和植物根系的伸展，容易形成鸡爪根或细颈，雨季黏土遇水土粒膨胀，透水性很快减弱，水分下渗慢，易成内涝。因此，精细耕作、合理灌溉有着重要意义。黏隔型两合土耕性较好，心土偏小。多种植小麦、玉米、杂粮等作物。

代表剖面采自新市镇曹种子村东北500m。

0～19cm：浅褐色中壤土，团粒状。

19～27cm：浅褐色中壤土，片状、紧实，植物根系多。

27～60cm:褐色重壤,碎块状,稍松,孔隙多,根多。

60～115cm:深褐色黏土,大块状,稍紧,有锈纹、锈斑,根系多。

115～150cm:灰白色沙壤土,单粒状、紧,锈纹、锈斑多。

②黏隔型白土:面积为 3279.26hm^2,占总土壤面积的 3.86%,主要分布于垛石镇、新市镇、崔寨镇、曲堤镇、回河镇等镇(街道办事处)。该土种与黏隔型两合土土体构型相同,因表层有 20cm 左右的轻壤土,故其耕性与黏隔型两合土略异,较黏隔型两合土耕层疏松,通气性好,容易耕作,耕层以下黏土的理化性状及作物的影响同黏隔型两合土。

代表剖面采自曲堤镇孟家村北 450m。

0～20cm:黄褐色轻壤土,屑粒状、松,根系多。

20～40cm:褐色重壤土,碎块状、紧,大孔隙多,蚯蚓类多。

40～65cm:棕褐色黏土,块状、紧,有裂隙,根系较多。

65～90cm:浅褐色轻壤土,粒状、稍松,根系少。

90～120cm:灰褐色轻壤土,粒状、稍松,有锈斑。

120～150cm:浅褐色紧沙,单粒、稍紧,有锈斑。

③蒙银型白土:面积为 6579.7hm^2,占总土壤面积的 7.74%,分布于地形部位较高的平坡地上,地下水位在 2m 左右。另外由于引黄淤改,决口扇形地上形成零星分布,回河镇、济阳街道办事处、崔寨镇、新市镇等镇(街道办事处)成片分布,济阳街道办事处稍门管区、新市镇江店管区、孙耿镇辛集管区等地零星分布。

代表剖面采自回河镇寨子村西南 300m。

0～20cm:浅棕色轻壤土,屑粒状、疏松,植物根系多。

20～60cm:棕褐色中壤土,块状、稍紧,有动物穴,根系多。

60～80cm:浅褐色中壤土,碎块状、较紧实,根系多。

80～100cm:棕褐色中壤土,片状、紧,大孔隙多。

100～150cm:灰白色沙壤土,粒状、稍紧,有锈斑。

蒙银型白土质地适中,土壤结构多为屑粒状,耕性好,通气透水,有机质偏少,缺氮、少磷,改良利用要增施有机肥料,补充氮磷化肥,调节土壤养分比例。另外,由于土体以壤质土为主,毛管活动极为旺盛,在高位矿化潜水的条件下,盐碱化威胁特别严重,故发展灌溉时,应加强灌溉管理,控制灌水量,搞好排水,防止地下水位抬高和次生盐渍化发生。

④漏沙型白土:面积为 6761.89hm^2,占总土壤面积的 7.96%,分布于太平镇、垛石镇、回河镇、崔寨镇、仁风镇等镇(街道办事处)决口扇形地外围,地下水位在 2 米左右,剖面形态为沙质土分布于上中部或全部的剖面,具有透水性强、排水性好的特点,生产性和肥力特征基本同漏沙型白沙土。

代表剖面采自仁风镇新桑度村西南 300m。

0～20cm:浅褐色轻壤土,屑粒状、松,孔隙多,根系多。

20～27cm:浅褐色轻壤土,小块状、紧实,根系多,有动物穴。

27～67cm:褐色中壤土,块状、稍松,根系多。

67～127cm:黄褐色紧沙土,无结构、稍紧,有锈斑。

127～150cm:灰褐色轻壤土,粒状、锈斑多。

⑤蒙金型白土：面积为 4087.02hm^2，占总土壤面积的 4.81%，主要分布在西部决口扇形地以东的缓平坡地上，如垛石镇、回河镇、崔寨镇、新市镇等镇(街道办事处)，地下水位在 2m 左右。其土体构型及水盐运行的特点同蒙金型白沙土，仅表层质地适种、耕性好于白沙土、适种作物广泛而已。

代表剖面采自新市镇王碱场。

0～20cm：浅褐色轻壤土，屑粒状、松，孔隙多，有瓦片。

20～28cm：浅褐色轻壤土，小块状、紧，根系多。

28～55cm：褐色中壤土，块状、稍松，孔隙多，根系多。

55～105cm：褐色重壤土，碎块状、稍松，有锈斑。

105～150cm：褐色重壤土，碎块状、稍松，锈斑多。

(3)黏质潮土土属：面积为 5517.53hm^2，占总土壤面积的 6.49%。主要分布于浅平洼地和洼坡地，沿黄淤改区也有零星分布，集中分布于垛石镇及济阳街道办事处一带。该土属所处地形部位较低洼，一般透水性弱、保水性强，土质紧实，通气空隙少，生物活动弱，土壤发育差，自然沉积层理明显。因其吸附力大、土壤有效水分少，有不抗旱、不耐涝、干裂湿黏、难耕作、易损伤植物根系的弱点。黏土水多气少，土性冷，不发小苗，但自然肥力高，有后劲，作物中后期不易脱肥。

黏质潮土土属包括黏隔型红土、蒙银型红土、漏沙型红土 3 个土种，其中以黏隔型红土面积最大，其他土种面积较小，呈零星分布。

①黏隔型红土：面积为 4856.28hm^2，占总土壤面积的 5.71%，主要分布在浅平洼地中心或洼坡地，其中以垛石镇、济阳街道办事处等镇(街道办事处)分布最为集中，仁风镇北部也有成片分布。黏隔型红土干裂、湿黏，耕性差，易旱、易涝，土温低，难出苗，作物根系不易下扎，但是保水、保肥、养分高，有利于作物后期生长。土壤改良：一要改良土壤耕性，加深耕作层，以利于出苗和根系发育；二要兴办水利，改善灌溉条件，解决旱涝问题，为发展生产创作条件。

代表剖面采自垛石镇小皮铺村东北 900m 公路西 300m。

0～20cm：浅褐色重壤土，小块状结构、松，根系多，有砖块。

20～30cm：褐色重壤土，小块状结构、稍紧，根系多。

30～65cm：深褐色黏土，块状、紧。

65～100cm：深褐色重壤土，碎块状、稍松，有锈斑。

100～150cm：褐色重壤土，碎块状，锈斑多。

②漏沙型红土：分布于仁风镇沿黄村庄，面积很小，仅 231.34hm^2，占总土壤面积的 0.27%，系在均质沙土上淤改或黄河漫滩沉积了一层 30cm 左右的黏土而成。

漏沙型红土水分通透性很差，表层黏重不易透水，而下部为沙壤或紧沙土，又严重漏水，耕性不良，保水、保肥能力差，受旱涝威胁大，产量较低，多种植小麦、玉米等粮食作物。

代表剖面采自仁风镇谷家村西北 500m。

0～21cm：红褐色重壤，团粒状、松，孔隙多。

21～110cm：浅褐色紧沙土，无结构、稍紧，下部有锈斑。

110～150cm：褐色黏土，块状、紧，锈斑较多。

2.盐化潮土亚类

盐化潮土面积为 23115.67hm²,占总土壤面积的 27.21%。主要分布在临黄坡地和东部决口扇形地,浅平洼地边缘也有成片分布。盐化潮土按土壤质地又分为沙质盐化潮土、壤质盐化潮土、黏质盐化潮土 3 个土属。

(1)沙质盐化潮土土属:面积为 4800.37hm²,占总土壤面积的 5.65%。主要分布于仁风镇,其他乡镇有零星分布。该土属分为蒙金型轻碱白沙土,蒙银型轻、中、重碱白沙土,漏沙型轻、中、重碱白沙土,黏隔型轻碱白沙土,易碱型轻、重碱白沙土等 10 个土种,其中以漏沙型轻碱白沙土面积最大。

漏沙型轻碱白沙土:面积为 3778.57hm²,占总土壤面积的 4.05%,主要分布于仁风镇西北、西南和崔寨镇西部决口扇形地与缓平坡地的交接处。该土种适耕期长,耕性好,耕层以下全为沙质土,粒间孔隙大,排水条件好,但是降雨或浇灌后,漏水、漏肥,土壤肥力低,应增施有机肥料或秸秆还田,培肥地力,改良土壤结构。另外,要重施氮、磷,作物生育期间追肥应少施勤施,防止养分流失。

代表剖面采自仁风镇张染家西南 100m。

0~17cm:浅褐色沙壤土,粒状、干、松,孔隙、根多。

17~27cm:浅褐色紧沙土,片状、润紧。

27~150cm:黄褐色紧沙土,单粒、润、紧,底部有锈纹、锈斑。

(2)壤质盐化潮土土属:面积为 18064.68hm²,占总土壤面积的 21.26%。主要分布在临黄坡地和垛石镇唐庙洼边缘。该土属共分 24 个土种,其中以漏沙型轻碱白土、易碱型轻碱白土面积最大。

①漏沙型轻碱白土:面积为 3696.86hm²,占总土壤面积的 4.35%,分布于曲堤镇、仁风镇、崔寨镇、回河镇、济阳街道办事处、新市镇等镇(街道办事处)。多种植小麦、玉米、棉花,稍门管区以小麦、水稻一年两作为主。改良同漏沙型轻碱白沙土。

代表剖面采自济阳街道办事处油房西 100m。

0~20cm:灰褐色轻壤土,屑粒状、润、松,孔隙、根系多。

20~55cm:褐色中壤土,块状、潮、较紧,根系多。

55~120cm:黄褐色沙壤,粒状、湿、紧,有锈纹、锈斑。

120~150cm:黄褐色沙壤,粒状、湿、紧,锈纹、锈斑多。

②易碱型轻碱白土:面积为 2697.06hm²,占总土壤面积的 3.17%,分布于崔寨镇、济阳街道办事处、曲堤镇、仁风镇、回河镇等镇(街道办事处)。该土种所处地域地下水位浅,底部土壤水分呈饱和状态,中上部土层多为轻质土,毛管性能强,地下水可直达地表。土壤改良重点是搞好排水系统,把地下水位降到临界水位以下,在此基础上,再采取农业、林业等改碱措施才能收到显著效果。

代表剖面采自曲堤镇西街南 250m。

0~20cm:褐色轻壤土,屑粒状、润、松,孔隙多,有动物粪。

20~30cm:褐色轻壤土,屑粒状、润、松,孔隙多。

30~70cm:浅褐色中壤土,块状、湿、紧,根系较少。

70~90cm:浅褐色轻壤土,块状、湿、紧。

90～105cm:浅褐色轻壤土,块状、湿、紧。

105～150cm:灰白色紧沙,单粒状、湿、紧,有锈纹、锈斑。

(3)黏质盐化潮土土属:面积为 250.61hm^2,占总土壤面积的 0.29%。它是由盐化潮土淤改后表层沉积 20～30cm 黏质土后又返盐而成的。该土属引黄灌溉条件好,排水差,易涨涝,耕性不良,多种植小麦、大豆等作物,产量偏低。分漏沙型轻碱红土和易碱性中碱红土 2 个土种。

漏沙型轻碱红土:面积为 167.72hm^2,占总土壤面积的 0.2%,分布在崔寨镇孔家村南部。该土种上黏下漏,易旱、易涝、易盐碱,耕性差,又不保水肥,供肥性不良,生长后期易脱肥。

代表剖面采自崔寨镇新解营正北 200m。

0～20cm:红褐色重壤,团粒状、干、紧,根系多。

20～28cm:灰白色轻壤,粒状、润、紧。

28～48cm:灰白色沙壤,粒状、润、松。

48～78cm:灰白色紧沙,粒状、润、松。

78～150cm:暗灰色紧沙,粒状、湿、紧,有少量锈斑。

3.湿潮土亚类

由于引黄河水淤改、淤背,湿潮土面积减少,仅有 221.71hm^2,占总土壤面积的 0.26%,分布于沿黄洼地,主要在济阳街道办事处和仁风镇。湿潮土在形成过程中,除受地下水的影响外,还受雨季地表积水的影响。地下水接近地表面或地面积水时,开始沼泽化过程;旱季地下水位下降,既转为潮土化过程,此时,土壤通气良好,水生、湿生植物残体在土壤微生物作用下迅速分解,土壤有机质含量较高。湿潮土是由潮土化过程附加沼泽化作用而形成的。

济阳县湿潮土为壤质冲积湿潮土,分湿漏沙型两合土和湿黏隔型白土 2 个土种。

(1)湿漏沙型两合土:分布于济阳街道办事处稍门管区临黄洼地,面积为 125.31hm^2,占总土壤面积的 0.15%。洼地每年 6～9 月积水,生长着茂密的芦苇、菖蒲、三棱草等喜水喜湿性植物,冬春时期干固,表土呈灰棕色,有少量有机质积累,疏松心土有大量锈斑。

代表剖面采自济阳街道办事处化仁店东南 300m。

0～25cm:灰褐色中壤土,块状、疏松,有半腐熟的植物根。

25～60cm:浅灰棕色紧沙土,单粒状、稍松,植物根系交错分布。

60～75cm:棕色黏土,大块状、紧实,多锈斑。

75～150cm:暗蓝灰色中壤土,块状、软,多锈斑。

(2)湿黏隔型白土:分布于仁风镇西南部临黄洼地,原是决口扇形地的沙洼地,面积为 96.4hm^2,占总土壤面积的 0.11%。雨季有 3～4 个月的积水时间,自然植被以芦苇为主,表土灰棕色,有大量的芦苇根交错贯穿。

代表剖面采自仁风镇马圈西北 500m、张安村东 200m。

0～25cm:灰棕色轻壤土,小块状结构、疏松,地表有枯株残叶。

25～70cm:棕色重壤土、块状、稍紧,锈纹、锈斑多。

70～150cm:棕灰色沙壤土,粒状、稍紧,锈纹、锈斑多。

(二)盐土土类及分布

盐土是指地表或接近地表土层中含有大量可溶性盐类的土壤,耕层(0～20cm)含盐量高于0.7%。济阳县盐土土类系潮盐土亚类。按其盐分组成看,属于油盐潮土土属。面积为254.47hm^2,占总土壤面积的0.3%。大部分为老盐碱地潜水条件进一步恶化,盐化过程持续进行,表土积盐日趋增多而形成。分布在回河镇、曲堤镇、新市镇3个镇,自然植被以碱蓬、柽柳为主。油潮盐土土属分厚沙底轻壤质油潮盐土和厚沙腰轻壤质油潮盐土2个土种。其改良必须加强排水措施,经冲洗或大水压盐,将含盐水从排水沟排走,待土壤脱盐后才可开垦利用。

厚沙底轻壤质油潮盐土:面积为202.43hm^2,占总土壤面积的0.24%,分布于沿黄洼坡地上端,如回河镇西部、曲堤镇曲堤管区东部。盐荒地碱蓬、圣柳、芦苇生长稀疏,地面潮湿、颜色灰暗,地表板实。

代表剖面采自回河镇南陈正北200m。

0～20cm:灰褐色轻壤土,碎块状、湿、稍紧。

20～70cm:褐色中壤土,块状、湿、紧。

70～118cm:浅褐色沙壤土,无结构、松,有锈纹、锈斑。

118～150cm:浅褐色,紧沙、单粒、湿、松,有锈纹、锈斑。

(三)风沙土土类及分布

风沙土面积为250.62hm^2,占总土壤面积的0.29%。零星分布于西部决口扇形地风成沙丘、沙梁上。自然植被有茅草、节节草等;木本植物有刺槐、杨树、柳树、桐树、苹果、枣树等,以刺槐生长较好。风沙土由于树木和野草的生长,沙丘已被固定,开始成土过程,但因质地较粗,生物作用不旺盛。表土有植物根和少量有机质积累,土层发育不明显。按风沙土分类,属固定风沙土亚类冲积风沙土土属。其耕层养分往往含量极低。改良利用应以植树造林、种植多年生牧草为主要措施,加强树株管理,防止过度砍伐,以改良生态环境,防止风沙危害。

代表剖面采自孙耿镇堤口村。

0～35cm:浅黄棕色,紧沙、单粒、疏松,植物根较多。

35～80cm:浅黄棕色,紧沙、单粒、疏松,植物根较少。

80～125cm:浅灰白色,紧沙、薄层状、紧。

125～150cm:浅棕色,紧沙、单粒、松。

四、土壤分布规律

土壤形成因受地理因素的影响,必然成有规律的分布。但济阳县地形简单,母质来源单一,县内气候变化不大,土壤分布规律只表现出微域性的地理分布。土壤微域分布决定了微地貌变化。济阳县受近代黄河决口冲积影响,自西南向东北地貌类型依次是:决口扇形地—缓平坡地—浅平洼地—缓平坡地—决口扇形地。而表层质地也受黄河决口沉积规律影响,自西南向东北呈沙质土—壤质土—黏质土—壤质土—沙质土有规律的变化。黄河至徒骇河之间,随着与黄河距离的增加,表层质地越来越细;同时由盐化潮土演变为潮土。徒骇河以北,表层质地也有南轻北重的趋势。

第二节 土地利用状况

一、土地利用现状

根据2010年济阳县国土局调查资料，济阳县土地总面积为109880.92hm^2，三大地类结构为：农用地面积为76712.05hm^2，建设用地面积为29838.48hm^2，其他土地面积为3330.39hm^2，分别占土地总面积的69.8%、27.2%、3%。农用地中，耕地面积为70786.48hm^2，果园面积为495.53hm^2，林地面积为4723.14hm^2，草地面积为706.9hm^2，分别占农用地面积的92.3%、0.6%、6.2%、0.9%；建设用地中，城镇村及工矿用地面积为14411.43hm^2，交通运输用地面积为3546.18hm^2，水利设施用地面积为11880.87hm^2，分别占建设用地面积的48.3%，11.9%、39.8%。

济阳县农用地占土地总面积的比例和耕地占农用地面积的比例都比较高，农用地占土地总面积的69.8%，耕地占农用地面积的92.3%。基本农田保护率也比较高，2010年，济阳县基本农田保护面积为61045hm^2，基本农田保护率为86.24 %。但是，全县耕地面积却在减少，与1984年土地利用现状调查结果相比，面积减少了3863.47hm^2，人均耕地由1984年的0.1661hm^{2}降为0.1291hm^2。主要原因是新增建设用地，包括城镇村及工矿用地面积增加了6416.37hm^2，交通用地增加了533.12hm^2，水利设施用地减少了659.97hm^2，共计新增建设用地6289.52hm^2。

近年来，济阳县出台了一系列耕地保护严格措施，严格控制农用地转为非农用地，确保全县耕地总量有增不减。同时，高标准制定土地开发整理规划，大力推进土地开发整理工作。2000年以来，全县共计呈报审批占用农用地586.87hm^2，其中耕地499.33hm^2。2010年，全县开发整理土地8666.67hm^2，新增耕地2666.67hm^2，实现了耕地总量稳中有增。土地开发整理拓展了全县建设用地空间，作为山东省第一个建设用地指标置换试点县，济阳县用整理出的土地进行建设用地指标置换，为重点项目建设用地提供了资源保障。

二、土地利用结构状况

把济阳县国土局提供的2010年土地调查数据与1984年全县土壤普查资料相比较发现，济阳县土地利用结构状况发生了很大变化。2010年末，济阳县农用地、建设用地、未利用地的比例结构分别为69.8%、27.2%、3%，与1984年相比，农用地所占土地总面积的比重下降6.9个百分点，建设用地所占比重上升约5.3个百分点，未利用地所占比重上升1.6个百分点。造成农用地下降比较大的主要原因是各项建设占用耕地，各类建设用地面积均有不同程度的增加，致使建设用地占用土地总面积的比重增加较大。

第三节 耕地利用与管理

一、耕地利用现状

1984年土壤普查以来，耕地利用程度和复种指数有了很大提高，耕地生产能力不断增强，促进了农业可持续发展，农业由数量型向效益型、由粗放型向集约型转变。济阳县依靠科技进步，发展振兴农业。特别是多档多茬立体高效农业的发展，使耕地利用率大幅提高。到2009年末，全县耕地面积为70786.48hm²，农作物播种面积为112197hm²，其中，夏粮播种面积为36475hm²，秋粮播种面积为39407hm²，棉花播种面积为5124hm²，油料作物播种面积为3561hm²，果品种植面积为2090hm²，蔬菜播种面积为21013hm²，粮经比例达到6.7∶3.3，复种指数为158.5%。与1984年土壤普查结果相比，耕地面积减少了3863hm²，农作物播种面积增加了23197hm²，农作物播种面积增长26%，其中，夏粮播种面积增加了10495hm²，增长40.4%，秋粮面积增加了10814.67hm²，增长41.7%，棉花面积减少了26916hm²，减少83%，油料作物播种面积增加了3653hm²，增长30.44倍，蔬菜播种面积增加了31699.22hm²，增长19.75倍。农业、种植业内部结构更加优化，粮经比例更趋合理。

间作套种、立体种植及一年两收、三作三收等高产、高效栽培模式的推广应用，使耕地得到了充分利用，复种指数有了显著提高。特别是作物优良品种、农业新技术新成果在生产上的应用和农业产业化的发展，极大地提高了土地的生产能力，粮食产量和农业经济效益都有了大幅提高。但是，随着城市化进程的加快和经济建设的快速发展，城市建设用地、工矿企业用地、交通建设用地不断增加，农业生产可利用面积有所减少，发展空间受到限制。因此，加大种植制度改革和种植业内部结构调整力度，推选多档多茬、立体栽培的种植模式，最大限度地发挥土地的生产能力，培肥地力，向土地要产量、要效益，提高土地实际利用率，是现代农业发展的必由之路。

二、耕地保养利用管理

历史上，济阳县耕地一直存在着旱、涝、碱、薄等障碍因素，这些因素是自然条件综合作用的结果，又是相伴产生、互相影响的，它们严重地制约着济阳的农业发展。新中国成立后，济阳县始终坚持全面规划、综合治理的原则，同旱、涝、碱、薄等障碍因素进行了长期的斗争，大搞水利工程配套建设，治理旱、涝、碱灾害，大力整平深翻土地，发展林业，改善生态环境，增施肥料，推广氮素化肥，土壤得到大幅度的培肥与改良，为全县农业发展和提高粮食产量奠定了良好的基础。

1984年，按照《全国第二次土壤普查暂行技术规程》和《山东省土壤工作分类暂行方案》要求，济阳县进行了土壤普查，调查总面积为107618.79hm²，其中耕地面积为74649.95hm²。此次土壤普查对土壤类型进行了详尽的评述，对土壤养分状况进行了科学的评价，找出了土壤障碍因素，总结了高产田土壤条件，制定了土壤改良利用分区规划，提出了土壤改良培肥意见，为以后磷肥的大面积推广应用、氮磷配合施用、配方施肥和秸秆还田技术的推广应用提供了科学依据。

从20世纪80年代中后期开始，济阳县逐年加大对农业的投入，开展了13333hm²小麦开发、13333hm²玉米开发、6666hm²水稻开发等项目建设，组织实施了商品粮基地县、棉花生产基地县和七期农业综合开发等重大建设项目，并成功实施了利用世界银行贷款加强灌溉农业一期项目建设，大面积、大范围地对土地进行了改良、开发利用、综合治理。通过实施七期农业综合开发项目和利用世界银行贷款加强灌溉农业一期项目，总开发面积达20000hm²，其中，新增改善灌溉面积为8000hm²，发展节水灌溉面积为4000hm²，铺设低压管道 210km，林木覆盖率提高 2 个百分点，达到 20.3%；推广秸秆还田 3333hm^2，良种普及率达到 100%，取得了巨大的经济、社会和生态效益。

2005 年，济阳县承担了农业部下达的国家优质粮食产业工程标准粮田建设项目，该项目是国家优质粮食产业工程首期项目，建设面积为 2667hm^2，总投资为 942 万元。项目建设完成后，改善了农业生产条件，使有效灌溉面积由原来的 1920hm^2 增加到 2667hm^2。通过实施秸秆还田、有机肥使用、平衡施肥和深耕深松，培肥了地力，节约了成本。土壤有机质由实施前的 1.6% 提高到了 1.76%，化肥利用率提高了 10% 以上。从 2006 年开始，济阳县又承担了山东省测土配方施肥补贴项目，通过测土、配方、配肥、供肥、施肥指导等环节的全面实施，全县测土配方施肥面积到 2010 年五年累计达到 121333hm^2，减少了化肥的投入，降低了生产成本，减少了环境污染，提高了农作物的产量。

通过多个农业项目的实施，农田基础设施得到了很大改善，达到了田成方、林成网、路相通、渠相连，沟、渠、田、林、路统一规划，旱、涝、风、沙、碱综合治理的要求，基本解决了农田排灌问题，实现旱能浇、涝能排，土地平整，田间面貌整齐美观，农业生态环境良好，田间小气候得到改善。抗御低温、霜冻、风、雹、旱、涝等自然灾害的能力显著增强，土地风蚀化、盐碱化问题得到解决，土壤结构、养分含量明显改善和提高。同时，农业产业化程度明显提高，农业生产条件得到根本改善，可持续发展能力显著增强，基本实现了农田林网化，农药、化肥施用标准化，水土流失、水资源紧缺等问题得到了解决。

三、耕地障碍因素分析

（一）土壤养分比例不合理

耕地土壤养分不平衡主要表现为养分含量差别较大。由于多年家庭联产承包责任制的实行，即使高产、稳产肥沃耕地质量也不尽相同。由于 20 世纪 70 年代以来，重化肥施用、轻农家肥投入，重用地、轻养地和连续多年的高水平产出，致使土壤养分超支，部分耕地耕层有机质急剧减少，全县土壤有机质含量很不平衡。有的地区常年施肥不合理，在施肥种类上注重无机肥料，特别是重施氮素肥料；在化肥品种上重氮、轻磷，忽视钾肥使用，氮、磷、钾比例失调，养分不平衡。

（二）部分耕地土壤物理性状变差

单一施用化肥造成土壤板结，耕性变劣，肥力下降，直接影响了耕地可持续利用。一些高产、稳产的耕地也出现了肥力衰退的现象，破坏了土壤物理属性，改变了土体结构，造成土壤板结，通气、透水、保肥性能下降，降低了土壤肥力，重化肥、轻有机肥的倾向危及到农业的持续发展。

（三）土壤质地黏紧

全县土壤质地黏紧的面积为 4403.6hm^2，占总耕地面积的 6.2%。这部分耕地上部或全部土层为黏质土，多处于浅平洼地，因地下水位高，土壤受水的作用明显。土壤质地黏重，一般透水性弱，持水性强，有效水分低，显示出不耐旱、不耐涝的特点，而且对作物根系发育有影响，容易形成“细颈”或“鸡爪根”，其易耕期短。

（四）土壤耕层变浅

土壤是农业生产的重要物质条件，耕层结构直接关系到作物的高产、稳产和可持续发展。近年来，多数地块以旋耕犁耕作为主，以耙代耕。因这一耕作方式操作方便，省工省时，农民易于接受。但这种方法耕作后的土壤耕地质量差，长期运用，造成土壤耕层逐渐变浅，土壤板结严重，在较浅的熟土层下形成 10cm 左右坚硬的犁地层，土壤肥力不足，对作物的生长和抗旱能力都有相当的影响。据调查，目前全县土壤耕层一般在 15cm 以下，而在第二次土壤普查时土壤耕层多在 15～20cm。

（五）干旱、涝灾、盐碱化

济阳县农业灌溉以引黄为主，黄河水量的季节变化大，夏秋丰，冬春平，初夏最小，个别年份有断流现象。在冬春两季降水少的情况下，灌溉无保障，土壤含水量低，不能满足作物生长发育和播种出苗的需求，干旱仍是农业增产的限制因子。另外，有约 1600hm^2 耕地灌溉渠系不配套，易发生洪涝灾害。全县盐碱地面积为 12860hm^2，这类土壤有机质含量低，春季地温低，土壤板结，通气性差，生物活性低，被称为“瘦、冷、板、死”。干旱、涝灾、盐碱化仍是农业增产非常重要的限制因素。

四、耕地施肥状况分析

第二次土壤普查以来，济阳县在各种肥料的投入上大体经历了三个阶段。20 世纪 90 年代以前，以有机肥为主，少量施用化肥、复合肥；20 世纪 90 年代的十年中，由于化肥工业的迅猛发展和化肥给农民所带来的巨大经济利益，出现了重化肥、轻有机肥，盲目施肥，过量施肥的现象；进入 21 世纪，特别是 2006 年以来，随着配方施肥、标准粮田建设等项目的实施，多项新技术的推广应用，全县肥料配比日趋合理，在施肥习惯上有了转变，开始重视实施平衡施肥技术，施肥数量、方式逐步发生了变化。为了搞清全县施肥情况，济阳县农业局从 2006～2008 年连续三年进行了调查，调查粮食种植农户 620 户，调查蔬菜种植户 256 户。

（一）化肥施用状况

1. 以前施肥情况

2006 年以前，在粮田中，基肥以尿素和磷肥（磷酸二铵或过磷酸钙）为主，不施用中微量元素肥料，追肥一般撒施尿素。化肥每亩平均施用量 N、P_2O_5、K_2O 折纯量分别为 46.58kg、11.25kg、3.74kg，氮肥、磷肥、钾肥比例为 1∶0.24∶0.08，每亩总施肥量为 61.57kg。其中，小麦平均施用氮肥 25.04kg/667m^2（折纯量，下同），磷肥 10.2kg/667m^2，钾肥 3kg/667m^2，氮肥、磷肥、钾肥比例为 1∶0.41∶0.12，总施肥量平均为 38.24 kg/667m^2。基肥以尿素和磷肥（磷酸二铵或过磷酸钙）为主，追肥时期一般在小麦返青期一次性撒施尿素 40～50kg/667m^2，肥料利用率较低，氮肥、磷肥施用量大，钾肥较少。在玉米生产中，基肥施用少量磷酸二铵（或复合肥）或不施，追肥一般撒施。平均施氮肥 21.54kg/667m^2，磷肥 1.05kg/667m^2，钾肥 0.74kg/667m^2，氮肥、磷肥、钾肥比例为 1∶0.05∶0.03，总施肥量平均为 23.33kg/667m^2。氮肥施用量大，磷肥、钾肥较少。在蔬菜大棚生产中，化肥的使用量较大，平均施氮肥 96.5kg/667m^2，磷肥 73.6kg/667m^2，钾肥 80.1kg/667m^2，氮肥、磷肥、钾肥比例为 1∶0.76∶0.83，总施肥量平均为 250.2kg/667m^2。

2. 施肥变化及现状

2010 年，随着配方施肥、标准粮田建设、土壤有机质提升等项目的实施，农民群众施肥观念逐步转变，施肥水平有了很大提高。在粮田中，基肥施用配方肥或复合肥，追肥仍以尿素为主，或尿素、复合肥混合，依据粮食产量水平分期施用。化肥每亩平均施用量 N、P_2O_5、K_2O 折纯量分别为 31.56kg、8.95kg、10kg，氮肥、磷肥、钾肥比例为 1∶0.28∶0.32，每亩总施肥量为 50.51kg。其中，在小麦生产中，基肥每亩施用配方肥或复合肥 40kg，注重微量元素锌肥的使用，追肥仍以尿素为主，或尿素、复合肥混合，依据麦田产量水平在返青期一拔节期、挑旗期等分期施用。平均施用氮肥 19.46kg/667m^2，磷肥 7.2kg/667m^2，钾肥 5kg/667m^2，氮肥、磷肥、钾肥比例为 1∶0.37∶0.26，总施肥量平均 31.66kg/667m^2。氮肥、磷肥分别较 2006 年前减少 22.28%、29.41%，钾肥增加 66.67%，总施肥量减少 14.6%。这类麦田约占小麦种植面积的 70%，有 25000hm^{2}左右。在玉米种植上，全县重点推广了玉米控释施用技术，基肥施用控释肥，肥料利用率提高，施肥量明显减少，玉米平均施用氮肥 12.1kg/667m^2，磷肥 1.75kg/667m^2，钾肥 5kg/667m^2，氮肥、磷肥、钾肥比例为 1∶0.14∶0.41，总施肥量平均为 18.85kg/667m^2。氮肥较 2006 年前减少 43.83%，磷肥、钾肥分别增加 66.7%、575.68%，总施肥量减少 19.21%。这类玉米田约占玉米种植面积的 80%，有 29000hm^{2}左右。蔬菜氮、磷、钾肥冲施量减少，注重中微量元素的使用。据调查，2010 年蔬菜大棚平均施用氮肥 94.5kg/667m^2，磷肥 65.4kg/667m^2，钾肥 83.2kg/667m^2，氮肥、磷肥、钾肥比例为 1∶0.69∶0.88，总施肥量平均为 243.1 kg/667m^2。氮肥、磷肥分别较 2006 年以前减少 2.07%、11.14%，钾肥增加 3.87%，总施肥量减少 2.84%。

（二）有机肥料施用状况

1. 有机肥施用现状

济阳县粮田有机肥施用较少，只有少量农户施用人畜粪、土杂肥，大部分农户不施用有机肥。蔬菜地有机肥重施，年平均施用量为 5000kg/667m^2，以家畜粪肥为主。不同作物间差别比较大，原因是不同利用类型之间经济效益差别比较大，农户投入心理有别所致。

2. 秸秆还田

20 世纪 90 年代以前，全县农作物秸秆主要用作饲料和造纸原料，秸秆焚烧现象也比较严重。随着秸秆还田技术的推广以及秸秆还田机械的应用，秸秆还田面积迅速扩大。2010 年，小麦秸秆还田面积为 40000hm^2，占小麦种植面积的 80%，玉米秸秆还田面积为 21000hm^2，占玉米播种面积的 70%，秸秆还田已经成为全县粮田有机质含量提高的重要因素。

3. 商品有机肥的施用

济阳县自 2009 年开始实施土壤有机质提升补贴项目，项目设置在垛石镇，涉及玉皇庙、尚坊、安子坡、小辛庄等 13 个村，小麦实施面积为 1000hm^2，每亩基施商品有机肥 100kg，玉米实施面积为 1000hm^2，每亩基施商品有机肥 100kg。施用商品有机肥能够促进土壤微生物的活动，不仅增加了土壤有益微生物的类群，而且也是微生物赖以生存和繁殖的能量和养分的主要来源，从而影响土壤肥力。商品有机肥中含有作物必需的各元素，可维持和促进土壤养分平衡，活化土壤中难溶性养分，提高养分的有效性，促进土壤中难溶性磷酸盐、多种微量元素养分的转化，提高养分的有效性，减少土层结构破坏，维持良好的土体（团粒）结构，提高土壤抗旱能力，增加田间持水量，提高耕地质量，提高土地综合生产能力和可持续发展能力，确保粮食高产和安全。

（三）粮食产量的变化趋势

随着施肥水平的不断提高，并逐步向配方施肥过渡，投入不断减少，产量不断提高。2010 年，在小麦施肥中，氮、磷分别较 2006 年前减少 22.28%、29.41%，钾肥增加 66.67%，总施肥量减少 14.6%，产量由 2006 年的 415kg/667m^2 提高到 2010 年的 452.5kg/667m^2，每亩提高 37.5kg，产量提高了 9%。在玉米施肥中，氮肥较 2006 年前减少 43.83%，磷肥、钾肥分别增加 66.7%、575.68%，总施肥量减少 19.21%，产量由 2006 年的 466kg/667m^2 提高到 2010 年的 470kg/667m^2，每亩提高 4kg，产量提高 0.9%。在蔬菜施肥中，氮肥、磷肥分别较 2006 年前减少 2.07%、11.14%，钾肥增加 3.87%，总施肥量减少 2.84%，产量由 2006 年的 3425kg/667m^2 提高到 2010 年的 3488.7kg/667m^2，每亩提高 63.7kg，提高 1.9%。粮食单产变化趋势如图 2-1 所示。

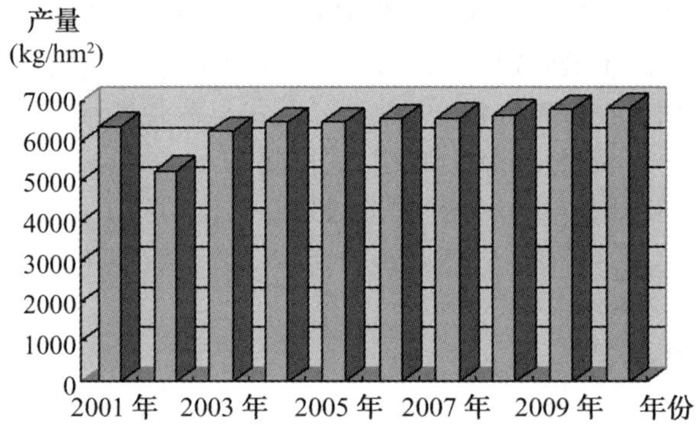

图 2-1 济阳县粮食单产变化趋势

（四）施肥实践中存在的问题

（1）肥料品种选定不科学。目前，市场上肥料品种繁杂，许多人不知道怎么选用肥料。有的人施用肥料凭经验，以前常用什么就买什么；有的人随波逐流，别人施用什么就施什么；有的人是墙头草，卖肥料的卖什么就施用什么。

（2）用量不适宜。部分农民认为施肥多产量就高，盲目地大量施肥，以求高产。

（3）重化肥、轻有机肥，重氮肥、磷肥，轻钾肥、微肥，氮、磷、钾比例不合理，不符合作物生长需求，没有达到调节土壤养分状况的作用。

（4）施用方法不得当。施用氮肥不覆土，造成养分挥发；应该分季施用的集中一次施用。由于养分投入极不平衡，使肥料利用率降低，同时造成严重的环境污染和农作物品质下降。

第三章　样品采集与分析

“万物土中生，有土斯有粮”，耕地是人们获取粮食及其他农产品最基础的生产资料。一切优质高产的农作物及其栽培模式都必须建立在安全、肥沃、协调的土壤之上。经过长期的耕作种植，土壤的地力水平、理化性状、生产性能都发生了很大变化。土壤样品采集是在充分考虑地理位置、土壤类型、耕地利用现状、作物品种布局等因素的基础上，按照典型性、代表性、广泛性、科学性的布点原则，进行科学合理布点，采用 GPS 系统，确定取样点地理坐标，用统一的技术标准和取样方法进行样品采集。

第一节　土壤样品的布点与采集

一、准备工作

（一）组织准备

1. 成立领导小组

济阳县政府成立由分管县长为组长，农业、财政、国土、水务、工商、技术监督、统计、环保等部门负责人及项目镇分管领导为成员的耕地地力评价工作领导小组，具体负责项目的组织实施。

2. 成立专家顾问小组

为保证高质量、高水平地完成耕地地力评价，聘请农业、水利、林业、土地等相关部门的专家及参加过第二次土壤普查的老同志，组成专家顾问小组，担任技术顾问，对耕地地力评价的技术路线进行把关，确保耕地地力评价有条不紊地实施。

3. 成立技术小组

为加强项目实施的技术指导，善始善终地完成本项工作，济阳县农业局抽调技术骨干组成耕地地力评价技术小组。土肥站站长任技术小组组长。技术小组在领导小组的领导下开展工作，负责项目的具体实施、耕地地力评价技术操作规程的制定、技术指导、业务培训、质量控制及自检自查等工作。

4. 成立专业工作小组

根据项目要求，成立了野外调查、分析化验和室内工作三个专业工作小组。

（1）野外调查小组。野外调查小组由济阳县农业局统一抽调专业技术骨干 20 人，会同 10 个镇（街道办事处）农技推广人员 20 人，共计 40 人，组成野外调查小组，负责野外补充调绘、农业生产状况与典型农户基本情况调查、图件补绘和土壤样品、水样的采集工作。

野外调查小组分为10个工作小分队，每个小分队负责1个镇(街道办事处)的调查任务。

(2)化验分析小组。化验分析小组由济阳县土肥站和济阳县农产品质量监督检测中心工作人员组成，并在土肥站专家指导下工作，负责分析方法的确定，对土壤样品、水样的化验和化验结果数据的审查、统计等。

(3)室内工作小组。室内工作小组由山东省土肥站、山东农业大学、天地亚太国土遥感公司、济阳县农业局人员组成，负责资料录入、数据库的建立与管理、SPSS数据统计软件应用、MAPGIS以及卫星遥感图像处理等技术工作，完成耕地地力评价及文字、图件的编写、编绘工作。

5. 确定分析化验室

按照项目检测化验要求，确定由山东省农科院土肥所承担水样检测；济阳县农产品质量监督检测中心承担土壤有机质、全氮、碱解氮、有效磷、速效钾、缓效钾等常规项及pH、土壤容重、中微量元素等检测。

(二)物资准备

1. 野外调查所需物品

手持式GPS定位仪、不锈钢取土钻、环刀、布袋、晾土纸、晾土筐、晾土架、调查表格等。

2. 分析化验仪器

原子吸收分光光度计、火焰光度计、紫外线分光光度计、电导率仪、电子天平、凯氏定氮仪、箱式电阻炉、酸度计、500mL聚乙烯瓶、气相色谱仪、pH计、电热鼓风干燥箱、电热真空干燥箱、气浴恒温振荡器、蒸汽消毒器、电热恒温干燥箱、COD恒温加热器、高速组织捣碎机、电热恒温水浴锅、万能粉碎机、自动电位滴定计、万分之一光电天平、离心机分样器及化验所需要的各种化学试剂等。

3. 计算机软硬件

计算机(P4/2.49G，2G内存)，操作系统(Windows XP)，数据库管理系统，数据统计分析系统(SPSS)等软件。

(三)技术准备

1. 方案制定

根据《全国耕地地力调查与质量评价技术规程》等要求，编写了《济阳县耕地地力评价实施方案》，确保了济阳县耕地地力评价工作的顺利实施。

2. 加强宣传

为圆满完成耕地地力评价项目，并作为提升济阳农业生产水平、发展济阳农业的良好机遇，充分利用报纸、电视等新闻媒体，广泛宣传开展耕地地力评价的重要性和必要性，使广大群众充分认识其重要意义，并积极参与、配合调查。

3. 技术培训

为了提高项目的技术含量和技术人员的技术水平及实际操作能力，保障项目顺利实施和高质量、高水平按时完成，聘请山东省土肥总站专家对济阳县农业局和各镇技术人员进行室内和野外技术培训。

4."3S"技术培训

为确保耕地地力评价的准确性、先进性和科学性，采用了"3S"技术，即土样采样点采用GPS系统准确确定定点位，结果统计采用SPSS数据统计分析软件进行数理统计，图像处理应用MAPGIS以及卫星遥感图像处理技术。

图件资料：济阳县地图、地形地貌图、土地利用现状图、农田水利分区图、基本农田保护规划图、主要污染源点位图；第二次土壤普查的土壤图、土壤耕层质地及土体构形图；土壤有机质含量分布图；土壤全氮、碱解氮含量分布图；土壤全磷、有效磷含量分布图；土壤速效钾含量分布图。数据及文本资料：1990～2009年济阳统计年鉴及绿色食品、无公害农产品基地产地环境分析资料等有关文字、数据资料。

二、室内预研究

（一）确定采样点

1. 布点原则

土壤样品的采集是决定土壤分析结果是否可靠的重要环节。由于土壤的不一致性，采样时必须重视土样的代表性，遵循一定的采样原则和方法。一是随机的原则，采样时必须避免一切主观因素的干扰，随机采样；二是等量的原则，为便于样品间的相互比较，每个样点应采集数量相等的土样。另外，采样时还要考虑自然因素和人为因素的影响，以减少采样误差。

2. 布点方法

(1)粮田、棉田土样布点方法。在基本农田保护区内，按照土地利用现状和土壤图进行布点、划分评价单元，然后将土种图与基本农田保护规划图和土地利用现状图叠加形成评价单元图，根据项目要求的采样点密度，结合济阳实际，按照粮田、棉田每8.7hm^2、9.3hm^2为一个采样点确定土壤采样点的总数量，根据图斑大小、种植制度、种植作物种类、产量水平等因素的不同，确定采样点点位，根据土种类型、种植制度、产量水平等因素，统计各因素点位数。当某一因素点位数过多或过少时，要进行调整，同时要考虑点位的均匀性，因为采样点的均匀性会直接影响到整个项目的准确性。最终确定采样点为粮田5049个、棉田551个。

(2)蔬菜土样布点方法。蔬菜地近年来发展非常快，土地管理部门所提供的现状图没有蔬菜地划分或及时变更，为开展蔬菜地质量调查评价，需要对其分布进行野外补充调查。在土地利用现状图基础上勾绘蔬菜地类型分布图，调查各种蔬菜类型的棚龄、种植年限、种植种类及产量水平，调查统计蔬菜的各种利用类型的规格、数量，并统计各类型面积(包括棚间隙地)，然后将土种图与蔬菜地利用类型分布图叠加，形成蔬菜地评价单元图，经整合确定评价单元。根据评价单元个数及面积和总采样点数，初步确定每个评价单元的采样点数。根据蔬菜地评价单元的数量和蔬菜种类、产量水平、图斑大小、棚龄或种植年限(分为1～2年、3～5年、5年以上)等因素，每8hm^2为一个采样点，确定蔬菜地采样点为2528个，并在图上标注采样点编号。

各评价单元的采样点和点位确定后，根据土种类型、设施类型、蔬菜种类等因素统计各因素点位数，并对某一因素点位数过多或过少进行调整，达到点位具有均匀性。

(3)容重样品布点方法。依据土壤类型、土壤质地、有机质含量、土体结构等因素，结合全县土地利用现状及土壤图，划分取样单元，确定容重样品点为100个，并在图上标注采样点编号。

(4)水样布点方法。根据本区域灌溉用水水源类型(包括地下水、地表水)以及各种水资源类型的灌溉面积，确定每种水源的采样点数。本次调查共取灌溉水24个，农村饮用水样10个，地表水样16个。

(二)确定调查内容

根据《全国耕地地力调查与质量评价技术规程》的要求，对粮田、蔬菜地、水源的调查，设计了采样地块基本情况调查表、农户施肥情况调查表、灌溉水采样记录表、地表水采样记录表、饮用水井与地下水采样记录表等。调查的主要内容包括：采样地点、方法、户主姓名、耕地面积、采样地块面积、当前种植作物、土壤类型、采样深度、立地条件、剖面性状、土地排灌状况、种植制度、利用类型、投入(肥料、农药、种子、灌溉、其他)费用状况等。为确保调查内容的准确性、一致性，保证调查过程无差错，根据表格设计内容，编制了调查表格的填表说明，对调查人员进行专项培训。在实际操作过程中，要求工作人员必须现场取样，现场调查，以确保调查内容真实有效。

(三)确定分析项目和方法

根据规程要求，确定化验分析项目。土壤样品分析项目：有机质、大量元素(全氮、全磷、全钾、碱解氮、有效磷、缓效钾、速效钾)、中量元素(钙、镁、硫)、微量元素(锌、硼、锰、铜、铁、钼)、pH、阳离子交换量、土壤容重等。化验方法严格按规程要求的标准方法进行。

(四)确定调查步骤

调查步骤有七项。

(1)资料收集：主要收集地形图、土地利用现状图、第二次土壤普查成果图件及《土壤志》、《中国土种志》、基本农田保护区定界图、统计年鉴、农田环境保护等资料；

(2)野外调查：主要对粮田和蔬菜地进行补充调查和采样点农业生产基本情况调查；

(3)样品采集：主要采集具有广泛代表性的粮田、蔬菜田的土样、水样；

(4)室内分析：包括土壤样品、灌溉水样品的分析等；

(5)建立耕地质量数据库；

(6)建立专业指标体系；

(7)进行耕地质量评价。

三、野外调查与采样

(一)调查

1.野外补充调查

近几年，济阳县不断加大农业种植结构调整力度，作物结构布局发生了很大变化，由济阳县国土资源局提供的土地利用现状图已不能真实反映目前的利用现状。因此，在进行野外调查前，组织县镇两级技术人员进行补充调查。

补充调查的主要内容是：

(1)调查目前各类蔬菜地(冬暖大棚、塑料拱棚、露天菜地)的面积分布，并按类型面积、分布方位勾绘在 1∶10000 的土地利用现状图上。图上最小图斑面积为 0.25cm^2。

(2)调查各类蔬菜地的棚龄、种植年限及主要蔬菜的种类、投入情况、产量水平、经济效益。

(3)调查瓜类(西瓜)生产情况、面积分布、产量及收益,并勾画上图,从而形成新的蔬菜、瓜果生产用地分布图。

2.采样点及采样点农户农业生产情况调查

根据室内确定的采样点的位置,到实地选择取土地块。若图上标明的位置在当地不具有典型性,在实地另选择具有典型性的地块,并在图上标明准确位置,利用 GPS 确定经纬度。取土点位确定后,与取土点农户的主要管理者进行座谈,按照采样点农户调查表格内容,详细调查、填写农户信息,耕地面积,种植制度,近三年的产量,上年度肥料使用量、品种及次数,灌溉情况,生产管理情况,投入产出缺口以及土壤状况(包括质地、土壤立地条件、农田设施)等内容。

(二)采样

1.土样采集

(1)粮田、棉田土样采集方法。粮田土样在 9 月 15 日至 30 日采集,棉田土样在 10 月 25 日至 11 月 10 日采集。根据图上标注的点位,到点位所在的村庄确定具有代表性的田块。采样地块面积为 667～6670m^2,依据田块的准确方位修正图上的点位位置,并在采样田块的中心用 GPS 进行定位。然后向已确定为采样田块的户主了解其农业生产情况,并按调查表格的内容逐项认真进行调查填写。粮田采样深度为 0～20cm,采样时沿着一定的线路,按照随机、等量和多点混合的原则进行采样。一般地块采用"S"形布点采样。在地形变化小、地力较均匀、采样单元面积较小的情况下,采用"梅花"形布点取样。每个样品取 15～20 个小样点,使之能代表采样单元的土壤特性,采样多点混合,混合土样取土 1.5kg 左右,用四分法将多余的土壤弃去。采样工具统一采用不锈钢取土钻。采集的样品放入统一的样品袋中,用铅笔写好标签,内外各放一张。标签内容如表 3-1 所示。

表 3-1　　土壤采样标签

统一编号:　　　　　　　　邮编:
采样时间:　　年　　月　　日　　时　　土壤类型:
采样地点:济阳县　　　镇(街道)　　　村　　　地块　　　农户名:
地块在村的(中部、东部、南部、西部、北部、东南、西南、东北、西北)
采样深度:① 0～20cm ②0～25cm ③0～40cm ④　　　cm(不是①②③的,在④上填写)　　该土样由　　点混合(规范要求 15～20 点)
经度:　　度　　分　　秒　　纬度:　　度　　分　　秒
采样人:　　　　　　　联系电话:

(2)蔬菜地土样采样方法。蔬菜地土样在 7 月 15 日至 8 月 20 日采集。根据图上标注的点位,到点位所在的村庄确定具有代表性的田块,并用 GPS 定位,然后向已确定为采

样田块(冬暖大棚、塑料拱棚、露天菜地)的户主了解其蔬菜地的利用类型、棚龄、种蔬年限、主要蔬菜种类、投入产出等蔬菜生产情况,并按要求充分考虑、逐项填写调查表的内容。样点采样深度为0～25cm,采用"X"法,均匀采取15～20个小样点,充分混合后,采用四分法留取1.5kg,其他同粮田采样。

(3)容重样品的采集方法。土壤容重即用一定容积的钢制环刀,切割自然状态下的土壤,使土壤恰好充满环刀容积,然后称量并根据土壤自然含水量计算每单位体积的烘干土重。在室内先称量环刀(连同底盘、垫底滤纸和顶盖)的重量,环刀容积为100cm^3。将已称量的环刀带至田间采样。采样前,将采样点土面铲平,去除环刀两端的盖子,再将环刀(刀口端向下)平稳压入土中,切忌左右摆动,在土柱冒出环刀上端后,用铁铲挖周围土壤,取出充满土壤的环刀,用锋利的削土刀削去环刀两端多余的土壤,使环刀内的土壤体积恰为环刀的容积。在环刀刀口一端垫上滤纸,并盖上底盖,环刀上端盖上顶盖,擦去环刀外的泥土,立即带回室内称重。

2.水样采集方法

水样以采集灌溉水为主。盛水容器采用100mL塑料瓶。未封闭的水井直接用水桶取样,用井水将水桶、盛样的塑料瓶刷洗干净,去除水中的上浮或沉淀物质,将干净的水装入塑料瓶中。农田中封闭的机井可在抽水机的出水管处采样(在出水10min后采样)。采集农田灌溉渠系水源时,在水渠的出口处取样。取样时,要记载水源类型、取样时间、取样人等。在水样装入塑料瓶后,应在6小时之内放入冰柜或冰箱冰冻保存,以备化验分析。

(三)调查采样的质量控制

为保障耕地地力评价的科学性、可比性、系统性和可操作性,济阳县农业局抽调专门的技术力量,经过周密计划、反复论证,制定了切实可行的方案,工作实行"五统一",即:统一技术规程、统一调查表格、统一统计口径、统一汇总方法、统一评价标准。同时,对野外调查人员进行技术培训,邀请省市有关专家讲课,并进行实地操作演练,使野外调查人员真正掌握耕地地力野外调查的基本知识、技术要领和工作方法,为顺利完成耕地地力评价提供可靠的技术保障。

累计采集土壤样品共计8128个,其中可用于耕地地力评价的样品数4959个,采样的同时完整填写采样地块基本情况与施肥情况调查表。

第二节　土壤样品的制备

一、样品制备的目的

剔除土壤以外的侵入体(如植物残体、昆虫、石块等)和新生体(铁锰结核和石灰结核),以除去非土壤的组成部分。

适当磨细,充分混匀,使分析时所称取的少量样品具有较高的代表性,以减少称样误差。

用于全量分析项目的样品需要磨细,以使分解样品的反应能够完全和彻底。

使样品可以长期保存，不致因微生物活动而被破坏。

二、风干样品的制备方法

从野外采回的土壤样品，首先剔除土壤以外的侵入体和新生体，然后尽快将其风干。具体做法：将土样在干净的白纸上摊成薄薄一层，置于晾土筐中，放在晾土架上让其自然风干，严禁暴晒，并注意防止酸、碱等气体及灰尘的污染。风干过程中要经常翻动土样并将大土块捏碎以加速干燥，同时剔除侵入体。

（一）一般化学分析试样的制备方法

将风干后的样品平铺在制样板上，并将植物残体、石块等侵入体和新生体剔除干净。细小已断的植物须根，可采用静电吸附的方法清除。用土壤样品粉碎机粉碎，粉碎的土样全部通过 2mm 孔径筛。通过 2mm 孔径筛的土样供 pH、盐分、交换性能及有效养分等项目的测定。

将通过 2mm 孔径筛的土样用四分法取出一部分继续碾磨，使之全部通过 0.25mm 孔径筛，供有机质、全氮、碳酸钙等项目的测定。

（二）微量元素分析试样的制备方法

用于微量元素分析的土样，其处理方法同一般化学分析样品，但在采样、风干、碾磨、过筛、运输、储存等环节，不要接触容易造成样品污染的铁、铜等金属器具。通过 2mm 孔径尼龙筛的样品可用于测定土壤有效态微量元素。

（三）制备土样的注意事项

（1）分取样品时，必须将通过 2mm 孔径筛的全部土样用四分法或多点法分取，不能在其中随意挖取一部分进行磨细；否则，不同粒径的土粒在样品瓶中自然分布的不均匀性将降低取出土样的代表性。

（2）碾磨工具的选择，细碾时不宜用瓷碾体，可能使硅、铁、铝等全量分析的结果偏高，玛瑙碾体较为理想。

（3）全量分析采用酸溶法，有精密仪器配合分析，经常采用微量法，称样量更少，对土样细度的要求更高，一般要求土样通过 0.25mm 孔径筛，否则不仅称样误差较大，而且溶化时间也变长。

（4）供微量元素测定的土样，要用尼龙筛过筛，不能用金属丝的网筛，以免污染样品。

（5）要求极细土样的碾磨过筛，必须使原样品全部通过筛孔，绝不能允许将难以磨细的粗粒部分弃去，否则将造成样品组成的改变而失去原有的代表性。

（四）土样的储存

将过筛后的土样充分混匀后装入塑料袋中，内外各具一张标签，写明编号、土壤名称、深度、筛孔以及采样日期和采样人等项目。所有样品按编号用专册登记。制备好的土样要妥善储存，避免日光、高温、潮湿和有害气体的污染。

第三节 样品分析与质量控制

一、分析项目与方法

样品的室内分析是了解土壤理化性状的重要手段，根据《全国耕地地力调查与质量评价技术规程(试行)》测试分析项目的要求，经济阳县耕地地力评价技术专家研究，确定本次耕地地力评价要求分析化验项目为21项土壤理化性状。各项分析方法有国家标准或部颁标准的，以国家标准或部颁标准为首选分析方法(见表3-2)。

表3-2 耕地地力评价样品分析项目测定方法

分析项目	标准号	测定方法名称
土壤容重		环刀法
土壤孔隙度		环刀法
pH	NY/T 1121.2—2006	玻璃电极法
有机质	NY/T 1121.2—2006	油浴加热重铬酸钾氧化滴定法
有效磷	NY/T 85—1988	碳酸氢钠浸提—钼锑抗比色法
速效钾	NY/T 889—2004	乙酸铵浸提—火焰光度法
全氮	NY/T 53—1987	凯氏蒸馏法
全磷	NY/T 88—1988	氢氧化钠熔融—钼锑抗比色法
全钾	NY/T 87—1988	原子吸收分光光度计法
碱解氮	LY/T 1229—1999	碱解扩散法
缓效钾	NY/T 889—2004	硝酸浸提—火焰光度法
有效铜	NY/T 890—2004	DTPA浸提—原子吸收法
有效铁	NY/T 890—2004	DTPA浸提—原子吸收法
有效锌	NY/T 890—2004	DTPA浸提—原子吸收法
有效锰	NY/T 890—2004	DTPA浸提—原子吸收法
有效钼	NY/T 1121.9—2006	草酸—草酸铵浸提—极谱法
有效硼	NY/T 1121.9—2006	沸水浸提—姜黄素比色法
有效硫	NY/T 1121.14—2006	磷酸盐—乙酸浸提—硫酸钡比浊法
交换性钙	NY/T 1121.13—2006	乙酸铵交换—原子吸收法
交换性镁	NY/T 1121.13—2006	乙酸铵交换—原子吸收法
阳离子交换量		EDTA—乙酸铵盐交换法

二、化验分析质量控制

化验室分析项目主要由济阳县农产品质量监督检测中心完成，化验分析与质量控制严格按照《全国耕地地力调查与质量评价技术规程(试行)》、《济阳县耕地地力评价实施方案》以及《质量手册》和程序文件的有关规定执行。

(一)化验承担单位概况

济阳县农产品质量监督检测中心是全市最先进的农业综合检验机构,前身是土肥站化验室。当时主要职能是完成全县第二次土壤普查分析任务,并根据农业技术推广要求,为配方施肥、中低产田开发、土壤资源评价、培肥地力、土壤保护、土壤肥力检测提供参数。2005 年,以土肥站为依托改扩建化验室,融土壤养分测试、植物检验、农药残留、肥料检测为一体,建立了济阳县农产品质量监督检测中心。

该中心下设业务室和检测室。业务室主要负责样品收发、检验任务下达、检验报告编制、技术培训考核、资料档案管理、手册的编制与宣传贯彻、工作计划总结、文件收发、对外联系等。检测室下设化学分析室、天平室、仪器检测室、样品处理储存室、色谱分析室、原子吸收检测室、仓库等,面积共 $300m^2$,购买仪器设备 60 台(套),固定资产总投资为 100 多万元,主要开展土壤养分和肥料质量的检验、蔬菜农药残留检验、农产品重金属含量等项目的检验工作。

(二)质量控制措施

分析质量受试样、方法、试剂、仪器、环境及分析人员素质等多方面因素制约,影响结果的准确度和精密度。为保证分析检测结果的可靠性及实验室之间的可比性,必须采取严格的质量控制措施。为确保耕地地力评价检测结果准确可靠,由业务室编制了详细的质量计划,对中心的质量体系进行了审核,对参加检验的人员进行了集中培训,分配了检验任务,每两人为一组承担一个检验项目并对结果负责,编制了统一的原始记录表格,制定了质量控制措施。

1. 仪器设备及标准物质的购置和管理

为了保证检测结果的准确性和可靠性,对仪器设备和标准物质加以控制,确保仪器设备处于正常状态,以满足检验工作的要求。严格按《质量手册》和程序文件的要求,根据检验参数,配备全部仪器设备(标准物质),并对所有仪器设备进行检定和运行检查,合格后方可使用。

2. 严格使用化学试剂验收程序,保证试剂的质量

对用于检测工作的外部支持服务和外购物品实行有效控制,以确保外部支持服务的供应的质量,使其符合检验工作的要求,保证检验结果的可靠性。

3. 化验分析方法严格执行国家标准或行业标准

为使检测结果能真实反映检测对象的特性,对测定方法的采用作出统一规定,确保对检验过程进行有效控制。所有测定方法必须由技术负责人确认,保证采用的测定方法为现行有效版本。

4. 坚持平行试验、再现性试验,控制精密度,减少随机误差

样品分析平行率达到 100%,对控制样品进行多次重复测定,由所得结果计算出控制样品的平均值 X 和标准差 S,绘制精密度控制图,纵坐标为测定值,横坐标为获得数据的顺序。将平均值 X 作成与横坐标平行的中心线 CL,$X \pm 3S$ 为上下控制线 U_{CL} 及 L_{CL},$X \pm 2S$ 为上下警戒线 U_{WL} 及 L_{WL}。在进行试样例行分析时,每批带入控制样,其测定数据

在控制图上打点，如果打在控制限外，较“超控”，该批结果全部为错误结果，必须立即找出原因，采取适当措施，等“回控”后再重复测定，如果控制样的结果落在控制线和警戒线之间，说明精密度已不理想，应引起注意。

5.坚持双人双检，严格校核、签字及记录的制度

检验人员负责检验原始记录和仪器设备、标准物质（含标准溶液）的使用记录。各种质量记录应客观、规范、准确、及时地直接填写在规定格式的原始记录纸上。原始记录必须由检验者在现场亲自填写，不得事后追记。一项检验有两人或两人以上操作人员时，指定一人担当记录。校核人对记录的规范性和计算的准确性进行审核，检查无误后签字。原始记录不允许随意更改和删减，数据必须更改时，用两条平行线将错误数据划掉，将正确数据写在其正上方，并在错误数据上加盖更改人印章。

6.全程序空白值试验

全程序空白值是指用一方法测定某物质时，除样品中不含测定物质外，整个分析过程的全部因素引起的测定信号值或相应浓度值。每次测定两个平行样，用于校正仪器零点或检查是否在允许范围内。

7.准确度控制，坚持使用标准样品，进行内参样掺插

利用土壤标准样品及参比样品进行分析质量控制。土壤标准品由国家技术监督部门组织、审批和制作，用于检验考核实验室、分析人员的技术水平和分析方法的评价。参比样品的要求较标准样品低，采取一定数量土壤样品，经风干、剔除杂物、制样、充分混匀后，分发至所需检测室，用统一的方法进行检测，经整理统计后，其平均值和标准差作为日常分析工作的参比值。

8.加标回收率试验

取两份相同的样品，一份加入已知量的标准物，在统一条件下测定其含量，计算已知量的回收率，作为准确度的指标，公式为：

$$回收率(\%)=(测得总量-样品含量)\div标准加入量\times100\%$$

9.化验结果与其他化验室作对比

为提高化验室之间分析结果的可比性，积极参加上级化验室组织的样品的比对化验或用统一控制样品主动与同级化验室进行比对化验，通过数理分析，对差异大的数据，查明原因，采取措施改正。

第四章 土壤理化性状分析

为摸清济阳县耕地土壤理化性状，准确进行耕地地力评价，依据山东省土壤养分分级标准，并结合全县实际，按照不同种植制度、不同土壤类型和乡镇行政区域，对全县土样养分状况进行统计和评价。

土壤的物理性质包括土壤颗粒组成和土壤质地等，土壤的化学性质包括 pH、有机质等，土壤养分包括全氮、全磷、全钾以及碱解氮、有效磷和速效钾等。

全县总耕地面积为 70786.48hm^2，共评价土壤样品 4959 个。

按种植制度划分，粮田面积为 44648.74hm^2，采集土样 4184 个；蔬菜(包括瓜类)面积为 21013.47hm^2，采集土样 664 个；棉花面积为 5124.27hm^2，采集土样 111 个。

按土壤类型划分，潮土面积为 70281.39hm^2，取样 4927 个；盐土面积为 254.47hm^2，取样 14 个；风沙土面积为 250.62hm^2，取样 18 个。

按乡镇行政区域划分，各镇(街道办事处)采集土样为：济阳街道办事处 298 个，孙耿镇 681 个，仁风镇 753 个，垛石镇 428 个，曲堤镇 768 个，崔寨镇 234 个，太平镇 680 个，新市镇 766 个，回河镇 261 个，济北街道办事处 90 个。

第一节 土壤 pH 和有机质

一、土壤 pH

土壤 pH 即土壤酸碱度，它虽然不属于土壤养分范畴，但作为作物种植时土壤理化性状的基本指标，能直接影响作物的生长和发育。绝大多数作物只有在一定的土壤 pH 范围内才能正常生长，适宜的土壤 pH 是作物生长发育的基础。土壤 pH 对土壤肥力及养分的有效性影响很大，在低 pH 情况下，易造成磷、钙、镁养分的有效性降低，在高 pH 情况下，微量元素铁、锰、硼变为不可被吸收状态。

(一) 土壤 pH 状况分级及面积

本次耕地地力调查共化验分析耕层土样 2399 个。全县耕层土壤 pH 众数为 8.07，属碱性反应，变幅为 7.2～8.79，标准差为 0.21，变异系数 2.6%。土壤 pH 呈碱性(>8.5)的耕地占总耕地面积的 2.2%，微碱性(7.5～8.5)的耕地占 96%，中性(6.5～7.5)的耕地仅占 1.8%。耕层土壤 pH 分级及面积如表 4-1 所示。

表 4-1 耕层土壤 pH 分级及面积

级 别	1	2	3	4	5	6
分级标准	>8.5	7.5～8.5	6.5～7.5	5.5～6.5	4.5～5.5	<4.5
耕地面积(hm^2)	1571.03	67940.84	1274.61	0	0	0
占总面积比例(%)	2.2	96	1.8	0	0	0

(二)不同种植制度下土壤 pH 状况

土壤测试结果显示(见表 4-2),棉田、粮田土壤 pH 较高,众数分别为 8.13 和 8.1。棉田耕地全部呈现微碱性或碱性,适合棉花的耐盐碱生长特性;粮田有 97.5%呈微碱性;蔬菜地土壤总体上呈微碱性,众数为 7.89。耕层土壤 pH 蔬菜地略低于棉田、粮田,这与蔬菜地施肥量偏大、酸根离子积累有关,但差别不大。

表 4-2 不同种植制度下土壤 pH 状况统计

级别	范围	粮田		蔬菜地		棉田	
		面积(hm^2)	比例(%)	面积(hm^2)	比例(%)	面积(hm^2)	比例(%)
1	>8.5	1016.25	2.3	227.7	1.1	327.08	6.4
2	7.5～8.5	43522.03	97.5	19621.62	93.4	4797.19	93.6
3	6.5～7.5	110.46	0.2	1164.15	5.5	0	0
4	5.5～6.5	0	0	0	0	0	0
5	4.5～5.5	0	0	0	0	0	0
6	<4.5	0	0	0	0	0	0
合计		44648.74	100	21013.47	100	5124.27	100

(三)不同土壤类型下土壤 pH 状况

不同土壤类型的土壤 pH 状况明显不同(见表 4-3)。潮土土壤 pH 众数为 8.13,呈微碱性(7.5～8.5)的耕地占潮土总耕地面积的 96%;盐土土壤 pH 最高,众数为 8.19,耕地全部呈微碱性;风沙土土壤 pH 众数为 8.15,全部耕地呈微碱性。

表 4-3 不同土壤类型土壤 pH 状况统计

级别	范围	潮土		盐土		风沙土	
		面积(hm^2)	比例(%)	面积(hm^2)	比例(%)	面积(hm^2)	比例(%)
1	>8.5	1571.03	2.2	0	0	0	0
2	7.5～8.5	67435.75	96	254.47	100	250.62	100
3	6.5～7.5	1274.61	1.8	0	0	0	0
4	5.5～6.5	0	0	0	0	0	0
5	4.5～5.5	0	0	0	0	0	0
6	<4.5	0	0	0	0	0	0
合计		70281.39	100	254.47	100	250.62	100

(四)各镇(街道办事处)耕层土壤 pH 状况

由表 4-4 统计结果可知，太平镇耕层土壤 pH 众数最高，曲堤镇耕层土壤 pH 众数最低。

表 4-4 各镇(街道办事处)耕层土壤 pH 状况统计

镇(街道办事处)	众 数	变 幅
济阳县	8.07	7.2～8.79
济阳街道办事处	8.11	7.86～8.4
孙耿镇	8.08	7.72～8.51
仁风镇	8.08	7.38～8.79
垛石镇	8.11	7.2～8.65
曲堤镇	7.95	7.22～8.61
崔寨镇	8.13	7.78～8.55
太平镇	8.16	7.67～8.72
新市镇	8.11	7.8～8.54
回河镇	8.02	7.62～8.52
济北街道办事处	8.12	7.88～8.37

二、土壤有机质

土壤有机质是土壤的重要组成物质，也是土壤固相中较为活跃的部分。土壤有机质是土壤具有结构和生物学性质的基本物质，它既是生命活动的条件，也是生命活动的产物。土壤有机质是泛指以各种形态和状态存在于土壤中的各种含碳有机化合物。具体地说，它包括土壤中的动植物及微生物残体的不同分解、合成阶段的各种产物。土壤有机质主要来源于动植物及微生物残体。其中高等植物为主要来源。在耕地土壤中自然植被已不存在，主要来自人们每年施入的有机肥料(绿肥、堆肥、沤肥和厩肥等)及秸秆还田，残留的根茬和根的分泌物也是不可忽视的数量。土壤有机质是植物和微生物养料的源泉，可直接或间接为植物生长提供氮、磷、钾、钙、镁、硫及微量元素，具有离子代换作用、络合作用和缓冲作用，是植物的生长激素，也是评价耕地地力的重要指标。

(一)耕层土壤有机质含量分级及面积

本次耕地地力评价共化验分析耕层土样 4959 个，全县耕地土壤有机质含量变化范围为 6～68.2g/kg，平均值为 15.3g/kg，比第二次土壤普查时的 8.3g/kg 提高了 7g/kg，标准差为 5.21g/kg，变异系数为 34.05%。耕层土壤有机质含量分级及面积如表 4-5 所示。耕层土壤有机质含量在 15～20g/kg 耕地占总耕地面积的 34.4%，有机质含量在 12～15g/kg 的耕地占总耕地面积的 29.4%。

表 4-5　　耕层土壤有机质含量分级及面积

级　别	1	2	3	4	5	6	7
分级标准(g/kg)	＞20	15～20	12～15	10～12	8～10	6～8	＜6
耕地面积(hm^2)	9529.47	24323.86	20837.9	8607.5	7253.83	233.92	0
占总面积比例(%)	13.5	34.4	29.4	12.2	10.2	0.3	0

（二）不同种植制度下土壤有机质含量状况

不同种植制度下土壤有机质的含量状况不同，全县粮田土壤有机质平均为 14.6 g/kg；蔬菜地土壤有机质平均为 19.8g/kg，其中露天菜地为 12.4g/kg，冬暖大棚为 24.3 g/kg，塑料拱棚为 14.8g/kg；棉田土壤有机质平均为 11.9g/kg。由此可见，粮田有机质比露天菜地高，但低于塑料拱棚和冬暖大棚，棉田有机质含量最低。

主要原因是蔬菜大棚经济效益高，农民投入大，有机肥投入一般是粮田的 5～10 倍；粮田虽然有机肥投入相对较少，但因实行小麦高留茬、玉米秸秆粉碎还田、过腹还田等多种行之有效的秸秆还田方式培肥地力，有机质含量也较高；而露天菜地作物秸秆残留少，虽然有机肥投入比粮田投入高，但远远低于塑料拱棚和冬暖大棚，加之蔬菜作物产出高，有机物分解快，土壤有机质含量比粮田为低。同样，棉田施用有机肥数量较少，且作物秸秆残留少。

统计结果显示，粮田耕地土壤有机质含量多集中在 12～15g/kg 和 15～20g/kg 两个级别；蔬菜地土壤有机质含量主要集中在 12～15g/kg、15～20g/kg 和高于 20g/kg 三个级别；近 90%的棉田耕地土壤有机质含量低于 15g/kg(见表 4-6)。

表 4-6　　不同种植制度下土壤有机质含量状况统计

级　别	范　围(g/kg)	粮　田		蔬菜地		棉　田	
		面积(hm^2)	比例(%)	面积(hm^2)	比例(%)	面积(hm^2)	比例(%)
1	＞20	2195.49	4.9	7333.98	34.9	0	0
2	15～20	18795.52	42.08	4974.36	23.7	553.98	10.8
3	12～15	14757.97	33.1	4464.17	21.2	1615.76	31.5
4	10～12	4958.59	11.1	2263.97	10.8	1384.94	27
5	8～10	3930.46	8.8	1753.78	8.3	1569.59	30.6
6	6～8	10.71	0.02	223.21	1.1	0	0
7	6＜	0	0	0	0	0	0
合计		44648.74	100	21013.47	100	5124.27	100

（三）不同土壤类型下土壤有机质含量状况

不同土壤类型耕地有机质含量状况存在明显的差异。潮土、盐土和风沙土土壤有机质平均值分别为 15.3g/kg、14g/kg 和 11.8g/kg。

统计结果显示，潮土土壤有机质含量在12～15g/kg、15～20g/kg的分别占31.4%、39.1%；盐土土壤有机质含量在12～15g/kg的比例占57.1%；风沙土土壤有机质含量相对较低，含量在8～10g/kg、10～12g/kg和12～15g/kg级别的分别占30.6%、27%和31.5%（见表4-7）。

表4-7　不同土壤类型土壤有机质含量状况统计

级别	范围(g/kg)	潮土		盐土		风沙土	
		面积(hm^2)	比例(%)	面积(hm^2)	比例(%)	面积(hm^2)	比例(%)
1	>20	9511.28	8.8	18.19	7.1	0	0
2	15～20	24260.42	39.1	36.35	14.3	27.09	10.8
3	12～15	20613.47	31.4	145.41	57.1	79.02	31.5
4	10～12	8521.58	11.4	18.18	7.1	67.74	27
5	8～10	7140.72	9.1	36.34	14.3	76.77	30.6
6	6～8	233.92	0.2	0	0	0	0
7	6<	0	0	0	0	0	0
合计		70281.39	100	254.47	100	250.62	100

（四）各镇（街道办事处）耕层土壤有机质含量状况

统计结果显示，垛石镇粮田耕地土壤有机质含量最高，太平镇土壤有机质含量最低；曲堤镇蔬菜地土壤有机质含量最高；各镇（街道办事处）棉田土壤有机质含量差异不大（见表4-8）。

表4-8　各镇（街道办事处）耕层土壤有机质含量状况统计

镇（街道办事处）	粮田(g/kg)	蔬菜地(g/kg)			棉田(g/kg)	变幅(g/kg)
		冬暖式大棚	塑料拱棚	露天菜地		
济阳县	14.6	24.3	14.8	12.4	11.9	6～68.2
济阳街道办事处	14.7	14.9				7.1～20.2
孙耿镇	15.1					6～23.5
仁风镇	14.1	16.4		11.4	11.5	6.7～27.4
垛石镇	15.6	24.8				8～50.9
曲堤镇	14.6	30.7		15		8～68.2
崔寨镇	14.2	16.2				8～35.2
太平镇	13.7		14.9		13.8	7.7～25.4
新市镇	14.6					8.1～22.8
回河镇	15.5	15.7				8.1～24.3
济北街道办事处	14.7	16.4				9～21.1

（五）增加土壤有机质的途径

土壤有机质泛指土壤中以各种形式存在的含碳有机化合物。对中低产田来说，通过下列途径可以增加有机质含量，从而培肥低产土壤。

（1）施用有机肥料。通过施用堆肥、沤肥、饼肥、人畜粪肥、河湖泥等有机肥增加或保持土壤有机质含量，是农业生产上的一项基本措施。

（2）提倡秸秆还田。秸秆直接还田比施用等量的沤肥效果更好，推广以小麦高留茬、玉米秸粉碎还田为主要措施的秸秆还田技术。小麦收割时，留 20～30cm 高麦秆，经一个雨季的风吹日晒雨淋，到小麦再播种时，已变成半分解状态，成为较好的有机肥料。但在还田时，应加施化学氮肥，避免微生物与作物争氮。

（3）粮肥轮作、间作，用地、养地相结合。随着农业生产的发展，复种指数越来越高，致使许多土壤有机质含量降低，肥力下降。实行粮肥轮作、间作制度，不仅可以保持和提高有机质含量，而且可以改善土壤有机质的品质，活化已经老化了的腐殖质，为土壤提供丰富的有机质和氮素，改善农业生态环境及土壤理化性状。

（4）增施商品有机肥。商品有机肥质量好但价格偏高，群众目前只是在冬暖大棚、塑料拱棚及部分露天菜地上应用，粮田作物极少施用。随着广大群众对食品安全的进一步关注，结合国家“土壤有机质提升补贴项目”的实施，积极引导和鼓励农民施用商品有机肥，不断提高地力，提升农产品品质，尽快与国际市场接轨。

第二节　土壤大量元素状况

一、土壤全氮及碱解氮

氮是植物所必需的营养元素之一。土壤氮素含量高低决定作物长势好坏和产量高低，它包括有机氮和无机氮两种形态。土壤中的氮素主要以有机态存在，约占土壤全氮的90%，而这些含量的土壤氮素主要以大分子化合物的形式存在于土壤有机质中，作物很难吸收利用，属迟效性氮。其余部分则以小分子态或者铵态、硝态和亚硝态氮等形式存在，一般占土壤全氮的 10%以下，可以被作物吸收利用。

（一）土壤全氮

不同土类、气候条件、耕作制度和施肥水平对土壤氮素的状况影响很大。在同一地区的相同土类上，土壤全氮的含量差异有时也很悬殊，主要原因与施肥水平有关。土壤全氮含量越高，对作物供氮能力越强。但土壤全氮中的有机态氮需经过矿化才能被作物所吸收。

1.耕层土壤全氮含量分级及面积

本次耕地地力评价共化验分析耕层土样 1630 个。全县耕层土壤全氮含量为 1.08 g/kg，变幅为 0.3～2.98g/kg，比第二次土壤普查时的 0.6g/kg 提高 80%，标准差为 0.04 g/kg，变异系数为 36.36%。耕层土壤全氮含量分级及面积如表 4-9 所示。全县耕地土壤全氮含量多集中在 1～1.2 g/kg 和 0.75～1 g/kg 这两个级别，分别占总耕地面积的 29.2%和 32.6%，高于 1.5g/kg 和低于 0.5g/kg 的耕地分别占 13.2%和 1.9%。

表 4-9　　耕层土壤全氮含量分级及面积

级　别	1	2	3	4	5	6	7
分级标准(g/kg)	>1.5	1.2～1.5	1～1.2	0.75～1	0.5～0.75	0.3～0.5	<0.3
耕地面积(hm^2)	9312.05	11630.57	20636.65	23066.36	4794.77	1285.08	61
占总面积比例(%)	13.2	16.3	29.2	32.6	6.8	1.8	0.1

2. 不同种植制度下耕层土壤全氮含量状况

不同种植制度下耕层土壤全氮含量差异较大。土壤全氮平均含量：粮田为 1.04 g/kg，露天地菜地为 0.99 g/kg，塑料拱棚为 1.19 g/kg，冬暖大棚为 1.69 g/kg，棉田平均为 1.25g/kg。

统计结果显示，粮田土壤全氮含量多集中在 0.75～1g/kg、1～1.2 g/kg 和 1.2～1.5 g/kg 三个级别；蔬菜地土壤全氮含量多集中在 0.75～1g/kg、1～1.2 g/kg和高于 1.5 g/kg三个级别；棉田土壤全氮含量多集中在 1～1.2 g/kg和 1.2～1.5g/kg 两个级别(见表 4-10)。

表 4-10　　不同种植制度下耕层土壤全氮含量状况统计

级　别	范　围 (g/kg)	粮　田		蔬菜地		棉　田	
		面积(hm^2)	比例(%)	面积(hm^2)	比例(%)	面积(hm^2)	比例(%)
1	>1.5	1219.91	2.7	8092.14	38.5	0	0
2	1.2～1.5	8234.4	18.4	1957.78	9.3	1438.39	28.1
3	1～1.2	15584.36	34.9	3524	16.8	1528.29	29.8
4	0.75～1	16987.26	38	5090.22	24.2	988.89	19.3
5	0.5～0.75	2378.83	5.3	1696.74	8.1	719.2	14
6	0.3～0.5	182.99	0.4	652.59	3.1	449.5	8.8
7	<0.3	61	0.1	0	0	0	0
合计		44648.74	100	21013.47	100	5124.27	100

3. 不同土壤类型下耕层土壤全氮含量状况

不同土壤类型下耕层土壤全氮含量不同，潮土土壤全氮含量较盐土和风沙土高，平均值分别为 1.08g/kg、1.04g/kg、0.97g/kg(见表 4-11)。

表 4-11　　不同土壤类型耕层土壤全氮含量状况统计

级　别	范　围 (g/kg)	潮　土		盐　土		风沙土	
		面积(hm^2)	比例(%)	面积(hm^2)	比例(%)	面积(hm^2)	比例(%)
1	>1.5	9312.05	13.2	0	0	0	0
2	1.2～1.5	11535.62	16.4	63.62	25	31.33	12.5

续表

级别	范围(g/kg)	潮土		盐土		风沙土	
		面积(hm^2)	比例(%)	面积(hm^2)	比例(%)	面积(hm^2)	比例(%)
3	1～1.2	20415.43	29	127.24	50	93.98	37.5
4	0.75～1	22908.77	32.6	63.61	25	93.98	37.5
5	0.5～0.75	4763.44	6.8	0	0	31.33	12.5
6	0.3～0.5	1285.08	1.8	0	0	0	0
7	<0.3	61	0.1	0	0	0	0
合计		70281.39	100	254.47	100	250.62	100

统计结果显示，潮土土壤全氮含量集中在0.75～1g/kg和1～1.2g/kg两个级别；盐土全氮含量集中在1～1.2g/kg级别；风沙土全氮含量集中在0.75～1g/kg和1～1.2g/kg两个级别。

4.各镇(街道办事处)耕层土壤全氮含量状况

统计结果显示，济阳街道办事处粮田耕地土壤全氮平均含量最高；曲堤镇蔬菜地耕地土壤全氮平均含量最高；各镇(街道办事处)棉田土壤全氮含量差异不大(见表4-12)。

表4-12 各镇(街道办事处)耕层土壤全氮含量状况统计

镇(街道办事处)	粮田(g/kg)	蔬菜地(g/kg)			棉田(g/kg)	变幅(g/kg)
		冬暖式大棚	塑料拱棚	露天菜地		
济阳县	1.04	1.69	1.19	0.99	1.25	0.3～2.98
济阳街道办事处	1.21	1.45				0.56～1.85
孙耿镇	1.04					0.3～1.81
仁风镇	0.97	1.31		0.80	1.16	0.41～1.62
垛石镇	1.13	1.43				0.55～1.84
曲堤镇	1.15	2.04		1.36		0.47～2.98
崔寨镇	0.9	1.12				0.37～1.94
太平镇	1.02		1.19		1.38	0.3～1.91
新市镇	1.02					0.42～1.47
回河镇	1.12	1.15				0.49～2.15
济北街道办事处	0.79	1.19				0.63～2.15

(二)耕层土壤碱解氮

1.耕层土壤碱解氮含量分级及面积

本次耕地地力评价共化验分析耕层土样2371个。全县耕层土壤碱解氮平均为118

mg/kg，变幅为 14～851mg/kg，标准差为 79.86mg/kg，变异系数为 67.68%。其中粮田平均为 99mg/kg，比第二次土壤普查时提高 43.8mg/kg。耕层土壤碱解氮含量分级及面积如表 4-13 所示。全县耕地土壤碱解氮含量集中在高于 150mg/kg、120～150mg/kg、90～120mg/kg 和 75～90mg/kg 四个级别，分别占总耕地面积的 23.4%、16.3%、26.4%和 14.6%。

表 4-13　　耕层土壤碱解氮含量分级及面积

级　别	1	2	3	4	5	6	7	8
分级标准(mg/kg)	＞150	120～150	90～120	75～90	60～75	45～60	30～45	＜30
耕地面积(hm^2)	16559.16	11569.62	18658.74	10321.09	7368.27	3862.83	2331.31	115.46
占总面积比例(%)	23.4	16.3	26.4	14.6	10.4	5.4	3.3	0.2

2.不同种植制度下耕层土壤碱解氮含量状况

不同种植制度下耕层土壤碱解氮含量不同，粮田土壤碱解氮含量平均为 99mg/kg；蔬菜地土壤碱解氮含量平均为 220mg/kg，其中露天菜地平均为 106mg/kg，塑料拱棚平均为 188mg/kg，冬暖大棚平均为 246mg/kg；棉田土壤碱解氮含量平均为 80mg/kg，相对于其他种植模式稍低。

统计结果显示，粮田 35.9%的耕地土壤碱解氮含量在 90～120mg/kg 级别，20.2%的耕地土壤碱解氮含量在 120～150mg/kg 级别，18.4%的耕地土壤碱解氮含量在 75～90 mg/kg级别；67.3%的蔬菜地耕地土壤碱解氮含量高于 150mg/kg；棉田耕地土壤碱解氮含量在 75～90mg/kg 和 60～75mg/kg 两个级别的较多，分别占棉田耕地面积的 20%和 21.8%(见表 4-14)。

表 4-14　　不同种植制度下耕层土壤碱解氮含量状况统计

级　别	范　围(mg/kg)	粮　田		蔬菜地		棉　田	
		面积(hm^2)	比例(%)	面积(hm^2)	比例(%)	面积(hm^2)	比例(%)
1	＞150	2135.97	4.8	14143.68	67.3	279.51	5.5
2	120～150	9003.24	20.2	2193.71	10.4	372.67	7.3
3	90～120	16008.32	35.9	1905.07	9.1	745.35	14.5
4	75～90	8199.38	18.4	1096.86	5.2	1024.85	20
5	60～75	5672.96	12.7	577.29	2.7	1118.02	21.8
6	45～60	2411.58	5.4	519.56	2.5	931.69	18.2
7	30～45	1217.29	2.7	461.84	2.2	652.18	12.7
8	＜30	0	0	115.46	0.5	0	0
合计		44648.74	100	21013.47	100	5124.27	100

3.不同土壤类型下耕层土壤碱解氮含量状况

不同土壤类型下耕层土壤碱解氮含量不同，潮土土壤碱解氮含量较其他土类较高，平均为119mg/kg,盐土土壤碱解氮含量平均为94mg/kg,风沙土土壤碱解氮含量平均为66mg/kg。

统计结果显示,粮田23.6%的潮土耕地土壤碱解氮含量在高于150mg/kg级别,26.4%的潮土耕地土壤碱解氮含量在90～120mg/kg级别;盐土土壤碱解氮含量集中在120～150mg/kg、90～120mg/kg、75～90mg/kg和60～75mg/kg四个级别;风沙土土壤碱解氮含量多集中在90～120mg/kg、75～90mg/kg、60～75mg/kg和30～45mg/kg四个级别(见表4-15)。

表4-15 不同土壤类型耕层土壤碱解氮含量状况统计

级别	范围(mg/kg)	潮土		盐土		风沙土	
		面积(hm^2)	比例(%)	面积(hm^2)	比例(%)	面积(hm^2)	比例(%)
1	>150	16559.16	23.6	0	0	0	0
2	120～150	11500.22	16.4	69.4	27.3	0	0
3	90～120	18547.57	26.4	69.4	27.3	41.77	16.7
4	75～90	10233.05	14.6	46.27	18.2	41.77	16.7
5	60～75	7215.33	10.3	69.4	27.3	83.54	33.3
6	45～60	3862.83	5.5	0	0	0	0
7	30～45	2247.77	3.2	0	0	83.54	33.3
	<30	115.46	23.6	0	0	0	0
合计		70281.39	100	254.47	100	250.62	100

4.各镇(街道办事处)耕层土壤碱解氮含量状况

统计结果显示,济阳街道办事处粮田土壤碱解氮含量最高,曲堤镇蔬菜地土壤碱解氮含量最高,各镇(街道办事处)棉田土壤碱解氮含量差异不大(见表4-16)。

表4-16 各镇(街道办事处)耕层土壤碱解氮含量状况统计

镇(街道办事处)	粮田(mg/kg)	蔬菜地(mg/kg)			棉田(mg/kg)	变幅(mg/kg)
		冬暖式大棚	塑料拱棚	露天菜地		
济阳县	99	246	188	106	80	14～851
济阳街道办事处	136	148				55～371
孙耿镇	98					36～193
仁风镇	98	244		90	80	14～331
垛石镇	103	246				34～644
曲堤镇	95	277		112		35～851
崔寨镇	81	118				34～258
太平镇	100		181		84	32～705
新市镇	108					31～189
回河镇	100	184				32～336
济北街道办事处	107	138				35～305

（三）作物缺氮症状及防治

作物缺氮一般表现是生长受阻，植株矮小，分枝、分蘖少，叶色变淡，呈浅绿或黄绿色，色泽不一，尤其是基部叶片。因氮易从较老组织运输到幼嫩组织中再利用，首先从下部叶片开始黄化，逐渐扩展到上部叶片，黄叶脱落提早。株型也发生改变，瘦小、直立、茎秆细瘦。根量少，细长而色白。侧芽呈休眠状态或枯萎，花和果实少。成熟提早，产量、品质下降。氮素缺乏的矫正较容易，一般只要及时追肥都能迅速见效，如尿素作叶面喷施效果较佳。但对于一般粮田作物后期施氮时，应注意两点：第一是谨慎对待追施与否，第二要斟酌用量，因为后期施氮应用不当，不仅不能增产而且会导致减产，尤以禾谷类和薯类为甚。

二、土壤有效磷

土壤磷素按其化学结构可分为有机态磷和无机态磷，分别占全磷量的10%～30%和70%～90%；按其溶解度可分为水溶性磷、枸溶性磷和难溶性磷。土壤水溶性磷和枸溶性磷称为“土壤有效磷”，其含量约占全磷的1%。土壤熟化程度高，农家肥与磷肥用量越大，土壤有效磷含量也越高。土壤有效磷含量的高低是衡量土壤肥力的重要指标。

（一）耕层土壤有效磷含量及分级

1. 耕层土壤有效磷含量分级及面积

本次耕地地力评价共化验分析耕层土样4959个。全县土壤有效磷含量平均为31.1mg/kg，变幅为5～427.7mg/kg，水平较高，与第二次土壤普查时的6mg/kg相比提高幅度较大，标准差为45.97mg/kg，变异系数为147.81%。耕层土壤有效磷含量分级及面积如表4-17所示。全县耕地土壤有效磷含量多集中在30～50mg/kg、20～30mg/kg、15～20mg/kg和10～15mg/kg四个级别，分别占总耕地面积的14.1%、23.1%、22.6%和18.6%。

表4-17　耕层土壤有效磷含量分级及面积

级　别	1	2	3	4	5	6	7	8	9
分级标准（mg/kg）	＞120	80～120	50～80	30～50	20～30	15～20	10～15	5～10	＜5
耕地面积（hm^2）	6313.75	2341.94	2448.59	9998.1	16386.44	16003.44	13152.28	4141.94	0
占总面积比例（%）	8.9	3.3	3.5	14.1	23.1	22.6	18.6	5.9	0

2. 不同种植制度下耕层土壤有效磷含量状况

不同种植制度下耕层土壤有效磷含量差异较大，蔬菜地较其他种植制度的耕地土壤有效磷的含量高，平均为98.8mg/kg；粮田土壤有效磷的平均含量为20.6mg/kg；棉田土壤有效磷含量较其他种植制度低，平均为19.8mg/kg。全县耕地土壤有效磷含量蔬菜地明显高于粮田、棉田，冬暖大棚＞塑料拱棚＞露天菜地＞粮田＞棉田。

统计结果显示，粮田土壤有效磷含量多集中在20～30mg/kg、15～20mg/kg和10～

15mg/kg 三个级别；蔬菜地土壤有效磷含量高于 120mg/kg 的耕地占蔬菜地耕地面积的 30%；棉田土壤有效磷含量在 20～30mg/kg 级别的耕地占 35.7%，含量在 15～20mg/kg 和 10～15mg/kg 级别的耕地均占棉田耕地面积的 28.6%(见表 4-18)。

表 4-18　　不同种植制度下耕层土壤有效磷含量状况统计

级别	范围(mg/kg)	粮田		蔬菜地		棉田	
		面积(hm^2)	比例(%)	面积(hm^2)	比例(%)	面积(hm^2)	比例(%)
1	>120	0	0	6313.75	30	0	0
2	80～120	10.71	0	2331.23	11.1	0	0
3	50～80	182.11	0.4	2266.48	10.8	0	0
4	30～50	6523.77	14.6	3108.31	14.8	366.02	7.1
5	20～30	11901.33	26.7	2655.01	12.6	1830.1	35.7
6	15～20	12726.18	28.5	1813.18	8.6	1464.08	28.6
7	10～15	10101.67	22.6	1586.54	7.6	1464.07	28.6
8	5～10	3202.97	7.2	938.97	4.5	0	0
9	<5	0	0	0	0	0	0
合计		44648.74	100	21013.47	100	5124.27	100

3.不同土壤类型下耕层土壤有效磷含量状况

不同土壤类型耕地土壤有效磷含量不同。潮土、盐土、风沙土平均有效磷含量为 31mg/kg、19.6mg/kg、20.8mg/kg。

统计结果显示，潮土土壤有效磷含量多集中在 30～50mg/kg、20～30mg/kg、15～20mg/kg 和 10～15mg/kg 四个级别，分别占潮土耕地面积的 14.2%、23.1%、22.5%和 18.6%；盐土土壤有效磷含量较其他土类低，主要集中在 20～30mg/kg、15～20mg/kg 和 10～15mg/kg 三个级别；风沙土土壤有效磷含量主要集中在 20～30mg/kg 和 15～20mg/kg两个级别(见表 4-19)。

表 4-19　　不同土壤类型耕层土壤有效磷含量状况统计

级别	范围(mg/kg)	潮土		盐土		风沙土	
		面积(hm^2)	比例(%)	面积(hm^2)	比例(%)	面积(hm^2)	比例(%)
1	>120	6313.75	9	0	0	0	0
2	80～120	2341.94	3.3	0	0	0	0
3	50～80	2448.59	3.5	0	0	0	0
4	30～50	9952.08	14.2	18.17	7.1	27.85	11.1
5	20～30	16212.02	23.1	90.88	35.7	83.54	33.3
6	15～20	15833.27	22.5	72.71	28.6	97.46	38.9
7	10～15	13051.72	18.6	72.71	28.6	27.85	11.1
8	5～10	4128.02	5.9	0	0	13.92	5.6
9	<5	0	0	0	0	0	0
合计		70281.39	100	254.47	100	250.62	100

4. 各镇(街道办事处)耕层土壤有效磷含量状况

统计结果显示,济阳街道办事处粮田耕层土壤有效磷含量最高,曲堤镇蔬菜地耕层土壤有效磷含量最高,太平镇在棉田耕层土壤有效磷含量上比仁风镇高(见表 4-20)。

表 4-20　各镇(街道办事处)耕层土壤有效磷含量状况统计

镇(街道办事处)	粮田(mg/kg)	蔬菜地(mg/kg)			棉田(mg/kg)	变幅(mg/kg)
		冬暖式大棚	塑料拱棚	露天菜地		
济阳县	20.6	142.9	60.1	42.3	19.8	5～427.7
济阳街道办事处	28.5	51.8				5～79.4
孙耿镇	21.7					8～50.5
仁风镇	19.9	76.5		20.6	19.4	8～113.2
垛石镇	18.2	53.3				8～139.3
曲堤镇	20.6	211.7		24.7		8～427.7
崔寨镇	21	52.5				8.4～96.6
太平镇	21.9		63.4		22	8.4～102.1
新市镇	19.4					8～51
回河镇	20.5	52.2				8～107
济北街道办事处	20.8	50				13.2～86.4

(二)作物缺磷症状及防治

作物缺磷的症状,在形态表现上没有缺氮那样明显。一般来说,可以有下列症状:生长迟缓,植株矮小,禾谷类作物常呈直立状,叶片与茎的角度小,叶狭小;叶色暗绿或灰绿色,缺乏光泽;某些作物如玉米、番茄、烟草等的枝叶呈现紫红色,有些作物有时出现红苗,严重缺磷时叶片枯死脱落,以上这些症状一般先从老叶开始,磷在作物体中可以再利用;幼芽及根的生长受到明显的抑制,根细弱而长,则芽成休眠状态或死亡;缺磷作物的果实和种子少而小,成熟延迟,产量和品质降低。

施用磷肥时应注意以下几点:

(1)施用时期强调作基肥施用,做到重在预防,发挥磷在作物早期生长的作用。

(2)在磷肥的选择上,一般是酸性土壤选择钙镁磷肥和过磷酸钙,微碱性土壤选择过磷酸钙。

(3)施用方法强调近根施用,以利于吸收,采用条施效果较好。

(4)增施有机肥,提高磷肥的利用率,增施有机肥改善土壤的理化性状,提高磷肥的有效性,减少土壤对磷的吸附作用。

三、土壤缓效钾及速效钾

土壤全钾主要受成土母质和气候条件的影响,土壤中多种形态的钾素,相互之间不断转化，对土壤供钾能力及其肥效影响很大。土壤钾以无机盐形式存在，按其溶解度可分为难溶性钾、缓效性钾、有效性钾。难溶性钾占土壤全钾的95%左右，只溶于强酸，作物不能直接吸收；缓效性钾占土壤全钾的1%～3%，高的可达5%，是土壤有效钾的直接来源，所以在用土壤有效钾含量指导施用钾肥时，往往要考虑土壤缓效钾的状况；有效性钾包括代换性钾和水溶性钾两部分，极易被作物根系当季吸收利用，可作为合理施用钾肥的主要依据。

因此，本次地力评价对土壤速效钾和缓效钾进行了化验分析，以便更好、更合理地指导农业生产。

（一）耕层土壤速效钾

1. 耕层土壤速效钾含量分级及面积

本次耕地地力评价共化验分析耕层土样4959个。全县耕地耕层土壤速效钾含量平均为153mg/kg，变幅为36～1340mg/kg，标准差为102.1mg/kg，变异系数66.69 %。耕层土壤有效钾含量分级及面积如表4-21所示。全县耕地土壤速效钾含量分布相对广泛，含量低于50mg/kg级别的仅占0.7%。

表4-21　耕层土壤速效钾含量分级及面积

级　别	1	2	3	4	5	6	7	8
分级标准（mg/kg）	＞300	200～300	150～200	120～150	100～120	75～100	50～75	＜50
耕地面积（hm^2）	7895.97	8341.58	12776.69	11719.55	9870.93	12552.83	7116.22	512.69
占总面积比例（%）	11.2	11.8	18	16.6	13.9	17.7	10.1	0.7

2. 不同种植制度下耕层土壤速效钾含量状况

不同种植制度下土壤速效钾含量不同，粮田土壤速效钾含量平均为134mg/kg；蔬菜地土壤速效钾含量平均为276mg/kg，其中，露天菜地平均为113mg/kg，冬暖大棚平均为368mg/kg，塑料拱棚平均为214mg/kg；棉田土壤速效钾含量平均为102mg/kg。蔬菜地明显高于粮田、棉田，冬暖大棚＞塑料拱棚＞露天菜地＞粮田＞棉田。

统计结果显示，粮田土壤速效钾含量在150～200mg/kg级别的较多，占粮田耕地面积的23.1%；蔬菜地土壤速效钾含量高于300mg/kg的占蔬菜地耕地面积的37.6%；棉花土壤速效钾含量较低，含量在50～75mg/kg级别的最多，占棉田耕地面积的35.9%（见表4-22）。

表 4-22　　不同种植制度下土壤速效钾含量状况统计

级　别	范　围 (mg/kg)	粮　田		蔬菜地		棉　田	
		面积(hm^2)	比例(%)	面积(hm^2)	比例(%)	面积(hm^2)	比例(%)
1	>300	0	0	7895.97	37.6	0	0
2	200～300	5559.67	12.5	2483.41	11.8	298.5	5.8
3	150～200	10305.2	23.1	1973.99	9.4	497.5	9.7
4	120～150	8676.94	19.4	2196.86	10.5	845.75	16.5
5	100～120	7391.47	16.6	1782.96	8.5	696.5	13.6
6	75～100	8837.62	19.8	2769.96	13.2	945.25	18.4
7	50～75	3524.34	7.9	1751.12	8.3	1840.76	35.9
8	<50	353.5	0.8	159.19	0.8	0	0
合计		44648.74	100	21013.47	100	5124.27	100

3. 不同土壤类型下耕层土壤速效钾含量状况

不同土壤类型下耕层土壤速效钾含量不同，潮土、盐土、风沙土土壤速效钾含量平均值分别为 153mg/kg、134mg/kg 和 147mg/kg。

统计结果显示，潮土土壤速效钾含量分布比较均匀，盐土土壤速效钾含量以 200～300mg/kg 和 75～100 mg/kg两个级别的较多，风沙土土壤速效钾含量主要集中在 120～150mg/kg 和 150～200mg/kg 两个级别(见表 4-23)。

表 4-23　　不同土壤类型耕层土壤速效钾含量状况统计

级　别	范　围 (mg/kg)	潮　土		盐　土		风沙土	
		面积(hm^2)	比例(%)	面积(hm^2)	比例(%)	面积(hm^2)	比例(%)
1	>300	7895.97	11.2	0	0	0	0
2	200～300	8245.28	11.7	54.54	21.4	41.77	16.7
3	150～200	12670.72	18	36.36	14.3	69.62	27.8
4	120～150	11599.66	16.5	36.34	14.3	83.54	33.3
5	100～120	9820.66	14	36.35	14.3	13.92	5.6
6	75～100	12484.38	17.8	54.52	21.4	13.92	5.6
7	50～75	7052.02	10	36.35	14.3	27.85	11.1
8	<50	512.69	0.7	0	0	0	0
合计		70281.39	100	254.47	100	250.62	100

4. 各镇(街道办事处)耕层土壤速效钾含量状况

统计结果显示，耕层土壤速效钾含量从粮田来看，平均值最低的是济阳街道办事处，质地主要是轻壤，而中壤、重壤分布区耕层土壤速效钾含量均高于沙壤和轻壤，耕层土壤速效钾含量与土壤质地有一定关系，随质地加重，含量有所增加。蔬菜地的测试结果与粮田有着相同的规律（见表 4-24）。

表 4-24　　各镇（街道办事处）耕层土壤速效钾含量状况统计

镇（街道办事处）	粮田（mg/kg）	蔬菜地（mg/kg）			棉田（mg/kg）	变幅（mg/kg）
		冬暖式大棚	塑料拱棚	露天菜地		
济阳县	134	368	214	113	102	36～1340
济阳街道办事处	113	206				61～443
孙耿镇	116					45～250
仁风镇	124	185		99	93	36～510
垛石镇	151	574				48～1340
曲堤镇	136	448		159		48～898
崔寨镇	118	214				44～639
太平镇	148		216		143	37～819
新市镇	139					37～255
回河镇	137	172				37～339
济北街道办事处	152	198				69～408

（二）耕层土壤缓效钾

1.耕层土壤缓效钾含量分级及面积

本次耕地地力评价共化验分析耕层土样 786 个。全县耕层土壤缓效钾含量平均为 747mg/kg，变幅为 345～1461mg/kg，标准差为 176mg/kg，变异系数为 23.62%。耕层土壤缓效钾含量分级及面积如表 4-25 所示。全县耕地土壤缓效钾含量集中在 900～1200mg/kg、750～900mg/kg 和 500～750mg/kg 三个级别，分别占总耕地面积的 16.6%、29.9%和 40.9%。

表 4-25　　耕层土壤缓效钾含量分级及面积

级别	1	2	3	4	5	6
分级标准（mg/kg）	＞1200	900～1200	750～900	500～750	300～500	＜300
耕地面积（hm^2）	1839.14	11768.86	21131.15	28925.29	6320.24	801.8
占总面积比例（%）	2.6	16.6	29.9	40.9	8.9	1.1

2.不同种植制度下耕层土壤缓效钾含量状况

不同种植制度下耕层土壤缓效钾含量差异较大，粮田土壤缓效钾含量平均为 726mg/kg；蔬菜地土壤缓效钾平均为 842mg/kg，其中，露天菜地平均为 690mg/kg，冬暖大棚平均为917mg/kg，塑料拱棚平均为796mg/kg；棉田土壤缓效钾平均为624mg/kg。蔬菜地土壤缓效钾含量明显高于粮田、棉田，冬暖大棚＞塑料拱棚＞露天菜地。

统计结果显示，粮田土壤缓效钾含量主要集中在750～900mg/kg和500～750mg/kg两个级别，分别占粮田耕地面积的30％和50.1％；蔬菜地土壤缓效钾主要集中在900～1200mg/kg、750～900mg/kg和500～750mg/kg三个级别，分别占蔬菜耕地面积的28.4％、33.3％和24.1％；棉田土壤缓效钾含量在300～500mg/kg水平的占棉田耕地面积的35.7％（见表4-26）。

表4-26　　不同种植制度下土壤缓效钾含量状况统计

级别	范围(mg/kg)	粮田		蔬菜地		棉田	
		面积(hm^2)	比例(％)	面积(hm^2)	比例(％)	面积(hm^2)	比例(％)
1	＞1200	348.82	0.8	1490.32	7.1	0	0
2	900～1200	5441.57	12.2	5961.27	28.4	366.02	7.1
3	750～900	13394.62	30	7004.49	33.3	732.04	14.3
4	500～750	22394.13	50.1	5067.08	24.1	1464.08	28.6
5	300～500	2999.84	6.7	1490.31	7.1	1830.09	35.7
6	＜300	69.76	0.2	0	0	732.04	14.3
合计		44648.74	100	21013.47	100	5124.27	100

3.不同土壤类型下耕层土壤缓效钾含量状况

不同土壤类型下耕层土壤缓效钾的含量状况不同，潮土土壤缓效钾含量平均为749mg/kg，盐土土壤缓效钾平均为497mg/kg，风沙土土壤缓效钾平均为511mg/kg。

统计结果显示，潮土土壤缓效钾平均含量多集中在750～900mg/kg和500～750mg/kg两个级别；盐土土壤缓效钾含量多集中在500～750mg/kg和300～500mg/kg两个级别；风沙土土壤缓效钾含量集中在500～750mg/kg、300～500mg/kg和低于300mg/kg三个级别（见表4-27）。

表4-27　　不同土壤类型耕层土壤缓效钾含量状况统计

级别	范围(mg/kg)	潮土		盐土		风沙土	
		面积(hm^2)	比例(％)	面积(hm^2)	比例(％)	面积(hm^2)	比例(％)
1	＞1200	1839.14	2.6	0	0	0	0
2	900～1200	11768.86	16.7	0	0	0	0
3	750～900	21092	30	39.15	15.4	0	0
4	500～750	28742.56	40.9	78.3	30.8	104.43	41.7
5	300～500	6138.84	8.7	97.87	38.5	83.53	33.3
6	＜300	699.99	1	39.15	15.4	62.66	25
合计		70281.39	100	254.47	100	250.62	100

4.各镇(街道办事处)耕层土壤缓效钾含量状况

统计结果显示,济北街道办事处土壤缓效钾粮田、蔬菜地含量最高,各镇(街道办事处)棉田差异不大(见表4-28)。

表4-28　各镇(街道办事处)耕层土壤缓效钾含量状况统计

镇(街道办事处)	粮田(mg/kg)	蔬菜地(mg/kg)			棉田(mg/kg)	变幅(mg/kg)
		冬暖式大棚	塑料拱棚	露天菜地		
济阳县	726	917	796	690	624	345～1461
济阳街道办事处	698	863				497～1245
孙耿镇	765					483～1087
仁风镇	646	824		648	638	345～1217
垛石镇	827	901				509～1461
曲堤镇	786	926		783		365～1246
崔寨镇	649	827				378～1256
太平镇	602		796		613	366～1128
新市镇	773					429～1311
回河镇	735	891				512～1251
济北街道办事处	966	1018				700～1391

(三)作物缺钾症状及防治

作物缺钾时,首先是老叶和叶缘发黄,进而变褐,焦枯似灼烧状。叶片上出现褐色斑点或斑状,但叶中部、叶脉和近叶脉处仍为绿色。随着缺钾程度的加剧,整个叶片变为红棕色或干枯状,坏死脱落。其次是根系发育不良,根细弱,常呈褐色。在氮素充足时,缺钾的双子叶植物的叶子常卷曲而显皱纹,禾本科作物则茎秆软,易倒伏,分蘖少,抽穗不整齐。

防治措施:(1)增施钾肥。作物缺钾应以土壤施用为主,做到基肥与追肥相结合,用有机肥作底肥。在严重缺钾的土壤上,化学钾肥作底肥的比例应适当大一些。一般不作喷施,适宜用量一般每亩为5～15kg。需钾较多的如薯类、玉米等每亩为10～15kg,其他作物每亩为5～10kg。(2)秸秆还田。作物茎叶秸秆中含有较丰富的钾素,小麦茎叶含钾为1.28%,玉米为1.266%,棉花为1.731%,大豆为1.287%,因而,实行秸秆还田能有效补充和缓解土壤缺钾状况。(3)加强田间管理。提倡冬季翻耕,以减轻或消除还原性物质对作物根系造成的危害。另外也能促进土壤中钾的释放,以提高土壤中的供钾水平。此外,在钾肥施用得不到充分保证时,要严格控制氮肥用量,防止因肥施用过量而引起作物缺钾症。

第三节　土壤中量元素状况

一般作物体中含0.1%～0.5%的元素称为“中量元素”。钙、镁、硫三种元素在植物体中的含量分别为0.5%、0.2%、0.1%，因此，钙、镁、硫三种元素属于中量元素，也是作物的必需元素。近年来，由于大量元素氮、磷、钾施用的不断增加及农业产量的不断提高，农作物对中量元素的需求越来越迫切，我国有关部门对中量元素的研究和应用很重视，很多地区使用中量元素已取得了增产效果。

一、土壤交换性钙

土壤母质中的钙是作物体中钙的主要来源。土壤中的钙有四种存在形态，即矿物态钙、有机态钙、水溶态钙和土壤交换性钙。四种土壤钙形态中，水溶态钙和土壤交换性钙是作物可即时利用的有效态钙。土壤矿物态钙一般占总土壤钙量的40%～90%，是主要的钙形态，但它不能被作物直接利用，土壤有机态钙只有在被分解后才有效。矿物态钙和有机态钙的含量多少与土壤有效钙无关。土壤供钙水平主要取决于交换性钙的供应量大小。水溶态钙在土壤中含量较低，只有交换性钙的2%以下。水溶态钙与交换性钙在土壤中是动态平衡关系，溶液中钙量下降，交换性钙可以被代换出来进入土壤溶液；反过来也一样，溶液中钙量增加，又被吸附为交换性钙。因此，通常情况下以交换性钙的含量作为衡量土壤钙肥力水平的指标。

（一）土壤交换性钙含量分级及面积

本次耕地地力评价共化验分析耕层土样158个。全县耕层土壤交换性钙含量平均为9850mg/kg，变幅为240～18800mg/kg，标准差为3.4mg/kg，变异系数为34.52%。耕层土壤交换性钙含量分级及面积如表4-29所示。全县耕地土壤交换性钙主要含量范围在高于6000mg/kg的级别，面积为46774.36hm^2，占总耕地面积的66.1%。

表4-29　耕层土壤交换性钙含量分级及面积

级　别	1	2	3	4	5	6	7	8	7
分级标准(mg/kg)	>6000	4000～6000	3000～4000	2500～3000	2000～2500	1500～2000	1000～1500	500～1000	<500
耕地面积(hm^2)	46774.36	6137.21	5047.77	4284.67	2801.07	2712.29	1317.47	1097.30	614.34
占总面积比例(%)	66.1	8.7	7.1	6.1	4	3.8	1.9	1.6	0.9

（二）不同种植制度下土壤交换性钙含量状况

不同种植制度下土壤交换性钙含量不同，粮田耕层土壤交换性钙含量平均为9610mg/kg；蔬菜地耕层土壤交换性钙含量平均为10820mg/kg，其中，露天菜地平均为9830mg/kg，冬暖式大棚平均为11360mg/kg，塑料拱棚平均为10590mg/kg；棉田耕层土壤交换性钙含量平均为8750mg/kg。

统计结果显示，土壤交换性钙含量高于6000mg/kg级别的耕地中，粮田占77.2%、蔬菜占52.4%、棉田占25.6%(见表4-30)。

表4-30　　不同种植制度下土壤交换性钙含量状况统计

级别	范围(mg/kg)	粮田		蔬菜地		棉田	
		面积(hm^2)	比例(%)	面积(hm^2)	比例(%)	面积(hm^2)	比例(%)
1	>6000	34453.38	77.2	11007.06	52.4	1313.92	25.6
2	4000～6000	2109.39	4.7	3502.25	16.7	525.57	10.3
3	3000～4000	1757.82	3.9	2501.6	11.9	788.35	15.4
4	2500～3000	1757.82	3.9	2001.28	9.5	525.57	10.3
5	2000～2500	1406.26	3.1	1000.64	4.8	394.17	7.7
6	1500～2000	1054.69	2.4	1000.64	4.8	656.96	12.8
7	1000～1500	1054.69	2.4	0	0	262.78	5.1
8	500～1000	703.13	1.6	0	0	394.17	7.7
9	<500	351.56	0.8	0	0	262.78	5.1
合计		44648.74	100	21013.47	100	5124.27	100

(三)不同土壤类型下耕层土壤交换性钙含量状况

不同土壤类型下耕层土壤交换性钙含量不同，潮土土壤交换性钙含量平均为9897mg/kg，盐土土壤交换性钙含量平均为7460mg/kg，风沙土土壤交换性钙含量平均为6604mg/kg。

统计结果显示，潮土土壤交换性钙含量多集中在高于6000mg/kg级别，盐土和风沙土土壤交换性钙含量在2500～3000mg/kg级别的均占本土类耕地的23.5%(见表4-31)。

表4-31　　不同土壤类型下耕层土壤交换性钙含量状况统计

级别	范围(mg/kg)	潮土		盐土		风沙土	
		面积(hm^2)	比例(%)	面积(hm^2)	比例(%)	面积(hm^2)	比例(%)
1	>6000	46759.62	66.5	0	0	14.74	5.9
2	4000～6000	6092.76	8.7	14.97	5.9	29.48	11.8
3	3000～4000	4973.6	7.1	29.94	11.8	44.23	17.6
4	2500～3000	4165.82	5.9	59.88	23.5	58.97	23.5
5	2000～2500	2756.39	3.9	29.94	11.8	14.74	5.9
6	1500～2000	2637.9	3.8	44.91	17.6	29.48	11.8
7	1000～1500	1258.05	1.8	29.94	11.8	29.48	11.8

续表

级别	范围(mg/kg)	潮土		盐土		风沙土	
		面积(hm^2)	比例(%)	面积(hm^2)	比例(%)	面积(hm^2)	比例(%)
8	500～1000	1052.62	1.5	29.94	11.8	14.74	5.9
9	＜500	584.63	0.8	14.95	5.9	14.76	5.9
合计		70281.39	100	254.47	100	250.62	100

(四)各镇(街道办事处)耕层土壤交换性钙含量状况

统计结果显示,全县各镇(街道办事处)耕地土壤交换性钙含量差异较大,济阳街道办事处含量最高,平均为15100mg/kg,新市镇耕层土壤交换性钙含量最低,平均为7200mg/kg(见表4-32)。

表4-32 各镇(街道办事处)耕层土壤交换性钙量状况统计

镇(街道办事处)	平均(mg/kg)	变幅(mg/kg)
济阳县	9850	240～18800
济阳街道办事处	15100	3600～16600
孙耿镇	9620	7200～13580
仁风镇	9590	5000～18800
垛石镇	10500	9700～12000
曲堤镇	11510	6700～17460
崔寨镇	9400	4800～12500
太平镇	8730	250～12700
新市镇	7200	240～13730
回河镇	12000	8050～17170
济北街道办事处	14550	3700～15400

(五)钙在作物体中的作用、作物缺钙症状及防治

钙是植物体细胞壁和细胞间层的主要组成成分,使植株的器官和个体具有一定的机械强度;是植物体内一些酶的组成成分和活化剂,对氮和碳水化合物的代谢有一定的影响;能消除植物体内某些有机酸的作用,降低有机酸对植物体产生的毒害;还有利于促进植物对钾离子的吸收。

作物缺钙的症状,在田间条件下不易见到。但土壤中钙的含量却左右着其他营养元素的有效性,并影响到其他养分的缺乏或过剩。作物缺钙的主要特征是幼叶和茎、根的生长点首先出现症状,轻则呈现凋萎,重则生长点坏死。幼叶变形,叶尖往往出现弯钩状,叶片皱缩,边缘向下或向前卷曲,新叶抽出困难,叶尖相互粘连,有时叶缘呈不规则的锯齿状,叶尖和叶缘发黄或焦枯坏死。植株矮小或簇生状,早衰、倒伏,不结实或少结实。

禾本科作物缺钙时，根系发育不良，根尖膨大发褐，严重时分泌黏液、腐烂、死亡。植株生长矮小，心叶生长严重受阻，很难抽出，严重时顶端枯死。叶片上有褐色斑块，随后焦枯。在玉米上，叶缘呈白色透明锯齿状不规则破裂。幼叶的叶尖相互胶黏在一起不能伸展。双子叶作物缺钙时，叶缘和脉间发白，叶缘向下卷曲，顶端叶芽基部弯曲，形成缺钙的特殊症状。极度缺钙时，顶芽死亡，老叶增厚，在叶腋上开始生长出侧芽，再生的侧芽同样由于缺钙而死亡。严重缺钙时不仅叶片表现出特殊的症状，同时也影响到花和花芽的大量脱落，而未脱落的花，其花冠在受粉之前就枯萎，雌蕊则裸露在外面。一般情况下，能看到萼片的死亡组织上有斑点，果实和种子不能发育。

作物缺钙时，可施石灰或其他钙肥料改善钙营养，但效果最快、最好的是喷0.3%～0.5%的硝酸钙溶液。

二、土壤交换性镁

土壤含镁量受成土母质、气候、风化程度、淋溶和耕作措施等影响变化很大。土壤中的镁有有机态镁、矿物态镁、水溶性镁和交换性镁，其中镁主要以无机态存在，有机态很少。水溶性镁和交换性镁合称为“土壤有效态镁”，由于水溶性镁一般含量很少，因此通常以交换性镁作为有效性镁的供应指标。

（一）土壤交换性镁含量分级及面积

本次耕地地力评价共化验分析耕层土样158个。全县土壤交换性镁含量平均为460mg/kg，变幅为20～3060mg/kg，标准差为0.38mg/kg，变异系数为82.61%。耕层土壤交换性镁含量分级及面积如表4-33所示。全县耕地土壤交换性镁含量主要集中在高于600mg/kg、400～600mg/kg和300～400mg/kg三个级别，分别占总耕地面积的22.9%、21.7%和20.8%。

表4-33 耕层土壤交换性镁含量分级及面积

级　别	1	2	3	4	5	6	7
分级标准(g/kg)	＞600	400～600	300～400	250～300	150～200	150～200	＜150
耕地面积(hm^2)	16178.12	15395.19	14745.82	8188.55	6334.93	3596.36	6347.51
占总面积比例(%)	22.9	21.7	20.8	11.6	8.9	5.1	9

（二）不同种植制度下土壤交换性镁含量状况

不同种植制度下土壤交换性镁含量不同，粮田耕层土壤交换性镁含量平均为441mg/kg，蔬菜地耕层土壤交换性镁含量平均为606mg/kg，棉田耕层土壤交换性镁含量平均为258mg/kg。

统计结果显示，粮田土壤交换性镁含量主要集中在400～600mg/kg和300～400mg/kg两个级别；蔬菜地土壤交换性镁含量主要集中在高于600mg/kg级别；棉田土壤交换性镁含量分布广泛，含量在150～200mg/kg的耕地较多，占棉田耕地面积的25%（见表4-34）。

表 4-34 不同种植制度下土壤交换性镁含量状况统计

级别	范围(mg/kg)	粮田		蔬菜地		棉田	
		面积(hm^2)	比例(%)	面积(hm^2)	比例(%)	面积(hm^2)	比例(%)
1	>600	7049.8	15.8	8914.81	42.4	213.51	4.2
2	400～600	12421.08	27.8	2547.09	12.1	427.02	8.3
3	300～400	10071.14	22.6	3820.63	18.2	854.05	16.7
4	250～300	4364.16	9.8	3183.86	15.2	640.53	12.5
5	200～250	3357.06	7.5	1910.31	9.1	1067.56	20.8
6	150～200	1678.52	3.8	636.77	3	1281.07	25
7	<150	5706.98	12.8	0	0	640.53	12.5
合计		44648.74	100	21013.47	100	5124.27	100

(三)不同土壤类型下土壤交换性镁含量状况

不同土壤类型下土壤交换性镁含量不同，潮土土壤交换性镁含量平均为470mg/kg，盐土土壤交换性镁含量平均为238mg/kg，风沙土土壤交换性镁含量平均为214mg/kg。

统计结果显示，潮土土壤交换性镁含量多集中在高于600mg/kg、400～600mg/kg和300～400mg/kg三个级别；盐土土壤交换性镁含量多集中在200～250mg/kg级别；风沙土土壤交换性镁含量多集中在150～200mg/kg级别(见表4-35)。

表 4-35 不同土壤类型下土壤交换性镁含量状况统计

级别	范围(mg/kg)	潮土		盐土		风沙土	
		面积(hm^2)	比例(%)	面积(hm^2)	比例(%)	面积(hm^2)	比例(%)
1	>600	16178.12	23	0	0	0	0
2	400～600	15395.19	21.9	0	0	0	0
3	300～400	14703.72	20.9	21.21	8.3	20.89	8.3
4	250～300	8104.37	11.5	42.41	16.7	41.77	16.7
5	200～250	6187.45	8.8	84.82	33.3	62.66	25
6	150～200	3449.2	4.9	63.62	25	83.54	33.3
7	<150	6263.34	8.9	42.41	16.7	41.76	16.7
合计		70281.39	100	254.47	100	250.62	100

(四)各镇(街道办事处)耕层土壤交换性镁含量状况

各镇(街道办事处)耕层土壤交换性钙含量情况如表4-36所示。全县耕地土壤交换性镁平均含量中，新市镇最高，孙耿镇最低。

表 4-36 各镇(街道办事处)耕层土壤交换性钙含量状况统计

镇(街道办事处)	平均(mg/kg)	变幅(mg/kg)
济阳县	460	20～3060
济阳街道办事处	600	530～690

续表

镇(街道办事处)	平均(mg/kg)	变幅(mg/kg)
孙耿镇	220	30～470
仁风镇	280	20～690
垛石镇	500	340～670
曲堤镇	590	320～1100
崔寨镇	390	130～610
太平镇	370	50～660
新市镇	810	160～3060
回河镇	320	80～510
济北街道办事处	720	150～880

(五)镁在作物体中的作用、作物缺镁症状及防治

镁是叶绿素的成分,缺镁叶片褪绿,作物难以合成碳水化合物;镁是很多酶的活化剂,如糖激酶、半乳糖激酶等许多参与碳水化合物代谢的酶都要镁离子作活化剂,一些参与氮和磷素代谢的酶也要镁离子来活化,镁还有促进脂肪合成的作用。

镁在植物体中易从老器官转移到新生器官中,所以,缺镁首先在植株下部老叶表现症状。缺镁时,叶片叶脉间褪绿,以后变为均匀的淡黄色或白色,叶内部分组织变褐甚至坏死,许多蔬菜是叶边缘发黄。

防治措施:植物缺镁大多是土壤酸性强,或土壤含钙量高,或是施钾肥太多,而诱发缺镁。缺镁作物时,一是施用镁肥,一般粮田作物用硫酸镁作基肥,每亩用量为 10～15kg,二是可用 1%～2%的硫酸镁溶液叶面喷施。

三、土壤有效硫

土壤含硫量与土壤母质种类有关,土壤总硫量受气候、地形和施肥的影响而有明显的变化,在湿润多雨和受淋洗作用较强的地区含硫较低,相反在干旱、半干旱地区,由于风化产生的硫酸盐极少流失,因而土壤含硫较高。在一般耕地中有机质丰富的土壤含硫量往往较高。土壤中存在四种形态的硫:有机态硫、矿物态硫、水溶性硫和吸附态硫。四种形态的硫是可以互相转化的,从而构成土壤中硫的循环。硫有七种变价形态,但作物可以利用的是游离硫酸根。土壤中游离硫酸根是通过有机态硫的矿化、硫酸盐矿物的溶解和矿化物的氧化作用而来。严格地说,土壤有效硫应该包括存在于土壤溶液中的硫酸盐和硫化物、吸附态硫酸根和易分解的有机态硫。

(一)土壤有效硫含量分级及面积

本次耕地地力评价共化验分析耕层土样 309 个。全县耕层土壤有效硫含量平均为 45.4mg/kg,变幅为 4.1～270.2mg/kg,标准差为 40.87mg/kg,变异系数为 89.98%。耕层土壤有效硫含量分级及面积如表 4-37 所示。全县有 26.7%的耕地土壤有效硫含量在

15～30mg/kg 级别，其次有 21.5％的耕地土壤有效硫含量在 75～100mg/kg 级别。

表 4-37　　耕层土壤有效硫含量分级及面积

级　别	1	2	3	4	5	6	7
分级标准(mg/kg)	＞100	75～100	60～75	45～60	30～45	15～30	＜15
耕地面积(hm^2)	6235.49	15185.37	3335.53	6000.54	9258.45	18917.21	11853.89
占总面积比例(％)	8.8	21.5	4.7	8.5	13.1	26.7	16.7

(二)不同种植制度下土壤有效硫含量状况

不同种植制度下土壤有效硫含量不同，粮田土壤有效硫含量平均为 42.3mg/kg；蔬菜地土壤有效硫含量平均为 68.3mg/kg，其中，露天菜地平均为 51.6mg/kg，冬暖大棚平均为 76.3mg/kg，塑料拱棚平均为 60.7mg/kg；棉田土壤有效硫含量较低，平均为 22.6mg/kg。

统计结果显示，粮田土壤有效硫含量主要集中在 15～30mg/kg 和低于 15mg/kg 两个级别；蔬菜地土壤有效硫含量多集中在 75～100mg/kg 级别；棉田土壤有效硫含量主要集中在 15～30mg/kg 和低于 15mg/kg 两个级别(见表 4-38)。

表 4-38　　不同种植制度下土壤有效硫含量状况统计

级　别	范　围(mg/kg)	粮　田		蔬菜地		棉　田	
		面积(hm^2)	比例(％)	面积(hm^2)	比例(％)	面积(hm^2)	比例(％)
1	＞100	4134.14	9.3	2101.35	10	0	0
2	75～100	3472.68	7.8	11557.41	55	155.28	3.1
3	60～75	1819.02	4.1	1050.67	5	465.84	9.1
4	45～60	3803.41	8.5	1576.01	7.5	621.12	12.1
5	30～45	7276.09	16.3	1050.67	5	931.69	18.2
6	15～30	15048.28	33.7	2626.68	12.5	1242.25	24.2
7	＜15	9095.12	20.4	1050.68	5	1708.09	33.3
合计		44648.74	100	21013.47	100	5124.27	100

(三)不同土壤类型耕层土壤有效硫含量状况

不同土壤类型耕层土壤有效硫含量不同，潮土、盐土、风沙土土壤有效硫含量平均为 45.6mg/kg、21.6mg/kg、23.8mg/kg(见表 4-39)。

统计结果显示，潮土土壤有效硫含量多集中在 75～100mg/kg 和 15～30mg/kg 两个级别；盐土、风沙土土壤有效硫含量多集中在 15～30mg/kg 和低于 15mg/kg 两个级别(见表 4-39)。

表 4-39 不同土壤类型耕层土壤有效硫含量状况统计

级别	范围(mg/kg)	潮土		盐土		风沙土	
		面积(hm^2)	比例(%)	面积(hm^2)	比例(%)	面积(hm^2)	比例(%)
1	>100	6235.49	8.9	0	0	0	0
2	75～100	15177.54	21.6	0	0	7.83	3.1
3	60～75	3297.06	4.7	14.96	5.9	23.5	9.4
4	45～60	5954.24	8.5	14.97	5.9	31.33	12.5
5	30～45	9174.38	13.1	44.92	17.6	39.16	15.6
6	15～30	18779.71	26.7	74.84	29.4	62.66	25
7	<15	11662.97	16.6	104.78	41.2	86.14	34.4
合计		70281.39	100	254.47	100	250.62	100

(四)各镇(街道办事处)耕层土壤有效硫状况

各镇(街道办事处)耕层土壤有效硫含量状况如表 4-40 所示。全县耕地土壤有效硫含量中,曲堤镇最高,新市镇最低。

表 4-40 各镇(街道办事处)耕层土壤有效硫含量状况统计

镇(街道办事处)	平均(mg/kg)	变幅(mg/kg)
济阳县	45.4	4.1～270.2
济阳街道办事处	67.4	41.9～99.1
孙耿镇	39.7	5.5～137.3
仁风镇	48.1	5.6～270.2
垛石镇	32.6	16.1～103.6
曲堤镇	68.3	4.1～199.7
崔寨镇	49.8	10.9～114.1
太平镇	29.2	5.6～85.2
新市镇	28.9	11.8～94.1
回河镇	63	8～205.8
济北街道办事处	45.2	10.6～91.4

(五)硫在作物体中的作用、作物缺硫症状及防治

硫是组成植物生命的基础物质蛋白质、核酸不可缺少的元素。作物需硫大致与磷素相当,因此,硫被认为是植物的第四大元素。硫的生理功能表现为:一是含硫氨基酸的组分;二是参与硫胺素、生物素辅酶 A 等的组成和代谢活动;三是一些酶的组分。

作物缺硫时生长受阻,尤其是营养生长,症状类似缺氮。植株矮小,分枝、分蘖少,全株体色褪绿,呈浅绿色或黄绿色;叶片失绿或黄化,褪绿均匀,幼叶较老叶明显,叶小而薄,

向上卷曲，变硬、易碎，脱落提早，茎生长受阻，植株矮、僵直；梢木栓化；生长期延迟。植株体内的硫移动性较小，不易被再利用，缺硫症状常表现在幼嫩部位。不同作物缺硫症状有所差异，敏感作物为十字花科如油菜等，其次为豆科、烟草和棉花。禾本科需硫较少。作物缺硫一般症状为整个植株褪绿、黄化、色泽均匀，极易与缺氮症状混淆。但大多数作物缺硫时，新叶比老叶症状重，不易枯干，发育延迟。而缺氮则老叶比新叶症状重，容易干枯、早熟。

一些常用的化肥，如过磷酸钙、硫酸铵以及铜、铁、锰、锌的硫酸盐（微量元素肥料）中都含有丰富的硫，随着施肥活动而进入到土壤中，加上其他各种化肥中所含的硫，空气中自然沉降的含硫降雨、降尘，灌溉水中的硫等，缓解了农田硫素的不平衡状况。硫肥施用方法应视作物生长与需要而定。基肥于播种前耕耙时施入，通过耕耙使之与土壤充分混合并达到一定深度，以促进其分解转化。根外喷施硫肥可作为辅助性措施，矫正缺硫症还应施基肥。

第四节　土壤微量元素状况

微量元素是作物必需的营养元素，作物所需的微量元素主要来源于土壤。因此，土壤中的微量元素供给不足时，许多作物的生长发育会受到影响，产量和质量均会下降。对于作物来说，含量介于 0.2～200mg/kg（按干物重计）的必需元素称为微量元素。到目前为止，证实作物所需的微量元素有锌、硼、钼、锰、铜、铁、氯七种。氯因自然界中较丰富，未发现作物缺氯症状，故本次不作调查及化验分析。

一、土壤有效锌

土壤全锌量与成土母质有关，由基性岩发育的土壤全锌量比酸性岩高，由石灰岩发育的土壤含锌量比片麻岩和石英岩高。作物利用的土壤中的锌不是土壤含锌量的全部，而是利用处于作物能够吸收状态的锌，称为“有效锌”。土壤有效锌包括水溶态、代换态、螯合态和稀酸态等。在这些形态中，水溶态锌含量很少，作物通常吸收代换态、螯合态和稀酸态的锌。

（一）耕层土壤有效锌含量分级及面积

本次耕地地力评价共化验分析耕层土样 2041 个。全县耕层土壤有效锌含量平均为 3.67mg/kg，变幅为 0.09～21.88mg/kg，标准差为 2.46mg/kg，变异系数为 67.03％。耕层土壤有效锌含量分级及面积如表 4-41 所示。全县有 52.6％的耕地土壤有效锌含量高于 3mg/kg，43.8％的耕地土壤有效锌含量在 1～3mg/kg 的级别，这与连年推广锌肥施用有很大关系。

表 4-41 耕层土壤有效锌含量分级及面积

级　别	1	2	3	4	5
分级标准(mg/kg)	＞3	1～3	0.5～1	0.3～0.5	＜0.3
耕地面积(hm^2)	37217.38	30978.02	1893.16	366.57	331.35
占总面积比例(%)	52.6	43.8	2.7	0.5	0.5

(二)不同种植制度下耕层土壤有效锌含量状况

不同种植制度下耕层土壤有效锌含量不同,粮田、蔬菜地、棉田土壤有效锌平均含量分别为 3.48mg/kg、5.76mg/kg 和 2.56mg/kg。其中冬暖式大棚为 8.15mg/kg、塑料拱棚为 6.76mg/kg、露天菜地为 2.4mg/kg。

统计结果显示,粮田土壤有效锌含量高于 3mg/kg 级别的耕地占粮田面积的 55.2%,含量在 1～3mg/kg 级别的耕地占粮田面积的 42.8%;蔬菜地土壤有效锌含量高于 3mg/kg 级别的耕地占蔬菜地面积的 52.9%,含量在 1～3mg/kg 级别的耕地占蔬菜地面积 41.4%;棉田土壤有效锌含量主要在 1～3mg/kg 级别,占棉田面积的 62.3%(见表 4-42)。

表 4-42 不同种植制度下耕层土壤有效锌含量状况统计

级　别	范　围(mg/kg)	粮　田		蔬菜地		棉　田	
		面积(hm^2)	比例(%)	面积(hm^2)	比例(%)	面积(hm^2)	比例(%)
1	＞3	24655.28	55.2	11111.83	52.9	1450.27	28.3
2	1～3	19096	42.8	8691.44	41.4	3190.58	62.3
3	0.5～1	722.96	1.6	880.15	4.2	290.05	5.7
4	0.3～0.5	49.86	0.1	220.03	1	96.68	1.9
5	＜0.3	124.64	0.3	110.02	0.5	96.69	1.9
合计		44648.74	100	21013.47	100	5124.27	100

(三)不同土壤类型下耕层土壤有效锌含量状况

不同土壤类型下耕层土壤有效锌含量不同,潮土、盐土、风沙土的土壤有效锌含量分别为 3.68mg/kg、3.72mg/kg 和 2.06mg/kg。

统计结果显示,潮土土壤有效锌含量主要集中在高于 3mg/kg 和 1～3mg/kg 两个级别,盐土土壤有效锌含量分布较均匀,风沙土土壤有效锌含量主要集中在 1～3mg/kg 级别,占风沙土耕地总面积的 41.7%(见表 4-43)。

表 4-43　　不同土壤类型耕层土壤有效锌含量状况统计

级别	范围(mg/kg)	潮土		盐土		风沙土	
		面积(hm^2)	比例(%)	面积(hm^2)	比例(%)	面积(hm^2)	比例(%)
1	>3	37123.78	52.8	72.71	28.6	20.89	8.3
2	1～3	30855.41	43.9	18.18	7.1	104.43	41.7
3	0.5～1	1757.81	2.5	72.7	28.6	62.64	25
4	0.3～0.5	270.27	0.4	54.53	21.4	41.77	16.7
5	<0.3	274.12	0.4	36.35	14.3	20.89	8.3
合计		70281.39	100	254.47	100	250.62	100

(四)各镇(街道办事处)耕层土壤有效锌含量状况

各镇(街道办事处)耕层土壤有效锌含量状况如表 4-44 所示。按行政区域分析,济阳街道办事处平均值最高,达 5.18mg/kg,崔寨镇土壤有效锌含量普遍偏低,平均值仅为 2mg/kg。

表 4-44　　各镇(街道办事处)耕层土壤有效锌含量状况统计

镇(街道办事处)	平均(mg/kg)	变幅(mg/kg)
济阳县	3.67	0.09～21.88
济阳街道办事处	5.18	0.99～16.02
孙耿镇	3.79	1.01～9.13
仁风镇	3.49	0.09～21.88
垛石镇	3.33	1.12～20.84
曲堤镇	4.68	0.12～19.95
崔寨镇	2	0.14～5.45
太平镇	3.47	0.68～12.36
新市镇	3.13	0.09～9.32
回河镇	4.14	0.51～17.62
济北街道办事处	3.93	1.09～12.88

(五)锌对作物的营养作用、缺锌症状及防治

锌有调节植物体内氧化还原过程的作用,锌能够促进生长素(吲哚乙酸)的合成,所以缺锌时芽和茎中的生长素明显减少,植物生长受阻,叶子变小。锌还能促进光合作用,因

为碳酸酐酶是含锌蛋白质，碳酸酐酶活性大小与光合色素含量显著相关，缺锌时叶绿素含量下降，造成白叶或花叶。此外，有人认为锌也影响蛋白质合成，因为信息核糖核酸结构稳定性的需要锌(信息核糖核酸的生理作用之一是合成多肽)。

果树对锌比其他作物敏感，果树缺锌常引起小叶病或叶簇病，即在枝条顶端叶片丛生成簇状，特别是落叶果树；花生缺锌也出现小叶和叶簇病。小麦缺锌时麦苗返青迟，拔节困难，植株矮小，叶片主脉两侧失绿，形成黄绿相间的皮带，皮带边缘清晰，无颗粒状斑点及霉污；水稻缺锌时基部叶片出现锈斑，逐渐扩大成条纹，植株萎缩，造成“萎缩病”；玉米缺锌时叶片易失绿，果穗缺粒、秃顶。

作物缺锌时可喷0.1%的硫酸锌溶液。

二、土壤有效铜

土壤中全铜的含量不能作为判断土壤供铜的指标，土壤中的有效铜才是作物可以利用的铜。影响土壤有效铜的最主要因素是土壤有机质含量，其次是土壤酸碱度。此外，还与施肥水平和铁供应情况有关。

(一)耕层土壤有效铜含量分级及面积

本次耕地地力评价共化验分析耕层土样2041个。全县耕层土壤有效铜含量平均为2.15mg/kg，变幅为0.25～52.32mg/kg，标准差为2.25mg/kg，变异系数为104.65%。耕层土壤有效铜含量分级及面积如表4-45所示。全县土壤有效铜含量在高于1.8mg/kg、1～1.8 mg/kg和0.2～1mg/kg级别的耕地分别占总耕地面积的48.7%、35.3%和16%。

表4-45　耕层土壤有效铜含量分级及面积

级　别	1	2	3	4	5
分级标准(mg/kg)	>1.8	1～1.8	0.2～1	0.1～0.2	<0.1
耕地面积(hm^2)	34449.73	25001.93	11334.82	0	0
占总面积比例(%)	48.7	35.3	16	0	0

(二)不同种植制度下耕层土壤有效铜含量状况

不同种植制度下耕层土壤有效铜含量不同，粮田土壤有效铜含量平均为2.1mg/kg；蔬菜地土壤有效铜含量较高，平均为2.67mg/kg，其中，冬暖式大棚为3.63mg/kg，塑料拱棚为2.89mg/kg，露天菜地为2.47mg/kg；棉田土壤有效铜含量相对较低，平均为1.7mg/kg。

统计结果显示，粮田土壤有效铜含量多集中在高于1.8mg/kg和1～1.8mg/kg两个级别，分别占粮田面积的48.2%和38.7%；蔬菜地土壤有效铜含量高于1.8mg/kg级别的耕地占蔬菜地面积的53.2%；棉田土壤有效铜含量在高于1.8mg/kg和1～1.8mg/kg级别的耕地分别占棉田面积的34%和47.2%(见表4-46)。

表 4-46　　不同种植制度下土壤有效铜含量状况统计

级别	范围(mg/kg)	粮田		蔬菜地		棉田	
		面积(hm^2)	比例(%)	面积(hm^2)	比例(%)	面积(hm^2)	比例(%)
1	＞1.8	21539.09	48.2	11170.32	53.2	1740.32	34
2	1～1.8	17276.15	38.7	5308.67	25.3	2417.11	47.2
3	0.2～1	5833.5	13.1	4534.48	21.6	966.84	18.9
4	0.1～0.2	0	0	0	0	0	0
5	＜0.1	0	0	0	0	0	0
合计		44648.74	100	21013.47	100	5124.27	100

(三)不同土壤类型下耕层土壤有效铜含量状况

不同土壤类型下耕层土壤有效铜含量差异较大，潮土土壤有效铜含量平均为2.14mg/kg，盐土土壤有效铜含量平均为2.53mg/kg，风沙土土壤有效铜含量平均为1.4mg/kg。

统计结果显示，潮土土壤有效铜含量主要集中在高于1.8mg/kg和1～1.8mg/kg两个级别，分别占潮土面积的48.8%和35.2%；盐土土壤有效铜含量高于1.8mg/kg的占盐土总面积的50%；风沙土土壤有效铜含量在1～1.8mg/kg级别的所占比例为57.1%(见表4-47)。

表 4-47　　不同土壤类型耕层土壤有效铜含量状况统计

级别	范围(mg/kg)	潮土		盐土		风沙土	
		面积(hm^2)	比例(%)	面积(hm^2)	比例(%)	面积(hm^2)	比例(%)
1	＞1.8	34286.69	48.8	127.24	50	35.8	14.3
2	1～1.8	24763.29	35.2	95.43	37.5	143.21	57.1
3	0.2～1	11231.41	16	31.8	12.5	71.61	28.6
4	0.1～0.2	0	0	0	0	0	0
5	＜0.1	0	0	0	0	0	0
合计		70281.39	100	254.47	100	250.62	100

(四)各镇(街道办事处)耕层土壤有效铜含量状况

各镇(街道办事处)耕层土壤有效铜含量状况如表4-48所示。耕层土壤有效铜含量中，济阳街道办事处最高，孙耿镇最低。

(五)铜对作物的营养作用、缺铜症状及防治

铜素在作物体中的生理作用多与酶的活性有关。铜在作物体内与蛋白质结合构成多种含铜的蛋白酶，缺少铜直接影响蛋白酶所催化的生化反应，影响作物的正常代谢。铜的生理作用：一是叶绿体中类脂的成分，对叶绿素的合成和稳定起促进作用，作物缺铜时，叶

绿素含量减少;二是作物吸收作用和氧化磷酸化过程中的重要酶;三是亚硝酸酶和次亚硝酸酶的活化剂,参与作物体内硝酸还原过程;四是铜在木质素合成过程中起着重要作用。

表 4-48 各镇(街道办事处)耕层土壤有效铜含量状况统计

镇(街道办事处)	平均(mg/kg)	变幅(mg/kg)
济阳县	2.15	0.25～52.32
济阳街道办事处	6.11	0.59～52.32
孙耿镇	1.69	0.49～12.34
仁风镇	1.91	0.25～18.62
垛石镇	1.82	0.5～8.96
曲堤镇	2.83	0.8～14.23
崔寨镇	1.69	0.46～9.34
太平镇	2	0.29～10.76
新市镇	2	0.61～9.39
回河镇	2.03	0.31～10.02
济北街道办事处	1.93	0.96～4.23

作物缺铜表现为新叶缺绿,出现花白斑,果穗发育不正常。禾本科作物和果树缺铜危害最大,有明显的症状,容易辨认。小麦、水稻等缺铜,植株叶片变软、萎蔫,分蘖期幼叶变黄,叶尖卷曲变白,分蘖很多但是不抽穗或者穗很少,有时不能形成饱满籽实。玉米缺铜时,叶失绿,变成灰色,叶片卷曲、反转,新叶叶尖死亡。番茄缺铜时,幼枝生长停滞,叶片弯曲,叶子呈暗蓝绿色,不能形成花芽,所以开花不足,根系发育不良。果树缺铜主要症状是顶枯,病株顶部枝条弯曲,枝条上形成斑块和瘤状物,芽的数目增多,树皮出现裂痕。

作物缺铜时可施用铜肥进行调理,铜肥施用方法有三种:基施、种子处理、叶面喷施。目前应用最广的铜肥是硫酸铜。基肥,每亩施用硫酸铜 0.2～1kg;种子处理,每 1kg 种子拌硫酸铜 1g,将硫酸铜用少量水溶解,然后用喷雾器均匀喷在种子上;叶面喷施,用 0.02%～0.2%浓度硫酸铜水溶液喷雾。

三、土壤有效铁

铁是地壳中分布最广的化学元素之一,在所有的土壤中都含有大量的铁。虽然土壤中铁的含量很高,但对作物有效的铁含量很少,只有总铁量的万分之几至千分之几。尤其是碱性高的石灰性土壤,铁的可给性更低,因此,北方石灰性土壤上作物缺铁现象时有发生。土壤有效铁含量多少,与土壤酸碱度、土壤碳酸钙及黏粒的含量、土壤水的饱和度、土壤有机质等因素有关。

(一)耕层土壤有效铁含量分级及面积

本次耕地地力评价共化验分析耕层土样 2041 个。全县耕层土壤有效铁含量平均为 8.77mg/kg,变幅为 0.05～66.29mg/kg,标准差为 6.66mg/kg,变异系数为 75.94%,全县42.6%的耕地耕层土壤有效铁含量在4.5～10mg/kg级别。耕层土壤有效铁含量分级及面积如表4-49所示。

表4-49 耕层土壤有效铁含量分级及面积

级　别	1	2	3	4	5
分级标准(mg/kg)	>20	10～20	4.5～10	2.5～4.5	<2.5
耕地面积(hm^2)	3665.97	19811.93	30171.13	11000.29	6137.16
占总面积比例(%)	5.2	28	42.6	15.5	8.7

(二)不同种植制度下耕层土壤有效铁含量状况

不同种植类型土壤有效铁含量不同,粮田土壤有效铁含量平均为8.66g/kg;蔬菜地土壤有效铁含量平均为9.91mg/kg,其中冬暖大棚、塑料拱棚、露天菜地有效铁含量分别为10.73mg/kg、9.44mg/kg、8.6mg/kg;棉田土壤有效铁含量较其他种植方式低,平均为8.26mg/kg。

统计结果显示,粮田土壤有效铁含量多集中在4.5～10mg/kg的级别,占粮田面积的47.2%;蔬菜地土壤有效铁含量多集中在10～20mg/kg和4.5～10mg/kg两个级别,均占蔬菜地面积的32.6%;棉田土壤有效铁含量多集中在4.5～10mg/kg级别,占棉田面积的43.4%(见表4-50)。

表4-50 不同种植制度下土壤有效铁含量状况统计

级　别	范　围(mg/kg)	粮　田		蔬菜地		棉　田	
		面积(hm^2)	比例(%)	面积(hm^2)	比例(%)	面积(hm^2)	比例(%)
1	>20	1495.77	3.4	1880.15	8.9	290.05	5.7
2	10～20	11891.37	26.6	6857.03	32.6	1063.53	20.8
3	4.5～10	21090.36	47.2	6857.03	32.6	2223.74	43.4
4	2.5～4.5	5983.08	13.4	3760.31	17.9	1256.9	24.5
5	<2.5	4188.16	9.4	1658.95	8	290.05	5.7
合计		44648.74	100	21013.47	100	5124.27	100

(三)不同土壤类型下耕层土壤有效铁含量状况

不同土壤类型耕层土壤有效铁含量不同,潮土土壤有效铁含量平均为8.77g/kg,盐土土壤有效铁含量较高,平均为12.09mg/kg,风沙土土壤有效铁含量较低,平均为6.35mg/kg。

统计结果显示,潮土土壤有效铁含量多集中在10～20mg/kg和4.5～10mg/kg两个级别,分别占潮土面积的27.8%和42.7%;盐土土壤有效铁含量多集中在10～20mg/kg级别,占盐土面积的80%;风沙土土壤有效铁含量多集中在4.5～10mg/kg和2.5～4.5mg/kg两个级别,均占盐土面积的42.9%(见表4-51)。

表 4-51　　不同土壤类型耕层土壤有效铁含量状况统计

级别	范围(mg/kg)	潮土		盐土		风沙土	
		面积(hm^2)	比例(%)	面积(hm^2)	比例(%)	面积(hm^2)	比例(%)
1	>20	3665.97	5.2	0	0	0	0
2	10～20	19572.55	27.8	203.58	80	35.8	14.3
3	4.5～10	30012.83	42.7	50.89	20	107.40	42.9
4	2.5～4.5	10892.88	15.5	0	0	107.42	42.9
5	<2.5	6137.16	8.7	0	0	0	0
合计		70281.39	100	254.47	100	250.62	100

(四)各镇(街道办事处)耕层土壤有效铁含量状况

各镇(街道办事处)耕层土壤有效铁量含量状况如表 4-52 所示。全县耕地土壤有效铁含量中,济阳街道办事处最高,孙耿镇最低。

表 4-52　　各镇(街道办事处)耕层土壤有效铁含量状况统计

镇(街道办事处)	平均(mg/kg)	变幅(mg/kg)
济阳县	8.77	0.05～66.29
济阳街道办事处	15.51	1.91～65.9
孙耿镇	5.96	0.18～35.77
仁风镇	10.91	0.43～32.25
垛石镇	8.42	0.09～24.82
曲堤镇	9.99	0.12～66.29
崔寨镇	6.68	0.62～24.1
太平镇	7.07	0.05～65.9
新市镇	8.75	0.43～27.25
回河镇	8.18	1.48～29.11
济北街道办事处	12.59	4.86～22.2

(五)铁对作物的营养作用、缺铁症状及防治

铁比较集中分布在叶绿体中,铁虽然不是叶绿素的成分,但它对叶绿素的形成起酶促作用,因此,缺铁时造成植物"缺绿"或"黄化"。由于铁在植物中很难转移再利用,所以缺绿症首先出现在嫩叶上。铁是铁氧还蛋白的重要组成部分,铁氧还蛋白与叶绿体结合,在

光合作用会中起传递电子的作用，因此，缺铁时光合作用会受到影响；铁氧还蛋白还是豆科作物根瘤中豆血红素的成分（有固氮作用），铁又是铁钼固氮酶的成分，因而缺铁时豆科作物氮素供应会受到影响，植株生长受到一定限制；铁是磷酸蔗糖酶最好的活化剂，缺铁时蔗糖的形成会受影响；铁也是许多氧化酶的成分，对植物呼吸有促进作用，缺铁会影响呼吸，使高能物质三磷腺苷（ATP）的形成减少。

作物缺铁的共同症状是幼叶叶脉间失绿，严重时完全失绿成白色，称为“黄化病”。

作物缺铁时可喷施 0.75%～1%的硫酸亚铁溶液，但由于亚铁容易被氧化成高铁，很快就不能被作物吸收，而且在植物体中移动性小，并很少横向运输，所以喷施铁肥时，要喷在嫩叶上，并喷 2 次以上。试验表明，喷枸橼酸铁或枸橼酸铁铵效果比硫酸亚铁好。

四、土壤有效锰

不同土壤的全锰量因成土母质不同而有很大差异。土壤中的全锰量不适于判断锰的供给指标，土壤中的有效锰才是作物可以利用的锰。土壤有效锰的多少，与土壤酸碱度、氧化还原电位、土壤质地、土壤水分状况及有机质含量等有关。

（一）耕层土壤有效锰含量分级及面积

本次耕地地力评价共化验分析耕层土样 2087 个。全县耕层土壤有效锰含量平均为 8.61mg/kg，变幅为 0.1～29.14mg/kg，标准差为 4.48mg/kg，变异系数为 52.03%，全县 68.1%的耕地耕层土壤有效锰含量在 5～15mg/kg 级别，土壤有效锰含量分级及面积如表 4-53 所示。

表 4-53　　耕层土壤有效锰含量分级及面积

级　别	1	2	3	4	5
分级标准(mg/kg)	＞30	15～30	5～15	1～5	＜1
耕地面积(hm^2)	0	7790.74	48199.92	14746.59	49.23
占总面积比例(%)	0	11	68.1	20.8	0.1

（二）不同种植制度下耕层土壤有效锰含量状况

不同种植制度下耕层土壤有效锰含量状况不同，粮田、蔬菜地和棉田土壤有效锰含量平均值分别为 8.46mg/kg、8.82mg/kg 和 11.87mg/kg。其中冬暖大棚、塑料拱棚、露天菜地有效锰含量分别为 9.56mg/kg、9.12mg/kg、8.96mg/kg。

粮田、蔬菜地和棉田三种种植制度下，土壤有效锰含量多集中在 5～15mg/kg 级别，所占比例均高于本类种植制度耕地的 60%（见表 4-54）。

表 4-54　　不同种植制度下土壤有效锰含量状况统计

级别	范围(mg/kg)	粮田		蔬菜地		棉田	
		面积(hm²)	比例(%)	面积(hm²)	比例(%)	面积(hm²)	比例(%)
1	>30	0	0	0	0	0	0
2	15～30	4922.68	11	1901.22	9	966.84	18.9
3	5～15	30126.82	67.5	14109.04	67.1	3964.06	77.4
4	1～5	9550.01	21.4	5003.21	23.8	193.37	3.8
5	<1	49.23	0.1	0	0	0	0
合计		44648.74	100	21013.47	100	5124.27	100

(三)不同土壤类型下耕层土壤有效锰含量状况

不同土壤类型下耕层土壤有效锰含量较大，潮土、盐土、风沙土土壤有效锰含量平均为 8.58mg/kg、11.95mg/kg、6.05mg/kg。

统计结果显示，潮土、盐土和风沙土有效锰含量多集中在 5～15mg/kg 级别，分别占本土类耕地的 68.1%、57.1%和 71.4%(见表 4-55)。

表 4-55　　不同土壤类型耕层土壤有效锰含量状况统计

级别	范围(mg/kg)	潮土		盐土		风沙土	
		面积(hm²)	比例(%)	面积(hm²)	比例(%)	面积(hm²)	比例(%)
1	>30	0	0	0	0	0	0
2	15～30	7718.03	11	72.71	28.6	0	0
3	5～15	47875.5	68.1	145.41	57.1	179.01	71.4
4	1～5	14638.63	20.8	36.35	14.3	71.61	28.6
5	<1	49.23	0.1	0	0	0	0
合计		70281.39	100	254.47	100	250.62	100

(四)各镇(街道办事处)耕层土壤有效锰含量状况

各镇(街道办事处)耕层土壤有效锰含量状况如表 4-56 所示。从分布区域看，孙耿镇等镇质地比较轻的土壤有效锰含量偏低。

表 4-56　　各镇(街道办事处)耕层土壤有效锰含量状况统计

镇(街道办事处)	平均(mg/kg)	变幅(mg/kg)
济阳县	8.61	0.1～29.14
济阳街道办事处	9.2	2.45～20.03
孙耿镇	5.97	1.71～10.04
仁风镇	7.23	1.36～29.14

续表

镇(街道办事处)	平均(mg/kg)	变幅(mg/kg)
垛石镇	10.98	2.99～22.61
曲堤镇	10.05	1.75～25.69
崔寨镇	6.5	0.98～22.15
太平镇	9.52	0.1～26.64
新市镇	8.96	1.1～20.26
回河镇	7.88	2.86～19.34
济北街道办事处	9.73	4.06～22.91

(五)锰对作物的营养作用、缺锰症状及防治

锰的营养作用:锰在植物中是一个重要的氧化一还原剂,它控制着植物体内的许多氧化一还原体系;锰对维持叶绿体结构是必需的;锰还以结合态直接参加光合作用的放氧过程;锰作为羟胺还原酶的组成成分,参与硝酸还原过程。

缺锰症状首先出现在新梢叶,叶脉间"黄化"而呈淡绿色,仅与中肋及主要叶脉邻接部分仍保持绿色且呈宽窄不一的深绿色带。阳光透过叶背时清晰可见,嫩叶的叶脉呈绿色网状而叶肉为淡绿色,轻微缺乏时,症状在生长后期即消失;严重缺乏时,叶脉转为灰暗绿色,叶肉仍保持淡绿色或转灰白,症状持续至生长后期仍不消失,许多作物的成熟叶片锰含量若低于 20mg/kg,即呈现缺锰症状。

作物缺锰时,一般可喷施 0.05%～0.1%的硫酸锰溶液。

五、土壤有效硼

作物吸收的硼主要来自土壤,土壤的含硼量对作物至关重要。土壤含硼量多少与成土母质、土壤类型和气候条件等有密切关系。土壤中的硼可简单分为全量硼和有效硼。土壤全量硼是指土壤中所存在的硼的总和,包括作物可利用的硼和不能利用的硼两部分。土壤有效硼是指作物可从土壤中吸收利用的硼。因此,土壤缺硼与否完全取决于土壤有效硼的含量。

(一)耕层土壤有效硼含量分级及面积

本次耕地地力评价共化验分析耕层土样 1674 个。耕层土壤有效硼含量平均为 0.73mg/kg,变幅为 0.05～2.82mg/kg,标准差为 0.36mg/kg,变异系数为 49.32%,全县 50.3%的耕地耕层土壤有效硼含量在 0.5～1mg/kg 级别,耕层土壤有效硼含量分级及面积如表 4-57 所示。

表 4-57 耕层土壤有效硼含量分级及面积

级 别	1	2	3	4	5
分级标准(mg/kg)	>2	1～2	0.5～1	0.2～0.5	<0.2
耕地面积(hm^2)	1307.3	18059.94	35589.31	13920.85	1909.08
占总面积比例(%)	1.8	25.5	50.3	19.7	2.7

(二)不同种植制度下耕层土壤有效硼含量状况

不同种植制度下耕层土壤有效硼含量不同,粮田、蔬菜地和棉田土壤有效硼含量平均为 0.67mg/kg、1.17mg/kg 和 0.7mg/kg。其中冬暖大棚、塑料拱棚、露天菜地土壤有效硼含量分别为 1.29mg/kg、1.02mg/kg 和 0.95mg/kg。

统计结果显示,粮田土壤有效硼含量多集中在 0.5～1mg/kg 级别,占粮田面积的 58.7%;蔬菜地土壤有效硼含量多集中在 0.5～1mg/kg 和 1～2mg/kg 两个级别,分别占蔬菜地面积的 32.4%和 52%;棉田土壤有效硼含量多集中在 0.5～1mg/kg 和 0.2～0.5mg/kg 两个级别,分别占棉田面积的 50%和 33.3%(见表 4-58)。

表 4-58 不同种植制度下土壤速效硼含量状况统计

级 别	范 围(mg/kg)	粮 田		蔬菜地		棉 田	
		面积(hm^2)	比例(%)	面积(hm^2)	比例(%)	面积(hm^2)	比例(%)
1	>2	29.45	0.1	1277.85	6.1	0	0
2	1～2	6273.21	14.1	10932.68	52	854.05	16.7
3	0.5～1	26211.99	58.7	6815.18	32.4	2562.14	50
4	0.2～0.5	10366.99	23.2	1845.78	8.8	1708.08	33.3
5	<0.2	1767.1	4	141.98	0.7	0	0
合计		44648.74	100	21013.47	100	5124.27	100

(三)不同土壤类型下耕层土壤有效硼含量状况

不同土壤类型下耕层土壤有效硼平均含量不同,潮土、盐土和风沙土土壤有效硼含量分别为 0.73mg/kg、0.56mg/kg 和 0.48mg/kg。

统计结果显示,潮土土壤有效硼含量多集中在 1～2mg/kg 和 0.5～1mg/kg 两个级别,分别占潮土面积的 25.7%和 50.3%;盐土土壤有效硼含量集中在 0.5～1mg/kg 和 0.2～0.5mg/kg 两个级别,分别占潮土面积的 60%和 40%;风沙土土壤有效硼含量集中在 0.2～0.5mg/kg 和 0.5～1mg/kg 两个级别,分别占潮土面积的 71.4%和 28.6%(见表 4-59)。

表 4-59 不同土壤类型耕层土壤有效硼含量状况统计

级 别	范 围(mg/kg)	粮 田		蔬菜地		棉 田	
		面积(hm^2)	比例(%)	面积(hm^2)	比例(%)	面积(hm^2)	比例(%)
1	>2	1307.3	1.9	0	0	0	0
2	1～2	18059.94	25.7	0	0	0	0

续表

级别	范围(mg/kg)	粮田		蔬菜地		棉田	
		面积(hm^2)	比例(%)	面积(hm^2)	比例(%)	面积(hm^2)	比例(%)
3	0.5～1	35365.02	50.3	152.68	60	71.61	28.6
4	0.2～0.5	13640.05	19.4	101.79	40	179.01	71.4
5	＜0.2	1909.08	2.7	0	0	0	0
合计		70281.39	100	254.47	100	250.62	100

(四)各镇(街道办事处)耕层土壤有效硼含量状况

各镇(街道办事处)耕层土壤有效硼含量状况如表4-60所示。全县各镇(街道办事处)耕地土壤有效硼含量分布比较均匀,差异不大。

表4-60　各镇(街道办事处)耕层土壤有效硼含量状况统计

镇(街道办事处)	平均(mg/kg)	变幅(mg/kg)
济阳县	0.73	0.05～2.82
济阳街道办事处	0.8	0.25～1.42
孙耿镇	0.58	0.1～1.67
仁风镇	0.75	0.06～1.94
垛石镇	0.75	0.08～1.82
曲堤镇	0.9	0.05～2.82
崔寨镇	0.71	0.15～1.92
太平镇	0.6	0.09～1.71
新市镇	0.77	0.05～1.43
回河镇	0.7	0.14～1.64
济北街道办事处	0.71	0.16～1.71

(五)硼对作物的营养作用、缺硼症状及防治

硼不是植物体内的结构成分,不是酶的成分,也不是变价的离子,使得研究它的生理作用有一定的困难。硼的营养作用:能促进植物生殖器官的生长发育;能促进碳水化合物的合成和运输。缺硼会造成碳水化合物合成少,而且运输不畅,滞留在叶中,使得生长点及繁殖器官得不到足够的营养,从而导致生长点生长不良和落花、落果;对蛋白质的合成有影响;对叶绿素的形成有影响。此外,硼可加强根瘤菌的固氮能力。

作物缺硼的最显著的病症是生长点死亡,不能形成或形成不正常的生殖器官;其次是根系腐烂,形成心腐病,落花、落果。

作物缺硼时可喷施0.05%～0.1%的硼酸溶液或0.1%～0.2%的硼砂溶液。平常可向土壤施硼肥,但要注意用量不能多,因为土壤从缺硼到中毒的浓度范围很窄。

六、土壤有效钼

土壤中绝大部分的钼是难溶性钼，存在于矿物晶格、铁锰结核、氧化铁铝内，是植物不能直接吸收利用的。能被植物吸收利用的是有效态钼，包括水溶态、代换态钼。据资料分析，有效钼缺乏的土壤分布面积很广，主要分布范围是在我国中部，包括北方的石灰性土壤，主要是黄土和黄河、淮河冲积物发育的各种土壤，其原因是土壤母质中全钼含量偏低。

（一）耕层土壤有效钼含量分级及面积

本次耕地地力评价共化验分析耕层土样 1620 个。耕层土壤有效钼含量平均为 2.57mg/kg，变幅为 0.006～18.8mg/kg，标准差为 4.88mg/kg，变异系数为 189.89%。粮田土壤有效钼含量平均为 2.27mg/kg；蔬菜地土壤有效钼平均为 10.86mg/kg，其中露天菜地为 2.86mg/kg，冬暖大棚为 5.17mg/kg，塑料拱棚为 3.23mg/kg；棉田土壤有效钼平均为 1.82mg/kg。蔬菜地明显高于粮田、棉田，冬暖大棚＞塑料拱棚＞露天菜地。全县 70.9%的耕地耕层土壤有效钼含量低于 0.1mg/kg。全县耕地土壤有效钼含量缺乏严重。耕层土壤有效钼含量分级及面积如表 4-61 所示。

表 4-61　　耕层土壤有效钼含量分级及面积

级　别	1	2	3	4	5
分级标准(mg/kg)	＞0.3	0.2～0.3	0.15～0.2	0.1～0.15	＜0.1
耕地面积(hm^2)	9133.7	5708.6	4566.9	1141.7	50235.6
占总面积比例(%)	12.9	8.1	6.5	1.6	70.9

（二）钼对作物的营养作用、缺钼症状及防治

豆类作物需要钼最多，其次是十字花科和柑橘属作物。作物吸收进体内的硝酸根必须还原成氨才能合成蛋白质，而钼是硝酸还原酶的成分。同时豆科作物根瘤依靠含钼的固氨酶固定空气中的氮素。根据试验表明，供应适量钼能提高固氮量。钼与锰、铜、锌等有拮抗作用，因而能减少土壤因这些元素过多而引起的植株失绿病。钼还有增进光合作用强度的作用。

作物缺钼的症状通常表现在叶片上，一般是叶缘枯焦扭曲或扭转，叶狭小，有时出现鞭状叶，叶脉间缺绿。

作物缺钼时可喷施 0.05%的钼酸铵溶液。

第五节　土壤主要物理性状

土壤物理性状是重要的肥力因素，调节、制约土壤中水、肥、气、热状况，能反映农业生产的综合性能。主要包括土壤质地、土体构型、土壤结构、土壤容重和土壤孔隙度等。

一、土壤质地

土壤质地即土壤机械组成，是指土壤中各级土粒含量的相对比例及其所表现的土壤

沙黏性质。土壤质地不同对土壤结构、孔隙状况、保肥性、保水性、耕性等均有重要影响。

全县土壤质地主要分为沙土、沙壤土、轻壤土、中壤土、重壤土、黏土六种。中壤土面积最大，为 28647.3hm^2；其次是轻壤土，面积为 24265.6hm^2（见表 4-62）。土壤质地分类表如表 4-63 所示。

表 4-62　不同质地类型耕地面积

质地类型	沙土	沙壤土	轻壤土	中壤土	重壤土	黏土
面积（hm^2）	205.3	12868.9	24265.6	28647.3	4650.7	148.7
占总耕地面积比例（%）	0.29	18.18	34.28	40.47	6.57	0.21

表 4-63　土壤质地分类表

质地名称		平均物理性沙粒含量（%）	平均物理性黏粒含量（%）
沙质土	松沙土	100～95	0～5
	紧沙土	95～90	5～10
	沙壤土	90～80	10～20
壤质土	轻壤土	80～70	20～30
	中壤土	70～55	30～45
黏质土	重壤土	55～40	45～60
	黏土	＜40	＞60

（一）沙土

沙土包括松沙土和紧沙土。主要零星分布在孙耿镇、太平镇等西部决口扇形地风成沙丘、沙梁上，面积为 205.3hm^2，占总耕地面积的 0.29%。

沙土通透性强，土壤疏松，易耕作。土壤毛管作用强，水分运行快，有“夜潮”现象。适耕期也长，易立苗；但养分含量低，保肥性能差，作物后期易脱肥早衰，土温变化较快，但通气、透水性较好，并易于耕种。在利用管理上，要注意选择耐旱品种，保证水源，及时灌溉，注意保墒，施肥时应薄施勤施。

因土种植，合理施用化肥，实行配方施肥；多途径增施有机肥；实行农田林网化，在保证粮食生产稳步上升的前提下，发展山药、西瓜等经济作物。

（二）沙壤土

沙壤土主要分布太平镇、孙耿镇、崔寨镇、仁风镇等县西部及东北部决口扇形地，面积为 12868.9hm^2，占总耕地面积的 18.18%。

沙壤土分布区土体深厚，地形平坦，灌溉方便，耕性良好，有利于作物生长。但该土质地偏轻，土壤交换量低，保水、保肥性能差，作物长势一般。作物出苗整齐，发苗快，但后劲不足，有早衰脱肥现象。由于利用程度高，养分消耗大，速效养分不足，应通过调整作物结构，增种豆科绿肥或油料作物，结合增施农家有机肥，及时补足化肥，尤其是氮肥、磷肥，不断提高土壤肥力水平，促进作物生长。

（三）轻壤土

轻壤土分布全县各镇（街道办事处），主要集中在中部、西北部，面积为 24265.6hm^2，占全县总耕地面积的 34.28%。

轻壤土的土壤物理性黏粒含量占 15%～25%，质地较松，适耕期长，抗涝不抗旱，保水、保肥性能较差，产量中等。

（四）中壤土

全县中壤土面积最大，分布范围最广，面积为 28647.3hm^2，占全县总耕地面积的 40.47%。

中壤土的土壤物理性黏粒含量占 25%～45%，沙黏适中，耕性较好，适耕期长，水、气、热协调，潜在肥力高，为生产性能较好的土壤质地类型。

（五）重壤土

重壤土主要分布在垛石镇东北部及济阳街道办事处的西北部，面积为 4650.7hm^2，占全县总耕地面积的 6.57%。

重壤土的土质黏重，耕性差，易旱怕涝，但潜在肥力高，适宜种植小麦、玉米、谷子、高粱、大豆等粮食作物。

（六）黏土

黏土主要零星分布在孙耿镇南部、崔寨镇东北部、回河镇东南部，面积为 148.7hm^2，占全县总耕地面积的 0.21%。

黏土含颗粒非常小的（<2μm）可塑的硅酸铝盐。除了铝外，黏土还包含少量镁、铁、钠、钾和钙。黏土一般由硅酸盐矿物在地球表面风化后形成。但是有些成岩作用也会产生黏土。在这些过程中，黏土的出现可以作为成岩作用进展的指示。含沙粒很少、有黏性的土壤，水分不容易从中通过。

二、土体构型

根据农业生产特性和不同土壤层次，将土体构型归纳为五个类型，即蒙金型、蒙银型、漏沙型、黏隔型和易碱型。不同土体构型耕地面积如表 4-64 所示。

表 4-64 不同土体构型耕地面积

土体构型		耕地面积（hm^2）	占耕地百分数（%）
蒙金型	厚黏腰	9492.46	13.41
蒙银型	厚壤心	261.91	0.37
	厚壤腰	785.75	1.11
	均质壤	12444.26	17.58
漏沙型	均质沙	15735.83	22.23
	厚沙心	1536.07	2.17
	厚沙腰	6668.08	9.42

续表

土体构型		耕地面积(hm^2)	占耕地百分数(%)
黏隔型	厚黏心	7022.02	9.92
	均质黏	12614.15	17.82
易碱型	厚黏底	1111.35	1.57
	厚沙底	2661.57	3.76
	厚壤腰厚沙底	453.03	0.64
	合计	70786.48	100

(一)蒙金型

面积为9754.37hm^2,占总耕地面积的13.78%。属厚黏腰夹层,表土多为沙壤、轻壤、中壤,60cm以下为重壤或黏土。这类构型既有上层疏松多孔、通气性良好、适宜根系下扎、土壤养分转换快的优点,又有腰部黏质土蓄水保肥、抑水阻盐的作用;既有利于根系下扎,又能保证作物中后期需肥,是培育高产稳产田的理想构型。

(二)蒙银型

面积为28965.84hm^2,占总耕地面积的40.92%。包括均质壤、厚壤腰、厚壤心等。上部或全部剖面为壤质土。质地适中,具有适当的保水、保肥、通气、透水性能,适于作物生长发育。在农业生产上是仅次于蒙金型的理想土体构型。但其毛管水活动极为旺盛,易于盐渍化。

(三)漏沙型

面积为8204.15hm^2,占总耕地面积的11.59%。包括均质沙、厚沙心、厚沙腰等。该土体构型因质地偏沙,土粒间孔隙大,降雨或灌溉后渗漏严重,保水、保肥性能弱,肥力低,但排水快,抗涝能力强。因漏沙型土壤(包括沙壤土)毛管性能强,因此,在高位矿化潜水处,易于盐渍化。盐渍化面积为8494.8hm^2,占漏沙型的35.4%。

(四)黏隔型

面积为20747.52hm^2,占总耕地面积的29.31%。包括均质黏、厚黏心。上部或全部土层为黏质土。黏隔型多处于浅平洼地,地下水位高,土壤受水的作用明显。因质地黏重,一般透水性弱,持水性强,有效水分低,显示出不耐旱、易涝的特点,而且对作物根系发育有影响,容易形成"细颈"或"鸡爪根"。黏土毛管吸附性强,水分上升高度低,抑制水盐上升,不易盐渍化。盐化面积为1141.36hm^2,占该土体构型面积的5.8%。黏质土代换量高,养分不易流失,作物后期生长良好。

(五)易碱型

面积为3114.6hm^2,占总耕地面积的4.4%。包括厚沙底、厚黏底、厚壤腰厚沙底三种构型。极易盐渍化,其中盐化潮土和盐土面积占该类型的90%。

三、土壤结构

土壤结构是指土壤颗粒(包括团聚体)的排列与组合形式。在田间鉴别时,通常指那些不同形态和大小，且能彼此分开的结构体。土壤结构是成土过程或利用过程中由物理的、化学的和生物的多种因素综合作用而形成，按形状可分为块状、片状和柱状三大类型；按其大小、发育程度和稳定性等，再分为团粒、团块、块状、棱块状、棱柱状、柱状和片状等结构。

土壤是由固体、液体和气体三类物质组成的。固体物质包括土壤矿物质、有机质和微生物等。液体物质主要指土壤水分。气体是存在于土壤孔隙中的空气。土壤中这三类物质构成了一个矛盾的统一体。它们互相联系，互相制约，为作物提供必需的生活条件，是土壤肥力的物质基础。

济阳县土壤结构为团粒状。团粒是指近似球形、疏松多孔的小团聚体，其直径为0.25～10mm。粒径在0.25mm以下的称为“微团粒”。农业生产上最为理想的团粒结构粒径为2～3mm。团粒结构是一种较好的结构。根据团粒结构经水浸泡后的稳定程度分为水稳性团粒结构和非水稳性团粒结构。经水浸泡较长时间不散的叫水稳性团粒结构。经水浸泡立即松散的叫非水稳性团粒结构(粒状结构)。团粒结构的土壤，大小孔隙比例适当，团粒内部为小孔隙，团粒之间是大孔隙，水、肥、气、热协调，能同时满足作物的需要。

四、土壤容重

土壤容量又叫土壤的假比重，是指田间自然状态下，每单位体积土壤的干重，是土壤理化性质的一项重要指标，通常用 g/cm^3 表示。

本次耕地地力评价共测定分析耕层土样100个，耕层土壤容重平均为 $1.43g/cm^3$，变幅为 $1.03～1.62g/cm^3$。容重与土壤质地有关，耕层轻壤土容重平均为 $1.34g/cm^3$，中壤土为 $1.38g/cm^3$，重壤土为 $1.44g/cm^3$。同一地块土壤容重也经常受其他外部因素，如降水、灌水、施肥、秸秆还田量等影响而变化。

五、土壤孔隙度

土壤孔隙度是指单位体积自然状态下的土壤中，所有孔隙的容积占总土壤容积的百分数。

本次耕地地力评价共测定分析耕层土样100个，全县耕层土壤孔隙度平均为51.1%，变幅为36.8%～55.1%；毛管孔隙度平均为35.6%，变幅为32.3%～42.5%；通气孔隙度为15.5%，变幅为6.3%～20.5%，非毛管孔隙度和毛管孔隙度比为1∶2.3。

土壤耕层孔隙度的高低与土壤类型、质地、有机质含量有关。因土壤类型不同，总孔隙度测定值差异较大。土壤质地对土壤孔隙度的影响也较明显。如沙性土壤通气孔隙高于黏性土壤。此外，质地相同的土壤其孔隙度高低往往与土壤自身的有机质含量有关。凡有机质含量高的则孔隙度高，反之土壤孔隙度偏低(见表4-65)。

表4-65 主要质地土壤通气状况

质　地	总孔隙度(%)	通气孔隙度(%)	毛管孔隙度(%)
轻壤	51.1	15.8	35.3
中壤	50.9	15.5	35.4
重壤	49.5	15.1	34.4

第五章　耕地地力评价

耕地是土地的精华，是农业生产中不可替代的重要生产资料，是保持社会和国民经济可持续发展的重要资源，保护耕地是我国的基本国策之一，因此，及时掌握耕地资源的数量、质量及其变化，对于合理规划和利用耕地、切实保护耕地有十分重要的意义。在全面的野外调查和室内化验分析，获取大量耕地地力相关信息的基础上，我们进行了济阳县耕地地力的综合评价，评价结果对于摸清全县耕地地力的现状及问题，为耕地资源的高效和可持续利用提供了重要的科学依据。

第一节　耕地地力评价方法

一、评价的原则、依据

（一）评价的原则

耕地地力就是耕地的生产能力，是在一定区域内、一定的土壤类型上耕地的土壤理化性状、所处自然环境条件、农田基础设施及耕作施肥管理水平等因素的总和。根据评价的目的要求，在济阳县耕地地力评价中，遵循的基本原则有四条。

1.综合因素研究与主导因素分析相结合原则

土地是一个自然经济综合体，是人们利用的对象，对土地质量的鉴定涉及自然和社会经济的多个方面，耕地地力也是各类要素的综合体现。所谓综合因素研究是指对地形地貌、土壤理化性状、相关社会经济因素之总体进行全面的研究、分析与评价，以全面了解耕地地力状况。主导因素是指对耕地地力起决定作用的、相对稳定的因子，在评价中要着重对其进行研究分析。因此，把综合因素与主导因素结合起来进行评价则可以对耕地地力作出科学准确的评定。

2.共性评价与专题研究相结合原则

济阳县耕地利用存在水浇地、旱地等多种类型，土壤理化性状、环境条件、管理水平等不一，因此，耕地地力水平有较大的差异。考虑区域内耕地地力的系统性、可比性，针对不同的耕地利用等状况，应选用统一的共同的评价指标和标准，即耕地地力的评价不针对某一特定的利用类型。另外，为了解不同利用类型的耕地地力状况及其内部的差异情况，对有代表性的主要类型进行专题的深入研究。这样，共性的评价与专题研究相结合，使整个的评价和研究具有更大的应用价值。

3.定量和定性评价相结合原则

土地系统是一个复杂的灰色系统，定量和定性要素共存，相互作用，相互影响。因此，为了保证评价结果的客观合理，宜采用定量和定性评价相结合的方法。在总体上，为了保证评价结果的客观合理，尽量采用定量评价方法，对可定量化的评价因子如有机质等养分含量、土层厚度等按其数值参与计算，对非数量化的定性因子如土壤表层质地、土体构型等则进行量化处理，确定其相应的指数，并建立评价数据库，以计算机进行运算和处理，尽量避免人为随意性因素影响。在评价因素筛选、权重确定、评价标准确定、等级确定等评价过程中，尽量采用定量化的数学模型，在此基础上充分运用人工智能和专家知识，对评价的中间过程和评价结果进行必要的定性调整，定量与定性相结合，从而保证了评价结果的准确合理。

4.采用GIS支持的自动化评价方法原则

自动化、定量化的土地评价技术方法是当前土地评价的重要方向之一。近年来，随着计算机技术，特别是GIS技术在土地评价中的不断应用和发展，基于GIS的自动化评价方法已不断成熟，使土地评价的精度和效率大大提高。本次耕地地力评价工作将通过数据库建立、评价模型及其与GIS空间叠加等分析模型的结合，实现了全数字化、自动化的评价流程，在一定的程度上代表了当前土地评价的最新技术方法。

(二)评价的依据

耕地地力是耕地本身的生产能力，因此，耕地地力的评价依据与此相关的各类自然和社会经济要素，具体包括三个方面。

1.耕地地力的自然环境要素

耕地地力的自然环境要素包括耕地所处的地形地貌条件、水文地质条件、成土母质条件以及土地利用状况等。

2.耕地地力的土壤理化要素

耕地地力的土壤理化要素包括土壤剖面与土体构型、耕层厚度、质地、容重等物理性状，有机质、N、P、K、微量元素、pH、交换量等化学性状。

3.耕地地力的农田基础设施条件

耕地地力的农田基础设施条件包括耕地的灌排条件、水土保持工程建设、培肥管理条件等。

二、评价的流程

整个评价可分为三个方面的主要内容，按先后的次序分别为：

(1)资料工具准备及数据库建立：即根据评价的目的、任务、范围、方法，收集准备与评价有关的各类自然及社会经济资料，进行资料的分析处理。选择适宜的计算机硬件和GIS等分析软件，建立耕地地力评价基础数据库。

(2)耕地地力评价：划分评价单元，提取影响地力的关键因素并确定权重，选择相应评价方法，制定评价标准，确定耕地地力等级。

(3)评价结果分析：依据评价结果，量算各等级耕地面积，编制耕地地力分布图，分析耕地地力问题，提出耕地资源可持续利用的措施建议。

评价的工作流程如图 5-1 所示。

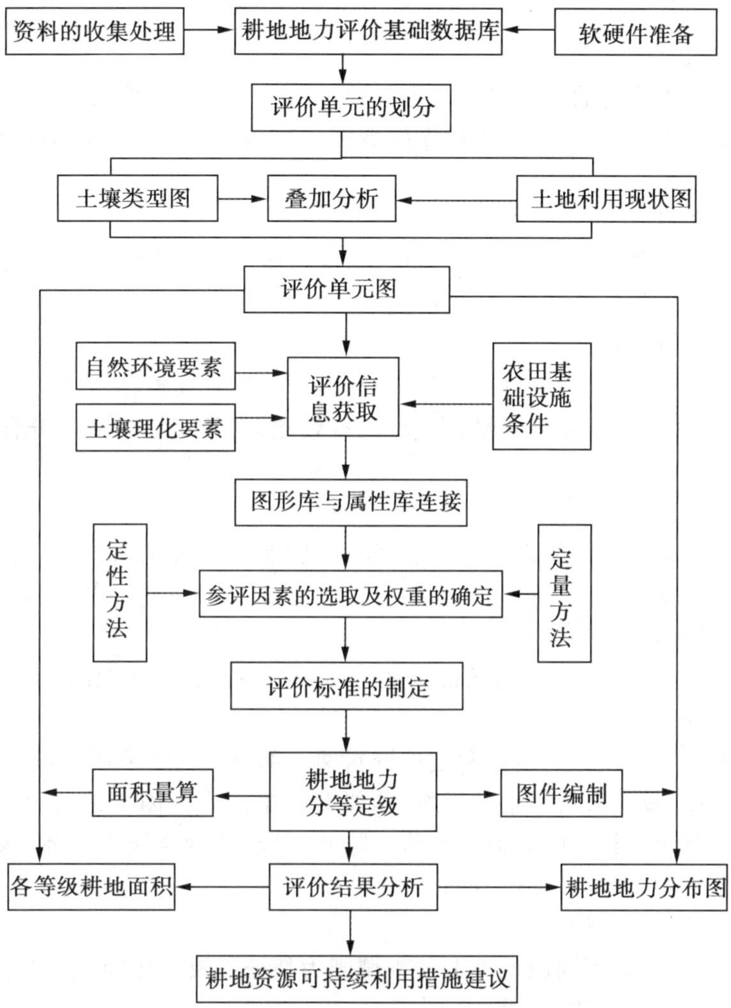

图 5-1 济阳县耕地地力评价流程图

三、软硬件准备

(一)硬件准备

硬件主要包括高档微机、A0 幅面数字化仪、A0 幅面扫描仪、喷墨绘图仪等。微机主要用于数据和图件的处理分析,数字化仪、扫描仪用于图件的输入,喷墨绘图仪用于成果图的输出。

(二)软件准备

一是 Windows 操作系统软件,其次是 FOXPRO 数据库管理、SPSS 数据统计分析、ACCESS 数据管理系统等应用软件,再次是 MAPGIS、ARCVIEW、ARCMAP 等 GIS 软件。

四、资料的收集、处理

(一)资料的收集

耕地地力评价以耕地的各性状要素为基础,因此,必须广泛地收集与评价有关的各类自然和社会经济因素资料,为评价工作作好数据的准备。本次耕地地力评价收集获取的资料主要包括四方面。

1.野外调查资料

按野外调查点获取,主要包括地形地貌、土壤母质、水文、土层厚度、表层质地、耕地利用现状、灌排条件、作物长势产量、管理措施水平等。

2.室内化验分析资料

室内化验分析资料包括有机质、全氮、碱解氮、全磷、有效磷、速效钾等大量养分含量,交换性钙、交换性镁等中量养分含量,有效锌、有效硼、有效钼等微量养分含量,以及 pH、土壤污染元素含量等。

3.社会经济统计资料

以行政区划为基本单位的人口、土地面积、作物和蔬菜瓜果面积,以及各类投入产出等社会经济指标数据。

4.基础及专题图件资料

1∶50000 比例尺的地形图、行政区划图、土地利用现状图、地貌图、土壤图等。

(二)资料的处理

获取的评价资料可以分为定量和定性资料两大部分。为了采用定量化的评价方法和自动化的评价手段,减少人为因素的影响,需要对其中的定性因素进行定量化处理,根据因素的级别状况赋予其相应的分值或数值。除此,对于各类养分等按调查点获取的数据,则需要进行插值处理,生成各类养分图。

1.定性因素的量化处理

土壤表层质地:考虑不同质地类型的土壤肥力特征以及与作物生长发育的关系,赋予不同质地类别以相应的分值(见表 5-1)。

表 5-1　土壤表层质地的量化处理

质地类别	中壤土	轻壤土	重壤土	沙壤土	沙土
分值	100	95	80	70	55

土体构型:首先以土层质地类别和其在土体中的部位对各类土体构型进行归纳,根据不同的土体构型对作物生长发育的影响,赋予不同土体构型以相应的分值(见表 5-2)。

表 5-2　土体构型的量化处理

土体构型	壤均质	壤质黏心	黏质壤心	沙质壤心	黏均质	沙质黏心	壤质沙心	沙均质
分值	100	90	87	80	77	70	65	58

地貌类型：根据不同的地貌类型对耕地地力及作物生长的影响，赋予其相应的分值（见表 5-3）。

表 5-3　　地貌类型的量化处理

地貌类型	缓平坡地	湖沼平原	岗地	洼地	滨海平地
分值	100	89	80	78	70

矿化度：根据不同的矿化度程度对耕地地力及作物生长的影响，赋予其相应的分值（见表 5-4）。

表 5-4　　矿化度的量化处理

矿化度	＜0.5	0.5～2	2～5	＞5
分值	100	90	65	40

盐渍化程度：考虑到济阳县的土壤分布中存在不同的盐渍化程度，将其盐渍化程度划分为不同的等级，并据其对耕地地力的影响程度进行量化处理（见表 5-5）。

表 5-5　　土壤盐渍化程度的量化处理

盐渍化程度	无	轻度	中度	重度	盐土
分值	100	85	70	50	30

2. 各类养分专题图的生成

对于土壤有机质、氮、磷、钾、锌、硼、钼等养分数据，首先按照野外实际调查点进行整理，建立了以各养分为字段、以调查点为记录的数据库，之后进行了土壤采样样点图与分析数据库的连接，在此基础上插值生成各养分专题图层。

对比了在 MAPGIS 和 ARCVIEW 环境中的插值结果，发现 ARCVIEW 环境中的插值结果线条更为自然圆滑，符合实际。因此，本研究中所有养分采样点数据均在 ARCVIEW 环境下操作，利用其空间分析模块功能对各养分数据进行自动的插值处理，经编辑处理，自动生成各土壤养分专题栅格图层。后续的耕地地力评价也以栅格形式进行，与矢量形式相比，能够将各评价要素信息精确到栅格（像元）水平，保证了评价结果的准确。图 5-2 和图 5-3 在 ARCVIEW 下插值生成的济阳县土壤有机质、碱解氮含量分布栅格图。

图 5-2 济阳县土壤有机质含量栅格图

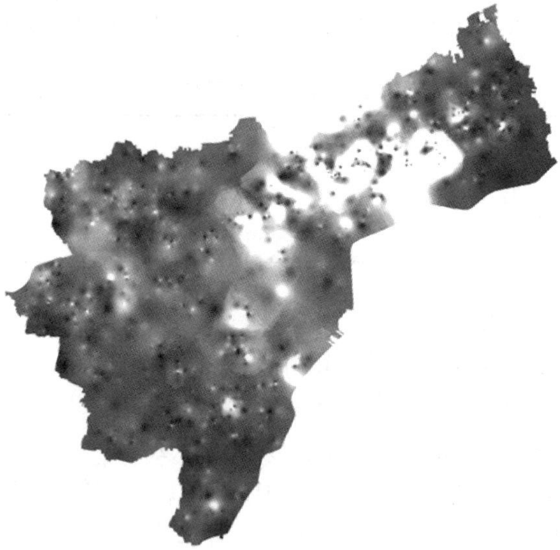

图 5-3 济阳县土壤碱解氮含量栅格图

五、基础数据库的建立

(一)基础属性数据库的建立

为更好地对数据进行管理和为后续工作提供方便,将采样点基本情况信息、农业生产情况信息、土壤理化性状化验分析数据、土壤污染元素化验分析数据等信息以调查点为基本数据库记录进行属性数据库的建立,作为后续耕地地力评价工作的基础。

(二)基础专题图图形库的建立

将扫描矢量化及插值等处理生成的各类专题图件，在 ARCVIEW 和 MAPGIS 软件的支持下，分别以栅格形式和点、线、区文件的形式进行存储与管理，同时将所有图件统一转换到相同的地理坐标系统下，以进行图件的叠加等空间操作，各专题图图斑属性信息通过键盘交互式输入或通过与属性库挂接读取，构成基本专题图图形数据库。图形库与基础属性库之间通过调查点相互连接。

六、评价单元的划分

评价单元是由对土地质量具有关键影响的各土地要素组成的空间实体，是土地评价的最基本单位、对象和基础图斑。同一评价单元内的土地自然基本条件、土地的个体属性和经济属性基本一致，不同土地评价单元之间既有差异性又有可比性。耕地地力评价就是要通过对每个评价单元的评价，确定其地力级别，把评价结果落实到实地和编绘的土地资源图上。因此，土地评价单元划分的合理与否，直接关系到土地评价的结果以及工作量的大小。

目前，对土地评价单元的划分尚无统一的方法，有以土壤类型、以土地利用类型、以行政区划单位、以方里网等多种方法。本次济阳县耕地地力评价土地评价单元的划分采用土壤图、土地利用现状图的叠置划分法，相同土壤单元及土地利用现状类型的地块组成一个评价单元，即“土地利用现状类型－土壤类型”的格式。其中，土壤类型划分到土种，土地利用现状类型划分到二级利用类型，制图区界以济阳县最新土地利用现状图为准。为了保证土地利用现状的现实性，基于野外的实地调查对耕地利用现状进行了修正。同一评价单元内的土壤类型相同，利用方式相同，交通、水利、经营管理方式等基本一致，用这种方法划分评价单元可以反映单元之间的空间差异性，既使土地利用类型有了土壤基本性质的均一性，又使土壤类型有了确定的地域边界线，使评价结果更具综合性、客观性，可以较容易地将评价结果落实到实地。

通过图件的叠置和检索，将济阳县耕地地力划分为 6737 个评价单元。

七、评价信息的提取

影响耕地地力的因子非常多，并且它们在计算机中的存储方式也不相同，因此，如何准确地获取各评价单元评价信息是评价中的重要一环。鉴于此，舍弃直接从键盘输入参评因子值的传统方式，采取将评价单元与各专题图件叠加采集各参评因素的信息。具体的做法是：①按唯一标志原则为评价单元编号；②在 ARCVIEW 环境下生成评价信息空间库和属性数据库；③在 ARCMAP 环境下，从图形库中调出各化学性状评价因子的专题图，与评价单元图进行叠加计算出各因子的均值；④保持评价单元几何形状不变，在耕地资源管理信息系统中直接对叠加后形成的图形的属性库进行“属性提取”操作，以评价单元为基本统计单位，按面积加权平均汇总评价单元立地条件评价因子的分值。

由此，得到图形与属性相连的、以评价单元为基本单位的评价信息，为后续耕地地力的评价奠定了基础。

第二节 参评因素的选取及其权重确定

正确地进行参评因素的选取并确定其权重，是科学地评价耕地地力的前提，直接关系到评价结果的正确性、科学性和社会可接受性。

一、参评因素的选取

参评因素是指参与评定耕地地力等级的耕地的诸属性。影响耕地地力的因素很多，在本次济阳县耕地地力评价中根据济阳县的区域特点遵循主导因素原则、差异性原则、稳定性原则、敏感性原则，采用定量和定性方法结合，进行了参评因素的选取。

（一）系统聚类方法

系统聚类方法用于筛选影响耕地地力的理化性状等定量指标，通过聚类将类似的指标进行归并，辅助选取相对独立的主导因子。利用 SPSS 统计软件进行了土壤养分等化学性状的系统聚类（见图 5-4）。

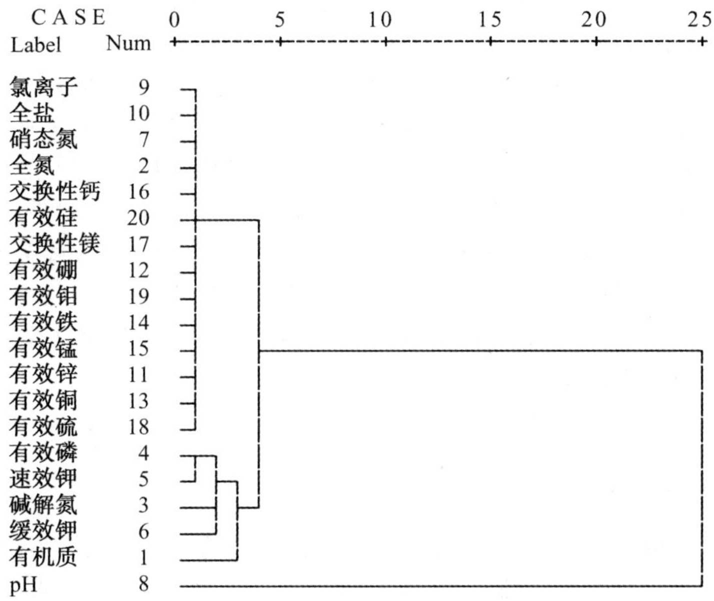

图 5-4 土壤养分等化学性状的聚类分析

氯离子、全盐、硝态氮、全氮、交换性钙、有效硅、交换性镁、有效硼、有效钼、有效铁、有效锰、有效锌、有效铜、有效硫为一组，有效磷、速效钾、碱解氮、缓效钾为一组，有机质为一组，pH 为一组。

（二）DELPHI 法

用 DELPHI 法进行影响耕地地力的立地条件、物理性状等定性指标的筛选。由土壤农业化学学者、专家及济阳县土肥站业务人员组成的专家组首先对指标进行分类，在此基础上进行指标的选取，并讨论确定最终的选择方案。

综合以上两种方法，在定量因素中根据各因素对耕地地力影响的稳定性以及营养元素的全面性，在聚类分析第一组中选取有效磷、有效锌为参评因素，第二组中选取有效硼为参评因素，第三组是速效钾，第四组是有机质。结合专家组选择结果，最后确定灌溉保证率、矿化度、地貌类型、耕层质地、土体构型、盐渍化程度、有机质、大量元素（速效钾、有效磷）、微量元素（有效锌、有效硼）等 11 项因素作为耕地地力评价的参评指标。

二、权重的确定

在耕地地力评价中，需要根据各参评因素对耕地地力的贡献确定权重，确定权重的方法很多，本评价中采用层次分析法来确定各参评因素的权重。

层次分析法是在定性方法基础上发展起来的定量确定参评因素权重的一种系统分析方法，这种方法可将人们的经验思维数量化，用以检验决策者判断的一致性，有利于实现定量化评价。

层次分析法确定参评因素的步骤如下：

（1）建立层次结构：耕地地力为目标层（G 层），影响耕地地力的立地条件、物理性状、化学性状为准则层（C 层），再把影响准则层中各元素的项目作为指标层（A 层），其结构关系如图 5-5 所示。

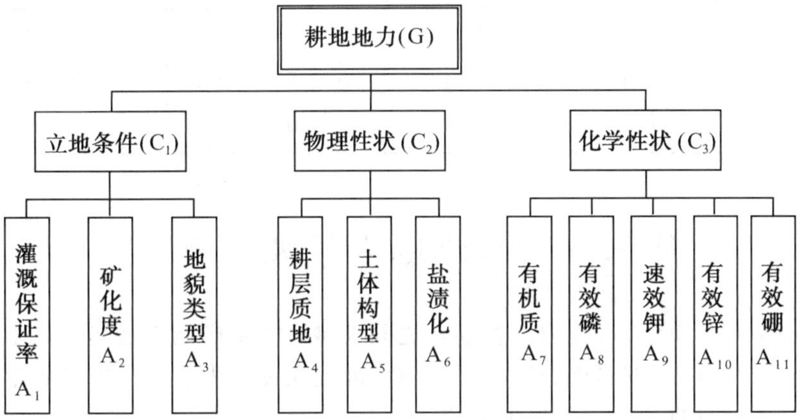

图 5-5　耕地地力影响因素层次结构

（2）构造判断矩阵：根据专家经验，确定 C 层对 G 层以及 A 层对 C 层的相对重要程度，构成 A、C_1、C_2、C_3 共 4 个判断矩阵。例如，耕层质地、土体构型、盐渍化程度对耕地物理性状的判断矩阵表示为：

$$C_2=\begin{pmatrix} a_{11} & a_{12} & a_{13} \\ a_{21} & a_{22} & a_{23} \\ a_{31} & a_{32} & a_{33} \end{pmatrix}=\begin{pmatrix} 1 & 5 & 3 \\ 0.2 & 1 & 0.33 \\ 0.33 & 3 & 1 \end{pmatrix}$$

其中，a_{ij}（i 为矩阵的行号，j 为矩阵的列号）表示对 C_2 而言，a_i 对 a_j 的相对重要性的数值。

(3)层次单排序及一致性检验:即求取 A 层对 C 层的权数值,可归结为计算判断矩阵的最大特征根对应的特征向量。利用 SPSS 等统计软件,得到的各权数值及一致性检验的结果如表 5-6 所示。

表 5-6　　权数值及一致性检验结果

矩　阵	特征向量					C_I	C_R
矩阵 A		0.3202	0.1226	0.5571		0.009148	0.01577204<0.1
矩阵 C_1		0.6329	0.1058	0.2613		0.020017	0.03451165<0.1
矩阵 C_2		0.6333	0.1061	0.2606		0.019410	0.03346558<0.1
矩阵 C_3	0.5036	0.2307	0.1526	0.0638	0.0492	0.044324	0.03957510<0.1

可以看出,$C_R<0.1$,具有很好的一致性。

(4)层次总排序及一致性检验:经层次总排序并进行一致性检验,结果为 $C_I=0$, $C_R=0$,具有满意的一致性,最后计算 A 层对 G 层的组合权数值,得到各因子的权重如表 5-7 所示。

表 5-7　　各因子的权重

灌溉保证率	0.2027	耕层质地	0.0777	有机质	0.2806	有效锌	0.0355
矿化度	0.0339	土体构型	0.0130	有效磷	0.1286	有效硼	0.0274
地貌类型	0.0836	盐渍化	0.0320	速效钾	0.0850		

第三节　耕地地力等级的确定

土地是一个灰色系统,系统内部各要素之间与耕地的生产能力之间关系十分复杂,此外,评价中也存在着许多不严格、模糊性的概念,因此在评价中引入了模糊数学方法,采用模糊评价方法来进行耕地地力等级的确定。

一、参评因素隶属函数的建立

用 DELPHI 法根据一组分布均匀的实测值评估出对应的一组隶属度,然后在计算机中绘制这两组数值的散点图,再根据散点图进行曲线模拟,寻求参评因素实际值与隶属度关系方程,从而建立起隶属函数。各参评因素的分级及其相应的专家赋值和隶属度如表 5-8 所示。

表 5-8 参评因素的分级及其分值

地貌类型	缓平坡地	湖沼平原	岗地	洼地	滨海平地							
分值	100	89	80	78	70							
隶属度	1	0.89	0.80	0.78	0.70							
灌溉保证率	80	70	60	50	30	10	0					
分值	100	90	80	65	40	10	0					
隶属度	1	0.90	0.80	0.65	0.40	0.10						
矿化度(g/L)	<0.5	0.5～2	2～5	>5								
分值	100	90	65	40								
隶属度	1	0.90	0.65	0.40								
有机质	2	1.8	1.6	1.4	1.2	1	0.8	0.6				
分值	100	98	95	90	84	78	65	50				
隶属度	1	0.98	0.95	0.90	0.84	0.78	0.65	0.50				
有效磷	400	300	200	110	80	60	40	30	20	15	10	5
分值	70	80	90	100	98	96	92	90	85	80	60	40
隶属度	0.70	0.80	0.90	1	0.98	0.96	0.92	0.90	0.85	0.80	0.60	0.40
速效钾	400	320	240	160	120	100	80	60				
分值	100	98	93	85	82	78	70	50				
隶属度	1	0.98	0.93	0.85	0.82	0.78	0.70	0.50				
有效锌	2	1.5	1.2	1	0.8	0.5	0.3					
分值	100	92	87	85	80	70	55					
隶属度	1	0.92	0.87	0.85	0.80	0.70	0.55					
有效硼	1.8	1.5	1.2	1	0.8	0.5	0.2					
分值	100	95	87	85	80	70	55					
隶属度	1	0.95	0.87	0.85	0.80	0.70	0.55					
耕层质地	中壤	轻壤	重壤	沙壤	沙土							
分值	100	95	80	70	55							
隶属度	1	0.95	0.80	0.70	0.55							
土体构型	壤均质	壤质黏心	黏质壤心	沙质壤心	黏均质	沙质黏心	壤质沙心	黏质沙心	沙均质			
分值	100	90	87	80	77	70	65	63	58			
隶属度	1	0.90	0.87	0.80	0.77	0.70	0.65	0.63	0.58			
盐渍化	无	轻度	中度	重度	盐土							
分值	100	85	70	50	30							
隶属度	1	0.85	0.70	0.50	0.30							

通过模拟共得到正直线型、戒上型、戒下型三种类型的隶属函数，其中有机质、速效钾等属于戒上型隶属函数，土体构型、耕层质地、盐渍化、矿化度等属于正直线型隶属函数，然后根据隶属函数计算各参评因素的单因素评价评语。以有机质为例绘制的散点图和模拟曲线如图 5-6 和图 5-7 所示。

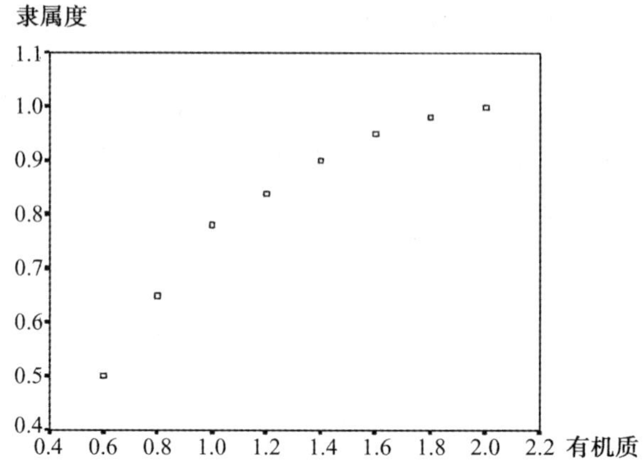

图 5-6 有机质与隶属度关系散点图

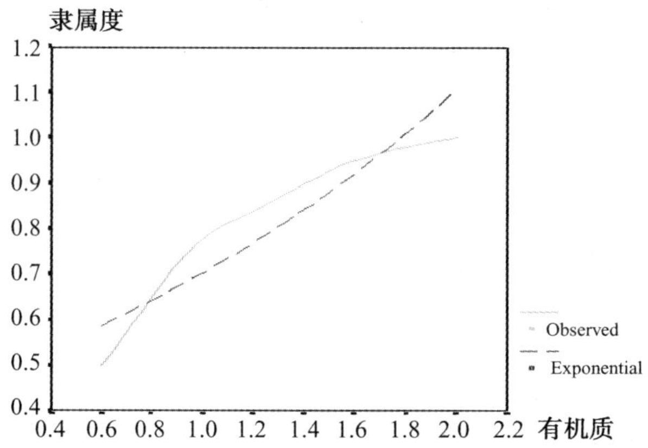

图 5-7 有机质与隶属度关系曲线

其隶属函数为戒上型，形式为：

$$y=\begin{cases}0 & (x\leqslant x_t)\\ 1/[1+A(x-C)^2] & (x_t<x<C)\\ 1 & (C\leqslant x)\end{cases}$$

各参评因素类型及其隶属函数如表 5-9 所示。

表 5-9 参评因素类型及其隶属函数

函数类型	参评因素	隶属函数	A	C	U_t
戒上型	有机质含量(g/kg)	$Y=1/[1+A(x-C)^2]$	0.543	1.822	0.35
戒上型<110	有效磷(mg/kg)	$Y=1/[1+A(x-C)^2]$	0.0000992	80.159	3
戒下型>110			0.00000742	111.967	450
戒上型	速效钾(mg/kg)	$Y=1/[1+A(x-C)^2]$	0.00000760	327.836	15
戒上型	有效锌(mg/kg)	$Y=1/[1+A(x-C)^2]$	0.245	1.924	0.1
戒上型	有效硼(mg/kg)	$Y=1/[1+A(x-C)^2]$	0.251	1.879	0.1
正直线型	灌溉保证率(分值)	$Y=Ax$	0.01	100	0
正直线型	矿化度(分值)	$Y=Ax$	0.01	100	0
正直线型	土体构型(分值)	$Y=Ax$	0.01	100	0
正直线型	耕层质地(分值)	$Y=Ax$	0.01	100	0
正直线型	盐渍化(分值)	$Y=Ax$	0.01	100	0
正直线型	地貌类型(分值)	$Y=Ax$	0.01	100	0

二、耕地地力等级的确定

(一)计算耕地地力综合指数

用指数和法来确定耕地的综合指数,公式为:

$$\text{IFI}=\sum F_i \times C_i$$

式中:IFI(Integrated Fertility Index)代表耕地地力综合指数;F_i 为第 i 个因素评语;C_i 为第 i 个因素的组合权重。

具体操作过程:在县域耕地资源管理信息系统中,在“专题评价”模块中编辑立地条件、物理性状和化学性状的层次分析模型以及各评价因子的隶属函数模型,然后选择“耕地生产潜力评价”功能进行耕地地力综合指数的计算。

(二)确定最佳的耕地地力等级数目

计算耕地地力综合指数之后,在耕地资源管理系统中选择累积曲线分级法进行评价,根据曲线斜率的突变点(拐点)来确定等级的数目和划分综合指数的临界点,将济阳县耕地地力共划分为 6 个级别,各等级耕地地力综合指数如表 5-10 所示,指数分布图如图 5-8 所示。

表 5-10 济阳县耕地地力等级综合指数

IFI	>0.928	0.897~0.928	0.869~0.897	0.834~0.869	0.75~0.834	<0.75
耕地地力等级	一级地	二级地	三级地	四级地	五级地	六级地

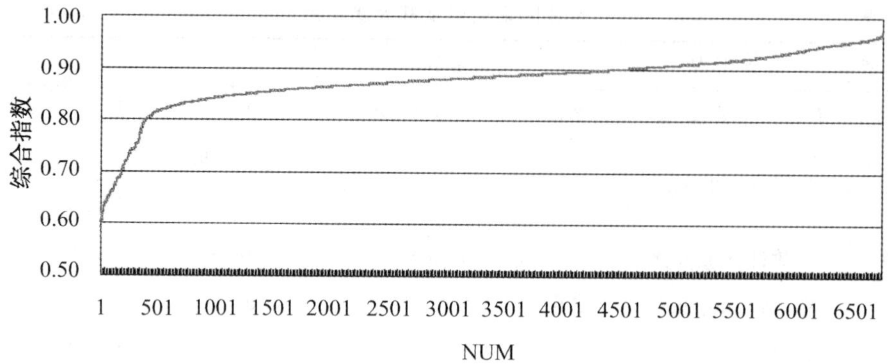

图 5-8 济阳县综合指数分布图

三、图件的编制

为了提高制图的效率和准确性，在地理信息系统软件 MAPGIS 的支持下，进行济阳县耕地地力评价图及相关图件的自动编绘处理，其步骤为：扫描矢量化各基础图件→编辑点、线→点、线校正处理→统一坐标系→区编辑并对其赋属性→根据属性赋颜色→根据属性加注记→图幅整饰输出。此外还充分利用了 MAPGIS 强大的空间分析功能，将评价图与其他图件进行叠加，从而生成其他专题图件；将评价图与行政区划图叠加，进而计算出各行政区划单位内的耕地地力等级面积等。

（一）专题图地理要素底图的编制

专题地图的地理要素内容是专题图的重要组成部分，用于反映专题内容的地理分布，并作为图幅叠加处理等的分析依据。地理要素的选择应与专题内容相协调，考虑图面的负载量和清晰度，应选择基本的、主要的地理要素。

以济阳县最新的土地利用现状图为基础，进行制图综合处理，选取主要的居民点、交通道路、水系、境界线等及其相应的注记，进而编辑生成 1∶50000 各专题图地理要素底图。

（二）耕地地力评价图的编制

以耕地地力评价单元为基础，根据各单元的耕地地力评价等级结果，对相同等级的相邻评价单元进行归并处理，得到各耕地地力等级图斑。在此基础上，分两个层次进行图面耕地地力等级的表示：一是颜色表示，即赋予不同耕地地力等级以相应的颜色。二是代号，用罗马数字Ⅰ、Ⅱ、Ⅲ、Ⅳ、Ⅴ、Ⅵ表示不同的耕地地力等级，并在评价图相应的耕地地力图斑上注明。将评价专题图与以上的地理要素图复合，整饰得出济阳县 1∶50000 耕地地力评价图。

（三）其他专题图的编制

对于有机质、速效钾、有效磷、有效锌等其他专题要素地图，则按照各要素的分级分别赋予相应的颜色，同时标注相应的代号，生成专题图层。然后与地理要素图复合，编辑处理生成专题图件。

四、面积的量算

面积的量算可通过与专题图相对应的属性库的操作直接完成。对耕地地力等级面积的量算，则可在 FOXPRO 数据库的支持下，对图件属性库进行操作，检索相同等级的面积，然后汇总得出各类耕地地力等级的面积，根据济阳县图幅理论面积进行平差，得到准确的面积数值。对于不同行政区划单位内部、不同的耕地利用类型等的耕地地力等级面积的统计，则通过耕地地力评价图与相应的专题图进行叠加分析，由其相应属性库统计获得。

第六章　耕地地力分析

本次耕地地力分析，按照农业部耕地质量调查和评价的规程及相关标准，结合当地实际情况，选取了对耕地地力影响较大、区域内变化明显、在时间序列上具有相对稳定性、与农业生产有密切关系的11个因素建立评价指标体系。以土壤图与土地利用现状图叠加形成评价单元，应用模糊综合评判方法，通过综合分析，将全区耕地共划分为6个等级，根据评价结果进行耕地地力的系统分析。

第一节　耕地地力等级与分布

一、耕地地力等级面积统计

利用MAPGIS等GIS软件，对评价图属性库进行操作，检索统计耕地各等级的面积和图幅总面积。以2008年济阳县总耕地面积为基准，按面积比例进行平差，统计得出各耕地地力等级面积。

济阳县总耕地面积为70786.48hm^2，其中一级地和二级地占总耕地面积的33.4%；三级地和四级地占总耕地面积的52.59%；五级地和六级地占总耕地面积的14%（见表6-1）。

表6-1　　济阳县耕地地力评价结果面积统计

等　级	一级地	二级地	三级地	四级地	五级地	六级地	总计
面积（hm^2）	7929.36	15714.37	20967.46	16262.37	6052.69	3860.23	70786.48
百分比（%）	11.2	22.2	29.62	22.97	8.55	5.45	100

二、耕地

（一）耕地地力等级分布

济阳县属黄泛平原，地势西南高、东北低，地面坡降为1/8000～1/7000，地面高程为14～23.8m。耕地面积较大，土层深厚，土壤大多数为潮土，存在部分盐土和风沙土。耕层主要为轻壤和中壤，无明显的障碍层次，农田基础设施配套良好，灌排能力较好。总体来看，济阳县耕地地力较好的主要分布在北部和中部地区，前三等级面积之和占总耕地面积的63.02%。一级地和二级地主要分布于济阳县北部和中部地区，其余地区有少量零星分布，该区域内农业基础设施均配套成型，测土配方施肥工程也首先在这一区域展开，此类耕地土层深厚，地势平坦，水利设施好，多为水浇地，属于只要加强管理便能得到较高产量的地区。三级地分布比较分散，在济阳县的北部、中部和东南部地区零散分布，该级地土层较厚，地势较平坦，水利设施较好，属于只要加大资金投入、完善基础设施、改善生产条件，产量就能大幅提高的中产田类型，有一定的开发潜力。四级地与五级地主要分布于济阳县东北部和西南部地区，主要为仁风镇、太平镇、孙耿镇，其余如崔寨镇、新市镇、回河镇等也有少量分布。六级地面积很小，主要沿济阳县东部地区边界呈狭长状分布，仁风镇中部也有少量分布，这部分耕地有效耕层薄，肥力低，灌溉条件比较差，属于低产田类型。

从各等级的分布地域特征可以看出，等级的高低与地貌类型、土壤类型之间存在着密切的关系，呈现明显的地域分布规律：随着耕地地力等级的提高，地貌类型沿着河漫滩——洪积扇——起伏洪积平原——平台洪积平原由低等级向高等级转变。土壤类型变化趋势为黏质盐化潮土——沙质盐化潮土——沙质潮土——黏质潮土——壤质潮土。

（二）耕地地力等级的行政区域划分

将耕地地力等级分布图与济阳县行政区划图进行叠置分析，从耕地地力等级行政区域分布数据库中，按权属字段检索出各等级的记录，统计出各级地所在镇（街道办事处）的分布状况（见表 6-2）。

一级地、二级地所占比例较高的为曲堤镇、垛石镇、新市镇、济阳街道办事处、济北街道办事处，回河镇也有少量分布；三级地、四级地所占比例较高的为孙耿镇、崔寨镇、太平镇、回河镇、垛石镇、仁风镇等；五级地、六级地所占比例较高的主要为仁风镇的东部地区和中部地区、太平镇部分地区，济阳街道办事处东部沿线、崔寨镇东部等地也有少量分布。

表 6-2　济阳县耕地地力等级行政区域分布

镇（街道办事处）＼等级		一级地	二级地	三级地	四级地	五级地	六级地	合计
仁风镇	面积（hm^2）	119.9	458.74	1055.98	2312.55	2402.23	2102.33	8451.73
	百分比（%）	1.42	5.43	12.49	27.36	28.42	24.87	100
曲堤镇	面积（hm^2）	3962.55	2110.3	1637.69	1677.74	636.84	413.67	10438.78
	百分比（%）	37.96	20.22	15.69	16.07	6.1	3.96	100
垛石镇	面积（hm^2）	1503.91	3036.48	5358.4	1335.28	45.31	0	11279.39
	百分比（%）	13.33	26.92	47.51	11.84	0.4	0	100
新市镇	面积（hm^2）	395.98	3607.91	2017.18	784.73	91.12	0	6896.92
	百分比（%）	5.74	52.31	29.25	11.38	1.32	0	100
济阳街道办事处	面积（hm^2）	682.13	1422.23	1518.96	780.56	32.11	717.95	5153.94
	百分比（%）	13.24	27.6	29.47	15.14	0.62	13.93	100

续表

等级 镇 (街道办事处)		一级地	二级地	三级地	四级地	五级地	六级地	合计
太平镇	面积(hm^2)	288.61	1539.59	1695.17	2743.93	1522.99	0	7790.28
	百分比(%)	3.7	19.76	21.76	35.22	19.55	0	100
回河镇	面积(hm^2)	303.67	1925.05	2450.24	778.84	35.47	117.66	5610.93
	百分比(%)	5.41	34.31	43.67	13.88	0.63	2.1	100
济北街道办事处	面积(hm^2)	512.51	1063.11	756.94	39.21	0	0	2371.78
	百分比(%)	21.61	44.82	31.91	1.65	0	0	100
孙耿镇	面积(hm^2)	0	167.22	2133.54	4001.54	1062.52	0	7364.82
	百分比(%)	0	2.27	28.97	54.33	14.43	0	100
崔寨镇	面积(hm^2)	160.1	383.74	2343.36	1807.99	224.11	508.62	5427.91
	百分比(%)	2.95	7.07	43.17	33.31	4.13	9.37	100

第二节　耕地地力等级分述

一、一级地

(一)面积与分布

一级地综合评级指数高于0.928,耕地面积为7929.36hm^2,占总耕地面积的11.2%。一级地地类中面积最大的利用类型为水浇地,水浇地面积为6345.11hm^2,占一级地面积的80.03%,占总耕地面积的8.96%,菜地面积为1184.02hm^2,占一级地面积的14.93%,占总耕地面积的1.67%(见表6-3)。

表6-3　各利用类型一级地面积

利用类型	评价单元(个)	面积(hm^2)	占总耕地面积(%)	占一级地面积(%)
灌溉水田	33	293.48	0.41	3.7
望天田	11	55.9	0.08	0.7
水浇地	641	6345.11	8.96	80.03
旱地	11	50.85	0.07	0.64
菜地	191	1184.02	1.67	14.93
总计	887	7929.36	11.19	100

一级地主要分布于曲堤镇、垛石镇、济阳街道办事处、济北街道办事处等地区,其中曲

堤镇所占一级地面积最大，为 3962.55hm²，占该镇耕地面积的 37.96%，占一级地的 49.97%。主要种植小麦、玉米、蔬菜等作物，粮食产量高于 16000kg/hm²。

（二）主要属性分析

本级地地貌类型主要为平坦洪积平原和起伏洪积平原。土壤类型主要为无障碍层的盐化潮土和壤质潮土。耕层质地多为轻壤和中壤，还有部分重壤分布。耕层厚度较厚，水利条件好，灌溉保证率高，年灌溉次数为 4 次和 6 次。土壤养分储量高，保水、保肥性能好，供肥能力强，没有旱涝、盐渍化的威胁，质地适中，地势平坦，土层深厚，无不良障碍层次，生产上基本没有限制因素，土壤主要养分含量较高（见表 6-4）。

表 6-4　　一级地主要养分含量

项　目	有机质 (g/kg)	有效磷 (mg/kg)	速效钾 (mg/kg)	有效锌 (mg/kg)	有效硼 (mg/kg)	有效铜 (mg/kg)
平均值	19.1	117	317	5.6	1.13	2.84
范围值	13.4～28.9	14.1～324.5	100～776	1.18～16.55	0.38～2.04	0.96～8.48
含量水平	较高	较高	较高	较高	较高	较高

项　目	缓效钾 (mg/kg)	碱解氮 (mg/kg)	全氮 (g/kg)	有效硫 (mg/kg)	pH	有效锰 (mg/kg)	有效铁 (mg/kg)
平均值	854	190	1.4	65.3	7.89	10.24	9.26
范围值	533～1338	60～379	0.8～2.7	15.8～103	7.26～8.31	2.4～22.97	1.28～33.42
含量水平	较高	较高	较高	较高	中偏下	较高	较高

（三）存在问题与合理利用

(1)该级耕地为全县农业高产高效区，土壤利用率高，但后备资源缺乏，人多地少，用地较重，地力消耗大，化肥施用量较大，有机肥投入明显不足。应增施有机肥，增加土壤有机质含量；实施配方施肥，防止土壤污染，适量补施微肥，提高耕地质量。

(2)该地区应大力推广配方施肥技术，调整氮、磷、钾投入比例，提高化肥利用率，防止次生盐渍化的产生。

(3)利用方向：应科学规划，严格控制建设用地，加强保护，做到用地养地、可持续利用。

二、二级地

（一）面积与分布

二级地综合评价指数为 0.897～0.928，耕地面积为 15714.37hm²，占全县总耕地面积的 22.2%。其中水浇地面积为 14382.04hm²，占二级地面积的 91.52%，占总耕地面积的 20.32%；菜地面积为 717.95hm²，占二级地面积的 4.57%（见表 6-5）。

二级耕地分布比较零散，主要分布在新市镇、垛石镇、济阳街道办事处、济北街道办事处、曲堤镇、回河镇、太平镇，此外，崔寨镇、仁风镇也有少量分布，其中以新市镇分布面积最大，面积为3607.91hm^2，占新市镇面积的52.31%，占二级地的22.96%。主要种植小麦、玉米、蔬菜等作物，粮食产量为14500～16000kg/hm^2。

表6-5 各利用类型二级地面积

利用类型	评价单元(个)	面积(hm^2)	占总耕地面积(%)	占二级地面积(%)
灌溉水田	37	389.34	0.55	2.48
望天田	19	80.1	0.11	0.51
水浇地	1312	14382.04	20.32	91.52
旱地	29	144.93	0.2	0.92
菜地	112	717.95	1.01	4.57
总计	1509	15714.37	22.19	100

(二)主要属性分析

二级地主要地貌类型有平坦洪积平原、起伏洪积平原、洪积扇。耕层质地以轻壤、中壤、重壤为主，土层厚度较厚，土壤保水、保肥性能良好，基本无旱涝、盐碱化威胁，地势较为平坦，年灌溉次数为4次和6次。土壤养分含量较高，大体与一级地相类似，但是此类型土壤有机质和有效硼养分含量相比一级地低，主要养分含量如表6-6所示。

表6-6 二级地主要养分含量

项　目	有机质(g/kg)	有效磷(mg/kg)	速效钾(mg/kg)	有效锌(mg/kg)	有效硼(mg/kg)	有效铜(mg/kg)
平均值	15.9	40.5	170	3.94	0.87	2.31
范围值	12.1～27.3	12.6～381.9	78～774	0.7～13.66	0.38～1.79	0.72～7.79
含量水平	中等	较高	较高	较高	中等	较高

项　目	缓效钾(mg/kg)	碱解氮(mg/kg)	全氮(g/kg)	有效硫(mg/kg)	pH	有效锰(mg/kg)	有效铁(mg/kg)
平均值	817	123	1.1	45.1	8.09	10.42	9.57
范围值	466～1332	54～322	0.7～3.2	9.9～102.5	6.64～8.44	1.98～22	1.06～53.14
含量水平	较高	较高	较高	中偏下	中等	较高	较高

(三)存在问题与合理利用

(1)化肥用量较大，有机肥投入不足。应扩大肥源，改善土壤理化性状，提高土壤有机质含量，培肥土壤。增施有机肥料，一方面可以培肥地力，另一方面可以改善土壤中偏沙的状况，改良土体构型；与农田基础建设相结合，兴修水利，尽量不利用矿化度较大的地下水灌溉农田，杜绝大水漫灌等不科学的灌溉方式；增施钾肥，补施微肥，培肥地力。该区在培肥土力上已采取了许多切实可行的措施，尤其在秸秆还田上已有成功经验，应该大力推广。

(2)主要为旋耕犁耕作,耕层较浅。应实行大犁深耕,改变土体性状。

三、三级地

(一)面积与分布

三级地综合评价指数为0.869～0.897,耕地面积为20967.46hm²,占全县总耕地面积的29.62%,是6个等级中面积最大的等级。其中水浇地面积为19173.43hm²,占三级地面积的91.44%;灌溉水田面积为766.68hm²,占三级地面积的3.66%(见表6-7)。

表 6-7 各利用类型三级地面积

利用类型	评价单元(个)	面积(hm²)	占总耕地面积(%)	占三级地面积(%)
灌溉水田	88	766.68	1.08	3.66
望天田	38	299.04	0.42	1.43
水浇地	1754	19173.43	27.09	91.44
旱地	39	161.3	0.23	0.77
菜地	106	567.01	0.8	2.7
总计	2025	20967.46	29.62	100

三级地主要分布在垛石镇、回河镇、崔寨镇、曲堤镇、太平镇、孙耿镇、新市镇等,其余镇有少量分布。其中以垛石镇分布面积最大,为5358.4hm²,占垛石镇面积的47.51%,占三级地的25.56%。主要种植小麦、玉米、蔬菜等作物,粮食产量为13000～14500kg/hm²。

(二)主要属性分析

三级地自然条件较好,地势平坦宽阔,主要土壤类型为壤质潮土、盐化潮土等类型。耕层质地多为轻壤、中壤和重壤,有少部分沙壤。地貌以起伏洪积平原、平坦洪积平原和洪积扇为主。土体构型为均质壤、黏均质。年灌溉次数以一年4次为主。土壤养分储量稍高,保水、保肥及供水、供肥性能稍好,由于重用轻养,使部分耕地养分下降,其中土壤有效磷、速效钾含量偏低,其余养分状况理想(见表6-8)。

(三)存在问题与合理利用

(1)本级耕地土壤主要问题是土壤肥力不足。灌溉条件是作物高产限制因子之一,少部分地区的障碍层次为灌溉改良型。

(2)部分耕地质地为沙壤或沙土,容易造成养分的流失,同时少部分耕地土壤偏黏,透水、透气性差,不利于作物的生长。部分地区地下水矿化度偏高,有盐碱化威胁,影响作物的正常生长。

(3)增施有机肥料,一方面可以培肥地力,另一方面可以改善土壤中偏沙的状况,改良土体构型;合理耕作与灌溉,逐步消除土壤盐渍化,保障作物的正常生长;另外增施磷肥和钾肥,从而整体提高土壤肥力水平。

表 6-8 三级地主要养分含量

项　目	有机质(g/kg)	有效磷(mg/kg)	速效钾(mg/kg)	有效锌(mg/kg)	有效硼(mg/kg)	有效铜(mg/kg)
平均值	15	24.4	132	3.62	0.82	2.05
范围值	9.6～21.1	10.1～113.6	74～401	1.01～14.92	0.25～1.86	0.71～6.54
含量水平	中等	中偏下	中偏下	中等	中等	中等

项　目	缓效钾(mg/kg)	碱解氮(mg/kg)	全氮(g/kg)	有效硫(mg/kg)	pH	有效锰(mg/kg)	有效铁(mg/kg)
平均值	772	104	1.1	44	8.12	9.66	8.74
范围值	484～1182	51～227	0.6～2.1	9.5～110.3	6.16～8.47	2.05～21.33	0.36～38.65
含量水平	较高	中偏下	中等	中偏下	较高	较高	中等

四、四级地

(一)面积与分布

四级地综合评价指数为 0.834～0.869，耕地面积为 16262.37hm^2，占全县总耕地面积的 22.98%。其中水浇地面积为 14749.56hm^2，占四级地面积的 90.7%，灌溉水田面积 574.51hm^2，占四级地面积的 3.53%(见表 6-9)。

表 6-9 各利用类型四级地面积

利用类型	评价单元(个)	面积(hm^2)	占总耕地面积(%)	占四级地面积(%)
灌溉水田	68	574.51	0.81	3.53
望天田	31	145.38	0.21	0.89
水浇地	1265	14749.56	20.84	90.7
旱地	60	376.72	0.53	2.32
菜地	72	416.2	0.59	2.56
总计	1496	16262.37	22.98	100

四级地主要分布在孙耿镇、仁风镇、崔寨镇、太平镇、曲堤镇等，其余地区如垛石镇、济阳街道办事处、新市镇、回河镇等有少量分布。其中分布面积最大的为孙耿镇，为 4001.54hm^2，占孙耿镇耕地面积的 54.33%，占四级地的 24.61%。主要种植小麦、玉米、蔬菜等作物，粮食产量为 12000～13500kg/hm^2。

(二)主要属性分析

四级地土壤类型主要有石灰性潮壤土、氯化物潮土、石灰性沙土等。耕层质地主要为轻壤和沙壤，土体构型多为沙均质、壤均质、壤质黏心、壤质黏腰等。地貌类型为洪积扇、平坦洪积平原、起伏洪积平原。部分土壤有轻度盐渍化，有少部分土壤伴有重度盐渍化。

灌溉条件较好，年灌溉次数为4～6次，灌溉方式为沟灌和畦灌相结合。土壤保水、保肥及供肥性能较差，养分含量水平偏低（见表6-10）。

表6-10　四级地主要养分含量

项　目	有机质(g/kg)	有效磷(mg/kg)	速效钾(mg/kg)	有效锌(mg/kg)	有效硼(mg/kg)	有效铜(mg/kg)
平均值	13.5	23.1	113	3.07	0.8	1.79
范围值	8.8～17.6	10.7～66.5	56～641	1.04～10.08	0.21～1.84	0.67～5.74
含量水平	中偏下	中偏下	中偏下	中偏下	中偏下	中偏下

项　目	缓效钾(mg/kg)	碱解氮(mg/kg)	全氮(g/kg)	有效硫(mg/kg)	pH	有效锰(mg/kg)	有效铁(mg/kg)
平均值	705	97	1	44.8	8.13	8.36	7.65
范围值	441～1079	50～218	0.5～2.1	9.2～112.4	5.96～8.48	1.94～21.47	1.37～38.76
含量水平	中偏下	中偏下	中偏下	中偏下	较高	中偏下	中偏下

（三）存在问题与合理利用

（1）该区的主要问题是地力不均，肥力偏低，土壤养分含量基本处于全县较低含量水平，灌溉保证率低，部分土壤有轻微盐渍化，大大限制了农作物的生产。

（2）该级地土体构型中有较多的壤质沙心和沙均质，对土壤保水、保肥有一定影响，同时还有少量的壤质黏腰或壤质黏心，土壤通透性较差，对作物生长不利。

（3）增施农家肥，培肥土壤，提高养分含量，提高土壤有机质含量。改良土壤理化性状，提高雨水利用率，疏松土壤，防止返盐。在不同区域的中产田上，大力推广配方施肥技术，进一步提高耕地增产能力。

五、五级地

（一）面积与分布

五级地综合评价指数为0.75～0.834，耕地面积为6052.69hm^2，占全县总耕地面积的8.55%，其中水浇地面积5183.6hm^2，占五级地面积的85.64%；旱地面积为560.42hm^2，占五级地面积的9.26%（见表6-11）。

五级地面积较小，主要分布在济阳县北部地区和西南部地区，如仁风镇、太平镇和孙耿镇，其中仁风镇所占面积最大，为2402.23hm^2，占仁风镇耕地面积的28.42%，占五级地的39.69%。主要种植小麦、玉米、棉花、花生、蔬菜（西瓜）等作物，粮食产量为11000～12500kg/hm^2。

表 6-11　　各利用类型五级地面积

利用类型	评价单元(个)	面积(hm²)	占总耕地面积(%)	占五级地面积(%)
灌溉水田	7	32.11	0.05	0.53
望天田	23	178.33	0.25	2.95
水浇地	408	5183.6	7.32	85.64
旱地	53	560.42	0.79	9.26
菜地	21	98.23	0.14	1.62
总计	512	6052.69	8.55	100

(二)主要属性分析

五级地大部分位于济阳县西南部和东北部地区。地貌类型为平坦洪积平原、洪积扇、河漫滩。耕层质地以沙壤、轻壤为主,其余还有少量中壤、重壤,土体构型为沙均质、壤均质、壤质沙心。灌溉保证率一般,年灌溉次数主要为一年 2 次和 4 次。因地势低洼,地下水位高,地表有中度的返碱现象。土壤保水、保肥性能差,土壤容重较适宜,土壤养分含量普遍偏低(见表 6-12)。

表 6-12　　五级地主要养分含量

项　目	有机质(g/kg)	有效磷(mg/kg)	速效钾(mg/kg)	有效锌(mg/kg)	有效硼(mg/kg)	有效铜(mg/kg)
平均值	12	20.7	100	2.43	0.76	1.5
范围值	8.2～18.6	11.7～89.9	58～282	0.85～6.39	0.18～1.56	0.61～4.46
含量水平	较低	中偏下	较低	较低	较低	较低

项　目	缓效钾(mg/kg)	碱解氮(mg/kg)	全氮(g/kg)	有效硫(mg/kg)	pH	有效锰(mg/kg)	有效铁(mg/kg)
平均值	631	89.76	0.9	40.5	8.16	7.38	7.52
范围值	375～948	53～254	0.7～2	8.7～108.9	7.64～8.47	1.85～18.34	0.61～26.84
含量水平	较低	较低	较低	较低	较高	较低	中偏下

(三)存在问题与合理利用

(1)本级耕地土壤主要问题:一是土壤理化性状不良。二是肥力低下,有机质含量接近 10g/kg,有效磷含量逼近临界值。三是盐碱危害较严重。

(2)合理利用以改良盐碱为主要目的。一是疏松土壤,防止返盐。增加土壤有机质,改善土壤结构,增强通透性,提高地力水平,提高作物产量。二是配方施肥,协调土壤养分。配方施肥是提高肥料经济效益的重要方法,同时配方施肥可缓冲盐碱,提高肥料的利用率,在施用化肥时应注意施用生理酸性肥料,控制或避用碱性肥料。三是合理布局,改变种植制度。盐碱土壤在逐步改良的基础上利用,必须因地制宜地搞好作物的合理布局。

四是因地制宜地使用各种化学改良剂。近几年施用的改良剂有磷石膏、硫酸亚铁、腐殖酸等，应在大力宣传的基础上，扩大使用面积。

六、六级地

（一）面积与分布

六级地综合评价指数低于0.75，面积较少，为3860.23hm^2，占总耕地面积的5.45%，没有菜地类型，其中水浇地面积为2304.76hm^2，占六级地面积的59.71%（见表6-13）。

表6-13　各利用类型六级地面积

利用类型	评价单元（个）	面积（hm^2）	占总耕地面积（%）	占六级地面积（%）
灌溉水田	1	3.59	0.01	0.09
望天田	16	141.4	0.2	3.66
水浇地	179	2304.76	3.26	59.71
旱地	112	1410.47	1.99	36.54
总计	308	3860.23	5.46	100

六级地主要分布在济阳县东部县界，呈狭长带分布，如仁风镇、曲堤镇、济阳街道办事处、回河镇、崔寨镇。其中仁风镇所占面积最大，为2102.33hm^2，占仁风镇耕地面积的24.87%，占六级地的54.46%。主要种植棉花、花生、小麦、玉米、蔬菜（西瓜）等作物，粮食产量低于11000kg/hm^2。

（二）主要属性分析

六级地主要地貌类型为河漫滩、洪积扇。土壤耕层质地为沙壤、中壤和重壤，耕作层含有大量的粗沙或砾石，土体构型以沙均质为主。水源缺乏，年灌溉次数为0次和2次，灌溉保证率低。土壤养分含量较低，作物产量较低（见表6-14）。

表6-14　六级地主要养分含量

项　目	有机质（g/kg）	有效磷（mg/kg）	速效钾（mg/kg）	有效锌（mg/kg）	有效硼（mg/kg）	有效铜（mg/kg）
平均值	13.4	25.4	120	3.07	0.77	1.99
范围值	8.7～24	12～149.5	60～300	0.86～13.05	0.33～1.36	0.73～4.89
含量水平	较低	较低	较低	较低	较低	中偏下

项　目	缓效钾（mg/kg）	碱解氮（mg/kg）	全氮（g/kg）	有效硫（mg/kg）	pH	有效锰（mg/kg）	有效铁（mg/kg）
平均值	700	94	1	42.7	8.11	8.19	10.75
范围值	452～971	51～240	0.5～2.1	15.8～93.9	7.46～8.37	1.74～16.39	2.14～39.41
含量水平	较低	中偏下	中偏下	中偏下	较高	中偏下	较高

（三）存在问题与合理利用

（1）六级地存在的主要问题：一是土壤以沙壤或沙土为主，保水、保肥能力较差，影响作物生长；二是农田的灌溉水平较低，部分无灌溉条件，难以满足粮田作物生长的需要；三是地下水位较高，土壤存在盐碱化威胁；四是土壤养分普遍较低，制约作物的生长和发育。

（2）合理利用措施：一是盐碱危害严重的耕地推广配方施肥、秸秆还田技术，因地制宜，抑制盐分上升。二是搞好农田基本建设，提高土壤保墒能力。三是抬高和加厚耕层，可以种植反季节蔬菜，以提高经济效益。

第七章　耕地资源管理信息系统建设

第一节　基本内容

一、项目来源及目的意义

济阳县耕地资源管理信息系统数据库建设工作，是农业部沃土工程“科学施用化肥”即测土配方施肥工作的重要组成部分，是国家实现农业科学种田，促进粮食稳定生产，实现农业科学施肥经常化、普及化的重要工作，是实现农业耕地地力评价成果资料统一化、标准化的重要计划，是实现综合农业信息资料共享的技术手段。济阳县耕地资源管理信息系统数据库建设工作是对最新的土地利用现状调查成果，第二次土壤普查的土壤、地貌等成果，本次耕地地力评价工作采集的土壤化学分析等成果进行汇总，建立一个集空间数据库和属性数据库的存储、管理、查询、分析、显示为一体的数据库，为科学种田及施肥、农业的可持续发展、深化农业科学管理工作服务。

二、建库单位的组成

为加快济阳县耕地资源管理信息系统数据库建设工作，依据农业部县域耕地资源管理信息系统数据库建设工作要求，由多年来一直从事农业测土施肥研究、耕地地力评价、数据库建设工作有一定经验的单位组成联合工作组。

山东省土壤肥料总站：负责评价及建库工作组织、协调、标准制定、土壤图成果资料的归属核查处理等。

山东农业大学资源与环境学院：负责耕地地力评价图、土壤化学微量元素系列图及研究报告编制等。

山东天地亚太国土遥感有限公司：负责土地、土壤、矿化度、地貌、灌溉分区等图件扫描矢量化及几何校正处理等编图工作，耕地地力评价所有建库资料统一化、标准化处理，空间数据库和属性数据库建设，耕地地力评价成果图件修改编辑及图件输出、数据库建设报告编制等工作。

三、建库工作的软硬件环境

（一）主要硬件

P4 3.0 计算机 10 台，HP5000 和 HP3500 绘图仪各 1 台。

（二）主要软件

mAPGIS 6.7 软件 10 套，ARCGIS 9.2 软件 2 套，县域耕地资源管理信息系统软件 2 套，ENVI 4.6 遥感图像处理与分析软件 1 套。

第二节　建库内容及建库工作中主要问题的处理

一、建库内容

依据农业部耕地地力评价工作数据库建设的要求，济阳县耕地资源管理信息系统数据库建设工作包括空间数据库和属性数据库两部分内容。属性数据库严格按照县域耕地资源管理信息系统数据字典及建库县提供的有关数据编制。空间数据库包括土地利用现状图、土壤图、矿化度含量分布图、灌溉分区图、地貌图、耕地地力调查点点位图、耕地地力评价等级图、土壤化学微量元素系列图等。

二、建库工作中的主要问题

济阳县耕地资源管理信息系统数据库建设工作由于涉及的内容多，加之部分资料为第二次土壤普查时的资料，与县域耕地资源管理信息系统数据字典的要求对比存在以下问题：

（1）第二次土壤普查的成果均为纸介质图，因图纸折叠和自然伸缩的影响，图件变形大，形成较大的误差。

（2）土地利用现状图为 2006 年以前的现状，近年来交通用地和蔬菜地出现变化等。

（3）济阳县土壤图中的土种名称和编码与山东省土种归属要求、全国土种标准名称与编码等不一致。

（4）济阳县的地貌图为微地貌图，与县域耕地资源管理信息系统数据字典中地貌划分的名称不能一一对应。

（5）同一个县已有资料坐标系不统一问题，如第二次土壤普查图件为 1954 年北京坐标系，土地利用现状图或行政区划图为 1980 年西安坐标系等。

三、建库工作中有关问题的处理

（1）依据 1∶50000 标准分幅地形图，对所有建库的纸介质成果图全部进行几何校正处理，以消除纸介质成果图的误差。

（2）依据较新的航天卫星资料，对近年来变化的公路、铁路等进行了修改补充。

（3）为使济阳县土种的名称及代码与省标和国标相对应，在耕地资源管理信息系统数据库建设前，首先对土壤图中所有图斑内容进行了检查统计，对错漏问题交项目县修改并编制土种归属表，最后由省土肥站进行土种归属复查处理。在此基础上编制了国标、省标、县土壤名称及代码对比表。为方便县域土壤图的利用和对比，建库后的图中仍保留了原县域土壤图的土种代码，属性挂接为国标代码。

（4）由于县域耕地资源管理信息系统数据字典中划分的地貌名称少，其地貌名称不能一一对应，在建库时尽量选择与数据字典中相近的地貌名称进行编码，为方便地貌图的利用和对比，在地貌图中保留了原地貌图的名称和代码，图例中增加了建库数据字典中规定的地貌名称、代码与县原地貌名称、代码的对比表，属性挂接为数据字典中规定的地貌名称和代码。

(5)对同一个县已有资料坐标系不统一问题，依据数据库建设要求，所有成果全部统一到高斯—克吕格投影，6度分带，1954年北京坐标系中。

第三节 数据库标准化

一、标准引用

县域耕地资源管理信息系统数据字典中规定的国标及行业有关技术标准：

(1)GB/T 2260—2002 《中华人民共和国行政区划代码》
(2)NY/T 309—1996 《全国耕地类型区、耕地地力等级划分》
(3)NY/T 310—1996 《全国中低产田类型划分与改良技术规范》
(4) GB/T 17296—2000 《中国土壤分类与代码》
(5)全国农业区划委员会 《土地利用现状调查技术规程》
(6)国土资源部 《土地利用现状变更调查技术规程》
(7)GB/T 13989—1992 《国家基本比例尺地形图分幅与编号》
(8)GB/T 13923—1992 《国土基础信息数据分类与代码》
(9)GB/T 17798—1999 《地球空间数据交换格式》
(10)GB/T 3100—1993 《国际单位制及其应用》
(11)GB/T 16831—1997 《地理点位置的纬度、经度和高程的标准表示方法》
(12)GB/T 10113—2003 《分类与编码通用术语》
(13)GB/T 10114—2003 《县级以下行政区划代码编制规则》
(14)GB/T 9648—1988 《国际单位制代码》
(15)农业部 《全国耕地地力调查与评价技术规程》
(16)农业部 《测土配方施肥技术规范(试行)》(2008年)
(17)农业部 《测土配方施肥专家咨询系统编制规范(试行)》
(18)山东省县域土种归属标准
(19)山东省县域耕地地力评价标准等

二、空间坐标系及建库平台

(一)空间数据坐标系

投影：高斯—克吕格，6度分带。1954年北京坐标系，1956年黄海高程系。比例尺为：1∶50000。

(二)数据库采集模板和数据库文件格式

为使所有建库资料达到统一化和标准化，以及满足所有成果图件的输出和耕地资源地力评价工作的需要，对建库资料的扫描矢量化和几何校正处理工作均采用 MAPGIS 平台，数据库的文件格式为 MAPGIS 的点、线、面文件。待数据库成果评审验收和修改后，将 MAPGIS 的点、线、面格式转换为 SHAPE 格式，由 ARCGIS 平台进行数据库规范化处理，最后将数据库资料导入县域耕地资源信息管理系统。

第四节　数据库结构

一、空间数据库图层划分

空间数据库图层划分是严格按照县域耕地资源管理信息系统数据字典要求分层的，每层只反映属性相同的内容。济阳县耕地资源管理信息系统数据库建设包括土地利用现状图、第二次土壤普查成果和耕地地力评价等三部分内容，其全省空间数据库图层划分情况如表 7-1 所示。

表 7-1　　耕地资源突破难关是信息系统空间数据库分层表

序号	图层代码	图层名称	序号	图层代码	图层名称
1	AD101	行政区划图	18	SP103	耕层土壤有效磷等值线图
2	AD102	县乡村位置图	19	SP104	耕层土壤速效钾等值线图
3	AD103	行政界线图	20	SP105	耕层土壤缓效钾等值线图
4	AD201	辖区边界图	21	SP106	耕层土壤有效锌等值线图
5	AD202	装饰边界图	22	SP108	耕层土壤有效钼等值线图
6	GE103	面状水系图	23	SP109	耕层土壤有效铜等值线图
7	GE104	线状水系图	24	SP110	耕层土壤有效硅等值线图
8	GE105	道路图	25	SP111	耕层土壤有效锰等值线图
9	GE201	坡度图	26	SP112	耕层土壤有效铁等值线图
10	GE203	地貌类型分区图	27	SP201	耕层土壤 pH 等值线图
11	LM102	灌溉分区图	28	SP113	耕层土壤交换性钙等值线图
12	LU101	土地利用现状图	29	SP114	耕层土壤交换性镁等值线图
13	SB101	土壤图	30		耕层土壤有效硫等值线图
14	SB203	地下水矿化度等值线图	31		耕层土壤碱解性氮等值线图
15	SB302	耕地地力调查点点位图	32		耕地地力评价等级图
16	SP101	耕层土壤有机质等值线图	33		耕层土壤有效硼等值线图
17	SP102	耕层土壤全氮等值线图			

注：本表为山东省统一的分层情况，济阳县为部分图件。

二、属性数据库结构

属性数据结构内容严格按县域耕地资源管理信息系统数据字典及建库县提供的资料编制，属性数据库结构如表7-2所示。

表7-2　耕地资源管理信息系统属性数据库结构表

图　名	属性数据结构	字段类型
行政区划图	内部标识码：系统内部ID号	长整型，9
	实体类型：point，polyline，polygon	文本型，8
	实体面积：系统内部自带	双精度，19，2
	实体长度：系统内部自带	长整型，10
	县内行政码：根据国家统计局"统计上使用的县以下行政区划代码编制规则"编制	长整型，6
县乡村位置图	内部标识码：系统内部ID号	长整型，9
	实体类型：point，polyline，polygon	文本型，8
	X坐标：无，Y坐标：无	双精度，19，2
	县内行政码：根据国家统计局"统计上使用的县以下行政区划代码编制规则"编制	长整型，6
	标注类型：村标注，乡标注，县标注	字符串，6
行政界线图	内部标识码：系统内部ID号	长整型，9
	实体类型：point，polyline，polygon	文本型，8
	实体长度：系统内部自带	长整型，10
	界线类型：根据国家基础信息标准(GB13923－92)填写	文本型，40
辖区边界图	内部标识码：系统内部ID号	长整型，9
	实体类型：point，polyline，polygon	文本型，8
	实体面积：系统内部自带	双精度，19，2
	实体长度：系统内部自带	长整型，10
	要素代码：依据《国家基础地理信息数据分类与代码》编制要素代码	长整型，5
	要素名称：依据《国家基础地理信息数据分类与代码》编制要素名称	文本型，40
	行政单位名称：单位的实际名称填写	文本型，20
装饰边界图	内部标识码：系统内部ID号	长整型，9
面状水系图	内部标识码：系统内部ID号	长整型，9
	实体类型：point，polyline，polygon	文本型，8
	实体面积：系统内部自带	双精度，19，2
	实体长度：系统内部自带	长整型，10
	要素代码：依据《国家基础地理信息数据分类与代码》编制要素代码	长整型，5
	要素名称：依据《国家基础地理信息数据分类与代码》编制要素名称	文本型，40
	面状水系码：自定义编码	字符串，5
	面状水系名称：依据2006年10月版山东省地图册编制	字符串，20
	湖泊贮水量：依据1∶50000地形图	字符串，8

续表

图　名	属性数据结构	字段类型
线状水系图	内部标识码:系统内部 ID 号	长整型,9
	实体类型:point,polyline,polygon	文本型,8
	实体长度:系统内部自带	长整型,10
	要素代码:依据《国家基础地理信息数据分类与代码》编制要素代码	长整型,5
	要素名称:依据《国家基础地理信息数据分类与代码》编制要素名称	文本型,40
	线状水系码:自定义编码	长整型,4
	线状水系名称:依据 2006 年 10 月版山东省地图册编制	文本型,20
	河流流量:无	长整型,6
道路图	内部标识码:系统内部 ID 号	长整型,9
	实体类型:point,polyline,polygon	文本型,8
	实体长度:系统内部自带	长整型,10
	要素代码:依据《国家基础地理信息数据分类与代码》编制要素代码	长整型,5
	要素名称:依据《国家基础地理信息数据分类与代码》编制要素名称	文本型,40
	公路代码:根据国家标准《公路路线命名编号和编码规则命名和编号规则》编制	文本型,11
	公路名称:根据国家标准《公路路线命名编号和编码规则命名和编号规则》编制	文本型,20
地貌类型分区图	内部标识码:系统内部 ID 号	长整型,9
	实体类型:point,polyline,polygon	文本型,8
	实体面积:系统内部自带	双精度,19,2
	实体长度:系统内部自带	长整型,10
	地貌类型:数据引用自"中国科学院生物多样性委员会地貌类型代码库"(四类码)	文本型,18
灌溉分区图	内部标识码:系统内部 ID 号	长整型,9
	实体类型:point,polyline,polygon	文本型,8
	实体面积:系统内部自带	双精度,19,2
	实体长度:系统内部自带	长整型,10
	灌溉水源:县局提供数据	文本型,10
	灌溉水质:无	文本型,4
	灌溉方法:县局提供数据	文本型,18
	年灌溉次数:县局提供数据	文本型,2
	灌溉条件:无	文本型,4
	灌溉保证率:无	长整型,3
	灌溉模数:无	双精度,5,2
	抗旱能力:无	长整型,3

续表

图　名	属性数据结构	字段类型
土地利用现状图	内部标识码:系统内部 ID 号	长整型,9
	实体类型:point,polyline,polygon	文本型,8
	实体面积:系统内部自带	双精度,19,2
	实体长度:系统内部自带	长整型,10
	地类号:国土资源部发布的《全国土地分类》三级类编码	长整型,3
	平差面积:无	双精度,7,2
土壤图	内部标识码:系统内部 ID 号	长整型,9
	实体类型:point,polyline,polygon	文本型,8
	实体面积:系统内部自带	双精度,19,2
	实体长度:系统内部自带	长整型,10
	土壤国标码:土壤类型国标分类系统编码	长整型,8
地下水矿化度等值线图	内部标识码:系统内部 ID 号	长整型,9
	实体类型:point,polyline,polygon	文本型,8
	实体长度:系统内部自带	长整型,10
	地下水矿化度:依据县级矿化度图实际数据填写	双精度,5,1
耕地地力调查点点位图	内部标识码:系统内部 ID 号	长整型,9
	实体类型:point,polyline,polygon	文本型,8
	X 坐标:北京 54 坐标系	双精度,19,2
	Y 坐标:北京 54 坐标系	双精度,19,2
	点县内编号 AP310102:自定义编号	长整型,8
行政区基本情况数据表	县内行政码 SH110102:根据国家统计局“统计上使用的县以下行政	长整型,6
	区划代码编制规则”编制	字符串,6
	省名称:山东省	字符串,8
	县名称:××市,××区,××县	字符串,18
	乡名称:××乡,××镇,××街道	字符串,18
	村名称:××村,××委员会	字符串,20
	行政单位名称:××市,××区,××县,××乡,××镇,××街道,××村,××委员会	字符串,7
	总人口:无	字符串,7
	农业人口:无	字符串,7
	非农业人口:无	双精度,11,2
	国民生产总值 GNP:无	字符串,20
县级行政区划代码表	行政单位名称:××市,××区,××县,××乡××镇××街道××村××委员会	长整型,6
	县内行政码 SH110102:根据国家统计局“统计上使用的县以下行政区划代码编制规则”编制	长整型,9

续表

图 名	属性数据结构	字段类型
土地利用现状地块数据表	内部标识码:系统内部 ID 号	长整型,9
	地类号:国土资源部发布的《全国土地分类》三级类编码	字符串,3
	地类名称:国土资源部发布的《全国土地分类》三级类名称	字符串,20
	计算面积:无	双精度,7,2
	地类面积:无	双精度,7,2
	平差面积:无	双精度,7,2
	报告日期:无	日期型,10
土壤类型代码表	土壤国标码:土壤类型国标分类系统编码	字符串,8
	土壤国标名:土壤类型国标分类系统名称	字符串,20
耕地地力调查点基本情况及化验结果数据表	灌溉水源:县提供数据	字符串,10
	灌溉方法:县提供数据	字符串,18
	调查点国内统一编号:自定义编号	字符串,14
	调查点县内编号:自定义编号	字符串,8
	调查点自定义编号 AP310103:自定义编号	字符串,40
	调查点类型:耕地地力调查点	字符串,20
	户主联系电话:区号一本地电话号码	字符串,13
	调查人联系电话:区号一本地电话号码	字符串,13
耕地地力调查点基本情况及化验结果数据表	调查人姓名:××××	字符串,8
	调查日期:采集当天日期	日期型,10
	≥0℃积温:无	字符串,5
	≥10℃积温:无	字符串,5
	年降水量:县提供数据	字符串,4
	全年日照时数:无	字符串,4
	光能辐射总量:无	字符串,4
	无霜期:县提供数据	字符串,3
	干燥度 CW210107:无	双精度,4,2
	东经:县提供数据	双精度,9,5
	北纬:县提供数据	双精度,8,5
	坡度:地形坡度海拔:海拔高度	双精度,6,1
	坡向:缺少数据	双精度,4,1
	地形部位:数据引用自 NY/T 309－1996《全国耕地类型区、耕地地力等级划分》和 NY/T 310－1996《全国中低产田类型划分与改良技术规范》	字符串,4
	田面坡度:依据田面实际坡度	字符串,50
	灌溉保证率:无	双精度,4,1
	排涝能力:无	字符串,3
	梯田类型:无	字符串,2
	梯田熟化年限:无	字符串,10

续表

图　名	属性数据结构	字段类型
耕地地力调查点基本情况及化验结果数据表	保护块面积:无	字符串,3
	土壤侵蚀类型:无	双精度,7,2
	土壤侵蚀程度:无明显侵蚀,轻度侵蚀	字符串,8
	污染源企业名称:无	字符串,20
	污染源企业地址:无	字符串,50
	液体污染物排放量:无	字符串,50
	粉尘污染物排放量:无	双精度,6,1
	污染面积 LE220105:无	双精度,6,1
	污染物类型:无	双精度,9,2
	污染范围:无	字符串,20
	污染造成的损害:无	字符串,40
	距污染源距离:无	字符串,30
	污染物形态:无	字符串,5
	污染造成的经济损失:无	字符串,4
	省名称:山东省	字符串,9
	县名称:××市,××区,××县	字符串,8
	乡名称:××乡,××镇,××街道	字符串,18
	村名称:××村,××委员会	字符串,18
	户主姓名	字符串,8
	土壤类型代码(国标):根据县提供数据填写	字符串,8
	土类名称(县级):县提供数据	字符串,20
耕地地力调查点基本情况及化验结果数据表	亚类名称(县级):县提供数据	字符串,20
	土属名称(县级):县提供数据	字符串,20
	土种名称(县级):县提供数据	字符串,20
	剖面构型:土层符号代码表、土层后缀符号代码表、剖面构型数据编	字符串,10
	码表是根据《中国土种志》整理	字符串,8
	质地构型:无	字符串,2
	耕层厚度:县提供数据	字符串,10
	障碍层类型:无	字符串,3
	障碍层出现位置:无	字符串,3
	障碍层厚度:无	字符串,30
	成土母质:数据引用于《土壤调查与制图》(第二版),农业出版社	字符串,6
	质地:中壤土,重壤土,沙壤土	双精度,4,2
	容重:县提供数据	字符串,2
	田间持水量:县提供数据	双精度,4,1
	pH:依据土壤化学分析 pH 耕地地力等级评价成果填写	双精度,4,1
	CEC:依据土壤化学分析 CEC 值耕地地力等级评价成果填写	双精度,5,1

续表

图　名	属性数据结构	字段类型
耕地地力调查点基本情况及化验结果数据表	有机质:依据土壤化学分析有机质值耕地地力等级评价成果填写	双精度,6,3
	全氮:依据土壤化学分析全氮值耕地地力等级评价成果填写	字符串,5
	全磷:依据土壤化学分析全磷值耕地地力等级评价成果填写	双精度,5,1
	有效磷:依据土壤化学分析有效磷值耕地地力等级评价成果填写	字符串,4
	缓效钾:依据土壤化学分析缓效钾值耕地地力等级评价成果填写	字符串,3
	速效钾:依据土壤化学分析速效钾值耕地地力等级评价成果填写	双精度,5,2
	有效锌:依据土壤化学分析有效锌值耕地地力等级评价成果填写	双精度,4,2
	水溶态硼:依据土壤化学分析水溶态硼值耕地地力等级评价成果填写	双精度,6,2
	有效硅:依据土壤化学分析有效硅值耕地地力等级评价成果填写	双精度,4,2
	有效钼:依据土壤化学分析有效钼值耕地地力等级评价成果填写	双精度,5,2
	有效铜:依据土壤化学分析有效铜值耕地地力等级评价成果填写	双精度,5,1
	有效锰:依据土壤化学分析有效锰值耕地地力等级评价成果填写	双精度,6,1
	有效铁:依据土壤化学分析有效铁值耕地地力等级评价成果填写	双精度,6,1
	交换性钙:依据土壤化学分析交换性钙值耕地地力等级评价成果填写	双精度,5,1
	交换性镁:依据土壤化学分析交换性镁值耕地地力等级评价成果填写	双精度,5,1
	有效硫:依据土壤化学分析有效硫值耕地地力等级评价成果填写	双精度,5,1
	盐化类型:无	字符串,20
	1m 土层含盐量:无	双精度,5,1
	耕层土壤含盐量:无	双精度,5,1
	水解性氮:依据土壤化学分析水解性氮值耕地地力等级评价成果填写	双精度,5,3
	旱季地下水位:无	字符串,3
	采样深度:县提供数据	字符串,7
耕层土壤有机质等值线图	内部标识码:系统内部 ID 号	长整型,9
	实体类型:point,polyline,polygon	文本型,10
	实体长度:系统内部自带	长整型,10
	有机质:依据土壤化学分析有机质值耕地地力等级评价成果填写	双精度,5,1
耕层土壤全氮等值线图	内部标识码:系统内部 ID 号	长整型,9
	实体类型:point,polyline,polygon	文本型,10
	实体长度:系统内部自带	长整型,10
	全氮:依据土壤化学分析全氮值耕地地力等级评价成果填写	双精度,4,2
耕层土壤有效磷等值线图	内部标识码:系统内部 ID 号	长整型,9
	实体类型:point,polyline,polygon	文本型,10
	实体长度:系统内部自带	长整型,10
	有效磷:依据土壤化学分析有效磷值耕地地力等级评价成果填写	双精度,5,1

续表

图　名	属性数据结构	字段类型
耕层土壤速效钾等值线图	内部标识码:系统内部 ID 号	长整型,9
	实体类型:point,polyline,polygon	文本型,10
	实体长度:系统内部自带	长整型,10
	速效钾:依据土壤化学分析速效钾值耕地地力等级评价成果填写	长整型,3
耕层土壤缓效钾等值线图	内部标识码:系统内部 ID 号	长整型,9
	实体类型:point,polyline,polygon	文本型,10
	实体长度:系统内部自带	长整型,10
	缓效钾:依据土壤化学分析缓效钾值耕地地力等级评价成果填写	长整型,4
耕层土壤有效锌等值线图	内部标识码:系统内部 ID 号	长整型,9
	实体类型:point,polyline,polygon	文本型,10
	实体长度:系统内部自带	长整型,10
	有效锌:依据土壤化学分析有效锌值耕地地力等级评价成果填写	双精度,5,2
耕层土壤有效钼等值线图	内部标识码:系统内部 ID 号	长整型,9
	实体类型:point,polyline,polygon	文本型,10
	实体长度:系统内部自带	长整型,10
	有效钼:依据土壤化学分析有效钼值耕地地力等级评价成果填写	双精度,4,2
耕层土壤有效铜等值线图	内部标识码:系统内部 ID 号	长整型,9
	实体类型:point,polyline,polygon	文本型,10
	实体长度:系统内部自带	长整型,10
	有效铜:依据土壤化学分析有效铜值耕地地力等级评价成果填写	双精度,5,2
耕层土壤有效硅等值线图	内部标识码:系统内部 ID 号	长整型,9
	实体类型:point,polyline,polygon	文本型,10
	实体长度:系统内部自带	长整型,10
	有效硅:依据土壤化学分析有效硅值耕地地力等级评价成果填写	双精度,6,2
耕层土壤有效锰等值线图	内部标识码:系统内部 ID 号	长整型,9
	实体类型:point,polyline,polygon	文本型,10
	实体长度:系统内部自带	长整型,10
	有效锰:依据土壤化学分析有效锰值耕地地力等级评价成果填写	双精度,5,1
耕层土壤有效铁等值线图	内部标识码:系统内部 ID 号	长整型,9
	实体类型:point,polyline,polygon	文本型,10
	实体长度:系统内部自带	长整型,10
	有效铁:依据土壤化学分析有效铁值耕地地力等级评价成果填写	双精度,5,1
耕层土壤 pH 等值线图	内部标识码:系统内部 ID 号	长整型,9
	实体类型:point,polyline,polygon	文本型,10
	实体长度:系统内部自带	长整型,10
	pH:依据土壤化学分析 pH 耕地地力等级评价成果填写	双精度,4,1

续表

图名	属性数据结构	字段类型
耕层土壤交换性钙等值线图	内部标识码:系统内部 ID 号	长整型,9
	实体类型:point,polyline,polygon	文本型,10
	实体长度:系统内部自带	长整型,10
	交换性钙:依据土壤化学分析交换性钙值耕地地力等级评价成果填写	双精度,6,1
耕层土壤交换性镁等值线图	内部标识码:系统内部 ID 号	长整型,9
	实体类型:point,polyline,polygon	文本型,10
	实体长度:系统内部自带	长整型,10
	交换性镁:依据土壤化学分析交换性镁值耕地地力等级评价成果填写	双精度,5,1
耕层土壤有效硫等值线图	内部标识码:系统内部 ID 号	长整型,9
	实体类型:point,polyline,polygon	文本型,10
	实体长度:系统内部自带	长整型,10
	有效硫:依据土壤化学分析有效硫值耕地地力等级评价成果填写	双精度,5,1
耕层土壤水解性氮等值线图	内部标识码:系统内部 ID 号	长整型,9
	实体类型:point,polyline,polygon	文本型,10
	实体长度:系统内部自带	长整型,10
	水解性氮:依据土壤化学分析水解性氮值耕地地力等级评价成果填写	双精度,5,3
耕地地力评价等级图	内部标识码:系统内部 ID 号	长整型,9
	实体类型:point,polyline,polygon	文本型,10
	实体面积:系统内部自带	双精度,19,2
	等级(县内):‘120’	文本型,2
耕层土壤有效硼等值线图	内部标识码:系统内部 ID 号	长整型,9
	实体类型:point,polyline,polygon	文本型,10
	实体长度:系统内部自带	长整型,10
	有效硼:依据土壤化学分析有效硼值耕地地力等级评价成果填写	双精度,4,2
土壤全盐含量分布图	内部标识码:系统内部 ID 号	长整型,9
	实体类型:point,polyline,polygon	文本型,10
	实体长度:系统内部自带	长整型,10
	全盐:依据土壤化学分析全盐值耕地地力等级评价成果填写	双精度,4,1
耕层土壤有效镁等值线图	内部标识码:系统内部 ID 号	长整型,9
	实体类型:point,polyline,polygon	文本型,10
	实体长度:系统内部自带	长整型,10
	有效镁:依据土壤化学分析有效镁值耕地地力等级评价成果填写	长整型,2
耕层土壤有效钙等值线图	内部标识码:系统内部 ID 号	长整型,9
	实体类型:point,polyline,polygon	文本型,10
	实体长度:系统内部自带	长整型,10
	有效钙:依据土壤化学分析有效钙值耕地地力等级评价成果填写	长整型,2

第五节　建库工作方法

一、数据库质量控制

数据库质量涉及三个方面的工作：一要满足耕地地力评价工作的需要。二要满足耕地资源管理信息系统数据库建设的需要。三要满足建库所有成果图件输出的需要。为满足以上要求，在数据库建设工作开展前，首先在有关国标、部标和行业标准的基础上，制定了统一的工作平台、工作方法和流程，成果图件图名、图例和色彩编制要求，成果质量检查工作方法。在建库单位初步检查后，耕地地力评价基础性图件被交给项目县进行全面检查和修改补充错漏内容，返回建库单位对所有成果图件安排专人进行全面检查和修改，从而保证了数据库的成果质量。

二、建库工作有关规定

为保证建库工作的按时及保质完成，成立了建库项目组等。

(1)建库项目组：设立技术负责人一人，全面负责建库工作有关规程的学习，日常建库工作安排，工作进度、质量检查，建库数据库资料汇总，MAPGIS 格式建库成果经 ARCGIS 规范化处理，导入县域耕地资源管理信息系统等工作。

(2)质量检查组：安排具有工作经验的人员成立检查组，负责所有建库资料的质量检查及修改工作。

(3)制定了建库工作标准：在建库工作前，首先对建库图形子图的大小、线的粗细及线型、面的色彩搭配，图件分层，工作方法和流程下发到每一个建库工作人员手中，统一了建库图形扫描矢量化的技术要求。

(4)最终成果检查：所有成果图待评审验收后，依据专家意见，由建库组和耕地地力评价组依据专家意见进行成果图和数据库修改补充，最后输出成果图件和导入到县域耕地资源管理信息系统。

三、建库资料精度及建库工作流程

(一)建库资料精度

为保证建库资料的数学精度，首先形成大于济阳县范围的 1∶50000 标准图幅理论图框，拼接形成县域的 1∶50000 理论图框，以 1∶50000 标准分幅地形图为基础，在地形图和县域土地利用现状图上选择同名地物点(主要为农村道路交叉点等)为几何校正点，为保证县域图件的精度，选取不少于 30 个几何校正点，每一个几何校正点选择地形图附近的四个公里网交叉点，将其校正到县域的理论图框上，形成满足 1∶50000 精度要求的县域地理底图。以该图为基础，将所有建库成果图件校正到县域地理底图上。

(二)建库工作流程

第一步：首先按照建库工作的基本要求对土地利用现状、土壤、矿化度、灌溉分区、地貌、采样点位等图件进行扫描矢量化和几何校正处理、建库组错漏自查和交甲方进行错漏检查、返回建库组修改及编辑、拓扑检查、属性挂接处理等。第二步:将以上成果交耕地地力评价组进行耕地地力评价工作。第三步:耕地地力评价组将其评价成果资料再返回建库组,由建库组按照县域耕地资源管理信息系统数据库建设要求,对所有建库成果资料进行全面的质量检查及编辑处理、拓扑处理、属性挂接,最后由 MAPGIS—ARCGIS—县域耕地资源管理信息系统输出成果图件。

(三)主要空间数据库说明

1.行政区划图

以土地利用现状图为背景,分别提取乡镇、村庄、主要工矿企业建设用地,主要道路、河流、境界、行政区划等内容。参考地图或 1∶50000 地形图,对主要道路、双线河流等地物进行连接并加注地物注记。依据卫星影像等资料,对近年来增加的主要道路进行更新。

2.土壤图

依据土壤调查研究报告、土壤志、山东省土壤分类归属标准,编制土种归属对比表和国标、省标、县三级对比表图例。在土壤图上保留土壤图原始代码,属性挂接为国标代码,可满足部、省、县各级政府工作的需要。

3.地貌图

由于地貌图为微地貌图,为满足部、省、县各级政府使用及建库工作的需要,在地貌图中保留了原地貌代码,其属性尽量对应到数据字典中的名称及代码,在图例中增加了对比表,满足了各项工作的需要。

(四)属性库编制方法

严格按照建库数据字典中的要求及建库单位提供的资料编制各种成果图属性代码。

第六节 建库成果

济阳县耕地资源管理信息系统数据库建设成果包括农业部规定格式的数据库和 MAPGIS 格式的成果共计 20 幅图(见表 7-3)。

表 7-3 济阳县耕地资源管理信息系统数据库建设成果表

序 号	成果图名称	备 注
1	济阳县土地利用现状图	
2	济阳县地貌图	
3	济阳县土壤图	
4	济阳县矿化度含量分布图	
5	济阳县耕地地力调查点点位图	
6	济阳县灌溉分区图	
7	济阳县土壤 pH 分布图	
8	济阳县耕地地力评价等级图	
9	济阳县土壤缓效钾含量分布图	

续表

序 号	成果图名称	备 注
10	济阳县土壤碱解氮含量分布图	
11	济阳县土壤速效钾含量分布图	
12	济阳县土壤有机质含量分布图	
13	济阳县土壤有效磷含量分布图	
14	济阳县土壤有效硫含量分布图	
15	济阳县土壤有效锰含量分布图	
16	济阳县土壤有效硼含量分布图	
17	济阳县土壤有效铁含量分布图	
18	济阳县土壤有效铜含量分布图	
19	济阳县土壤有效锌含量分布图	
20	济阳县地理底图	

济阳县耕地资源管理信息系统数据库建设包括空间数据库和属性数据库两部分内容。空间数据库全部是按照县域耕地资源管理信息系统数据字典要求进行的。属性数据库由于部分资料难以收集到(如土地平差面积等),属性数据仅按照县域耕地资源管理信息系统数据字典要求编制了部分内容。再者,例如耕地地力评价土壤采样点位图,利用GPS坐标展绘到地理底图上的点与实际点位误差较大,达不到精度要求,所以耕地地力评价土壤调查采样点位图是依据野外采样点位图经扫描矢量化后形成的,属性挂接为GPS定点的坐标。

第二篇　耕地可持续利用对策与建议

第八章　耕地资源合理利用与改良

耕地是农业生产和农业可持续发展的重要基础，维持着作物生产力，影响着环境的质量和动植物甚至人类的健康。自 1979～1985 年第二次土壤普查以来，随着农村经营体制、耕作制度、作物品种、种植结构、产量水平和肥料使用等方面的显著变化，耕地利用状况也发生了明显改变。近年来，虽然对部分耕地实施了地力监测，但至今对区域中低产耕地状况及其障碍因素等缺乏系统性、实用性的调查分析，使耕地利用与改良难以适应新形势下农业生产发展的要求。因此，开展区域耕地地力调查评价，摸清区域中低产耕地状况及其障碍因素，有的放矢地开展中低产耕地的科学改良利用，挖掘区域耕地的生产潜力，对于济阳县耕地资源的可持续利用具有十分重要的意义。

第一节　利用与改良的耕地资源的现状和特征

根据这次调查和评价结果，从耕地状况、利用状况、存在的主要问题三个方面对耕地资源进行分析。

一、耕地状况

(一)耕地类型

济阳县土类分为 3 个土类(潮土、盐土、风沙土)，5 个亚类(潮土、盐化潮土、湿潮土、潮盐土、固定风沙土)。因表层质地和土体构型的差异，又分为 9 个土属，84 个土种。潮土类面积为 84470hm^2，占总土壤面积的 99.41%，分布于全县，是济阳县分布最广的一个土类。其中，潮土亚类面积为 61133hm^2，占总土壤面积的 71.94%，分布全县，多集中于县中部、西部地区。盐化潮土亚类面积为 23116hm^2，占总土壤面积的 27.21%，主要分布在临黄坡地和东部决口扇形地。湿潮土亚类耕地面积仅为 222hm^2，占总土壤面积的 0.26%，分布于沿黄洼地，主要在济阳街道办事处和仁风镇。盐土土类面积为 254hm^2，占总土壤面积的 0.3%，分布在回河镇、曲堤镇、新市镇。风沙土面积为 251hm^2，占总土壤面积的 0.29%，零星分布于西部决口扇形地风成沙丘、沙梁上。

（二）耕地地力状况

根据这次调查结果，将全县耕地分为6级。济阳县总耕地面积为70786.48hm^2，其中一级地和二级地占总耕地面积的33.4%；三级地和四级地占总耕地面积的52.59%；五级地和六级地占总耕地面积的14%（见表8-1）。

表8-1　　济阳县耕地地力评价结果面积统计

等　级	一级地	二级地	三级地	四级地	五级地	六级地	总　计
面积(hm^2)	7929.36	15714.37	20967.46	16262.37	6052.69	3860.23	70786.48
百分比(%)	11.2	22.2	29.62	22.97	8.55	5.45	100

二、利用状况

济阳县土地总面积为109880.92hm^2，其中农用地面积为76712.05hm^2，建设用地面积为29838.48hm^2，其他土地面积为3330.39hm^2，分别占土地总面积的69.8%、27.2%、3%。农用地中，耕地面积为70786.48hm^2，园地面积为495.53hm^2，林地面积为4723.14hm^2，草地面积为706.9hm^2，分别占农用地面积的92.3%、0.6%、6.2%、0.9%。

耕地中，粮田面积为44648.74hm^2，占耕地面积的63.1%；蔬菜地面积为21013.47hm^2，占耕地面积的29.7%；棉花面积为5124.27hm^2，占耕地面积的7.2%。全县粮田中，水浇地面积为67181.64hm^2，旱地面积为3604.84hm^2，分别占粮田面积的94.9%和5.1%。

三、存在的主要问题

全县耕地主要存在以下八个问题。

（一）耕地总量趋减

当前突出的问题是耕地面积减少得过快，而且农民土地权益被侵害。1987～2007年的二十年时间，人均耕地从1596m^2减少到1205m^2，减少了24%，速度惊人。耕地减少的主要原因是国民经济建设（道路、城市、工矿、乡村等）占用耕地、生态退耕、农业产业结构调整、自然灾害等导致耕地减少。除生态退耕大部分为非耕地或劣质耕地外，国民经济建设和农业产业结构调整用地都是国家划定的基本农田，直接影响到耕地总量。

（二）土壤养分比例不平衡

耕地土壤养分比例不平衡主要表现为养分含量悬殊。长期以来，我国农业施肥一直以施用单质肥料为主，氮肥、磷肥、钾肥三种主要肥料配比不当。另外，农民根本就不知道自己土地的土壤肥力，更不知道施多少肥合适。在施肥种类上，注重无机肥料，轻视有机肥料。据统计，目前全县土壤有机质含量平均为15.3g/kg，但差异较大，极不平衡，最低仅为6g/kg。据统计，冬暖式大棚蔬菜地每亩平均施用有机肥7363.5kg，氮肥（折纯，下同）96.5kg、磷肥73.6kg、钾肥88.1kg，总纯养分量为258.2kg，其N：P_2O_5：K_2O为1：0.76：0.91；而土壤碱解氮为246mg/kg，有效磷为142.9mg/kg，速效钾为368mg/kg，其N：P_2O_5：K_2O比例为1：0.58：1.5。与当前30种蔬菜每千克产量平均吸收纯N 3.66kg、P_2O_5 1.24kg、K_2O 4.52kg，其N：P_2O_5：K_2O比例为1：0.34：1.23。比较化肥

投入是 P_2O_5 过剩，而 K_2O 不足，土壤养分含量是 P_2O_5、K_2O 多，而 N 少。目前纯养分投入量为 258.2kg，超过了冬暖式大棚、塑料大棚蔬菜地每亩氮、磷、钾的纯养分投入 150kg 的上限，破坏了土壤结构和养分平衡，影响了土壤肥力的提高。根据全县情况，冬暖式大棚、塑料大棚合理施肥量为：纯 N 不宜超过 60kg，P_2O_5 不宜超过 20kg，K_2O 不宜超过 70kg。

（三）部分耕地土壤物理性状变差

在农业生产上，由于农民一味增加粮食单产，注重无机化肥的施用，忽视有机肥料的施用，造成土壤物理性状变差，土壤板结，耕性变劣，土壤容重增大，孔隙减少，通透性变差，持水量降低，直接形成了耕地可持续性障碍。

（四）土壤污染现象不容忽视

土壤的污染主要是大气污染与水污染。随着农业现代化，特别是农业化学化水平的提高，大量化学肥料及农药散落到环境中，土壤遭受面源污染的机会越来越多，其程度也越来越严重。由于土壤污染，造成作物减产 10%以上，严重者近乎绝产。加之徒骇河沿岸农田使用污水灌溉，使土壤污染有不断扩大之势。

（五）盐碱化对农业生产造成一定威胁

全县盐碱地面积为 12860hm^2，占耕地面积的 18.2%，主要分布在临黄坡地和东部决口扇形地。盐碱地土壤质地为沙壤或轻壤，由于受地下水和降水量少于蒸发量等环境因素的影响，土壤发生次生盐渍化，部分区域为重度盐化，部分地区土壤养分低，养分比例失调，耕地质量差，致使作物生长不良。

（六）土壤质地黏重

全县土壤质地黏重的耕地面积为 4403.6hm^2，占耕地面积的 6.2%左右。这部分耕地的表土或通体为黏质土，或表土以下有厚黏心。土壤质地黏重，透性差，呈季节性积水，土性冷，供肥迟缓，保肥性好，发老苗，不发小苗。

（七）土壤耕层变浅

土壤是农业生产的重要物质条件，耕层结构直接关系到作物的高产稳产和可持续发展。近年来，多数地块以旋耕犁耕作为主，以耙代耕。因这一耕作方式操作方便，省工省时，农民易于接受。但采用这种方式耕作后的土壤耕地质量差，长期采用后，造成土壤耕层逐渐变浅，土壤板结严重，在较浅的熟土层下形成 10cm 左右坚硬的犁地层，土壤肥力不足，对作物的生长和抗旱能力都有相当的影响。据调查，目前全县土壤耕层一般在 15cm 以下，而在第二次土壤普查时，土壤耕层多在 15～20cm。

（八）干旱

全县旱地占总耕地面积的 98%，灌溉以引黄为主。黄河水量的季节变化大，夏秋丰，冬春平，初夏最小，个别年份有断流现象。在冬春两季降水少的情况下，灌溉无保障，土壤含水量低，不能满足作物生长发育和播种出苗的因素。干旱仍是农业增产的限制因子。

耕地质量下降导致诸多问题的出现：一是粮食生产能力低而不稳；二是农产品成本高、效益低，生产同样多的产品，低肥力土壤要施用更多的肥料，土壤含有盐分，或耕地不良或缺水干旱，也都需要增加劳力、机械或水的投入；三是科技进步的作用削减，许多作物品种优良，由于土壤肥力低下，难以发挥生产潜力达到预期产量；四是农产品的质量安全受到影响；五是生态环境恶化加速，如土壤结构不良，抗蚀力弱，风蚀、水蚀严重，土壤保肥力差，肥料易流失污染水体和空气。

第二节 耕地改良利用分区原则与分区系统

一、耕地改良利用分区原则

耕地改良利用区划的基本原则是：从耕地自然条件出发，主导性、综合性、实用性和可操作性相结合，按照因地制宜、因土适用、合理利用来配置耕地资源，充分发挥各类耕地的生产潜力，坚持用地与养地相结合、近期与长远相结合，以土壤组合类型、肥力水平、改良方向和主要改良措施的一致性为主要依据，同时考虑地貌、气候、水文和生态等条件以及植被类型，参照历史与现状等因素综合考虑进行分区。

二、耕地改良利用分区系统

根据耕地改良利用原则，将影响耕地利用的各类限制因素归纳为耕地自然环境要素、耕地土壤养分要素和耕地土壤物理要素，将全县耕地改良利用划分为三个改良利用类型区，即：耕地土壤培肥改良利用区、耕地自然环境条件改良利用区、耕地土体整治改良利用区，并分别用大写字母 N、E 和 P 表示。各改良利用类型区内，再根据相应的限制性主导因子，续分为相应的改良利用亚类。

第三节 耕地改良利用分区方法

一、耕地改良利用分区因子的确定

耕地改良利用分区因子是指参与评定改良利用分区类型的耕地诸属性。由于影响的因素很多，根据耕地地力评价，遵循主导因素原则、差异性原则、稳定性原则、敏感性原则，进行限制性主导因素的选取。除考虑与耕地地力评价中评价因素的一致性外，还考虑各土壤养分的丰缺状况及其相关要素的变异情况，选取耕地土壤有机质含量、耕地土壤有效磷含量、耕地土壤速效钾含量、耕地土壤有效锌含量和耕地土壤有效硼含量因素作为耕地土壤养分状况的限制性主导因子；选取灌溉保证率、盐渍化水平作为耕地自然环境状况的限制性主导因子；选取耕层质地条件和土体构型条件作为耕地土壤物理状况的限制性主导因子。

二、耕地改良利用分区标准

依据农业部《全国中低产田类型划分与改良技术规范》，根据山东省各县区耕地地力评价资料，综合分析目前全省各耕地改良利用因素的现状水平，同时针对影响济阳县耕地利用水平的主要因素，邀请具有土壤管理经验的相关专家进行分析，制定了耕地改良利用各主导因子的分区及其耕地改良利用类型的确定标准，具体分级标准如表 8-2 所示。

表 8-2　　耕地改良利用主导因子分区标准

耕地改良利用区	限制因子	代号	分区标准
耕地土壤培肥改良利用区(N)	有机质(o,g/kg)	No	<12
	有效磷(p,mg/kg)	Np	<15
	速效钾(k,mg/kg)	Nk	<100
	有效锌(zn,mg/kg)	Nzn	<0.5
	有效硼(b,mg/kg)	Nb	<0.5
耕地自然环境条件改良利用区(E)	灌溉保证(i,%)	Ei	灌溉保障率低于50%
	盐渍化(s)	Es	盐渍化程度轻度以上
耕地土体整治改良利用区(P)	耕层质地(t)	Pt	沙土、沙壤、粗骨土
	土体构型(c)	Pc	土体中有障碍层次

三、耕地改良利用分区方法

在GIS支持下，利用耕地地力评价单元图，根据耕地改良利用各主导因子分区标准，在其相应的属性库中进行检索分析，确定各单元相应的耕地改良利用类型，通过图面编辑生成耕地改良利用分区图，并统计各类型面积比例。

第四节　耕地改良利用分区专题图的生成

一、耕地土壤培肥改良利用分区图的生成

根据耕地土壤养分限制因素分区标准把济阳县耕地有机质分为两类，即有机质改良利用区和有机质非改良利用区，有机质改良利用区以代号No标注；同样，有效磷改良利用区用代号Np标注，速效钾改良利用区用代号Nk标注，有效锌改良利用区用代号Nzn标注，有效硼改良利用区用代号Nb表示，编辑生成耕地土壤培肥改良利用分区图(见图8-1)。

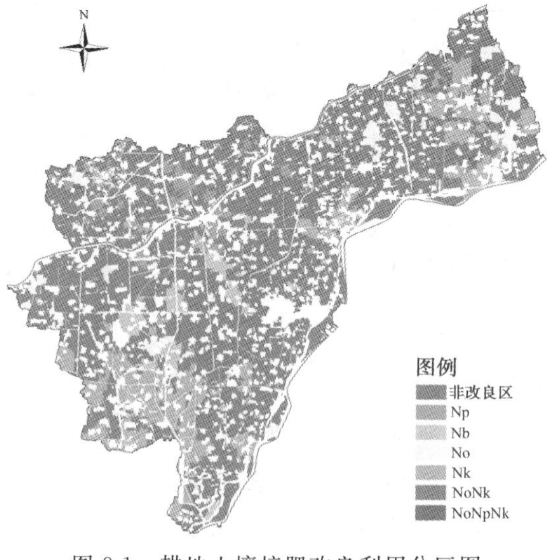

图8-1　耕地土壤培肥改良利用分区图

二、耕地自然环境条件改良利用分区图的生成

根据耕地自然环境条件限制因素分区标准进行济阳县耕地改良利用分区。灌溉保证条件分为灌溉保证条件改良利用区和盐渍化灌溉保证条件非改良利用区，改良利用区用代号 Ei 标注；盐渍化程度分为盐渍化改良利用区和盐渍化非改良利用区，盐渍化改良利用区以代号 Es 标注。在 GIS 下检索生成耕地土体整治改良利用分区图(见图 8-2)。

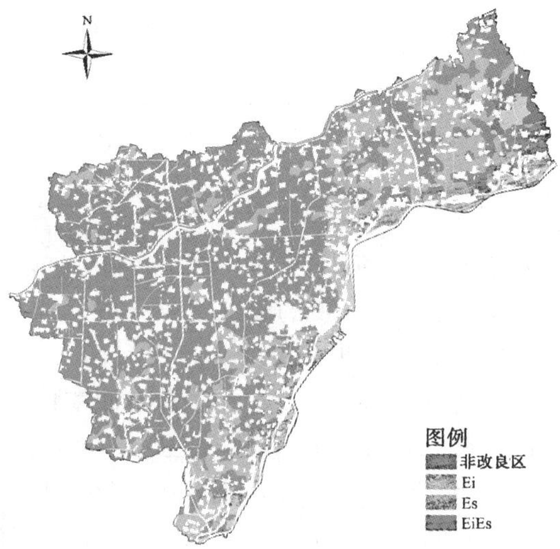

图 8-2　耕地自然环境条件改良利用分区图

三、耕地土体整治改良利用分区图的生成

根据耕地土地条件限制因素分区标准，耕层质地条件改良利用区用符号 Pt 标注，土体构型改良利用区用符号 Pc 标注。在 GIS 下检索生成耕地土体整治改良利用分区图(见图 8-3)。

图 8-3　耕地土体整治改良利用分区图

第五节 耕地改良利用分区结果分析

一、耕地土壤培肥改良利用分区面积统计及问题分析

济阳县耕地土壤培肥改良利用区各改良利用类型面积及其比例如表 8-3 所示。

表 8-3 济阳县耕地土壤培肥改良利用分区面积统计表

改良利用分区	Nk	Np	No	Nb	No Nk	NoNpNk	非改良区
面积(hm^2)	10380.09	2189.61	2610.99	1866.37	3838.04	258.92	49642.46
百分比(%)	14.66	3.09	3.69	2.64	5.42	0.37	70.13

由图 8-1 和表 8-3 可以看出,济阳县土壤养分状况较好,土壤养分不需培肥改良的耕地占总耕地面积的 70.13%,需要培肥改良的土地主要分布于县东北部和西南部地区,其余地区有零星斑状分布。其中缺乏有机质的耕地面积为 2610.99hm^2,占总耕地面积的 3.69%;缺少钾肥的耕地面积为 10380.09hm^2,占总耕地面积的 14.66%;缺乏磷肥的耕地面积为 2189.61hm^2,占总耕地面积的 3.09%;缺乏硼肥的耕地面积为 1866.37hm^2,占总耕地面积的 2.64%。缺乏单一养分的耕地面积为 17047.06hm^2,占总耕地面积的 24.08%;缺乏两种养分的耕地面积为 3838.04hm^2,占总耕地面积的 5.42%;缺乏三种养分的耕地面积为 258.92hm^2,占总耕地面积的 0.37%。从各类型面积比例看出,济阳县耕地土壤培肥改良的主要方向为有针对性地增施有机肥料和钾肥。济阳县土壤中锌、磷含量较高,不需培肥改良。

二、耕地自然环境条件改良利用分区面积统计及问题分析

济阳县耕地自然环境条件改良利用区各改良利用类型面积及其比例如表 8-4 所示。

表 8-4 济阳县耕地自然环境条件改良利用分区面积统计表

改良利用分区	Ei	Es	EiEs	非改良区
面积(hm^2)	3239.5	17391.62	1188.94	48966.42
百分比(%)	4.58	24.57	1.68	69.17

由图 8-2 和表 8-4 可以看出,济阳县耕地自然环境条件较好,地形平坦,灌溉条件较好,不需改良的耕地面积为 48966.42hm^2,占总耕地面积的 69.17%。仅需要改良灌溉的面积为 3239.5hm^2,占总耕地面积的 4.58%;仅需要改良盐渍化的面积为 17391.62hm^2,占总耕地面积的 24.57%。单一自然环境条件需要改良的利用分区主要分布在县东部地区。灌溉保证水平和盐渍化都需提高的耕地面积为 1188.94hm^2,占总耕地面积的 1.68%。可见,济阳县耕地自然环境条件改良利用的主要方向为改善土壤盐渍化,防止土壤的次生盐渍化。

三、耕地土体整治改良利用分区面积统计及问题分析

济阳县耕地土体整治改良利用区各改良利用类型面积及其比例如表 8-5 所示。

表 8-5 济阳县耕地土体整治改良利用分区面积统计表

改良利用分区	Pc	Pt	PtPc	非改良区
面积(hm^2)	29310.16	15087.6	1467.27	24921.46
百分比(%)	41.41	21.31	2.07	35.21

由图 8-3 和表 8-5 可以看出,济阳县耕地土体结构一般,主要是济阳县地处黄河下游冲积平原,需要改良的耕层以沙土或沙壤为主。需要改良的耕地也主要集中在沙质土壤或含有夹沙层的土壤中。耕层质地需要改良的面积为 15087.6hm^2,占耕地面积的 21.31%;土体构型需要改良的耕地面积为 29310.16hm^2,占总耕地面积的 41.41%。土体构型和耕层质地都需要改良的面积为 1467.27hm^2,占总耕地面积的 2.07%。所以,济阳县土体整治的重点是着力改善土壤中不良的土体结构。

第六节 耕地改良利用对策及措施

一、增加经济投入,加大耕地保护力度

农业是既有自然风险又有市场风险的弱质产业,保护农业是国民经济发展中面临的重大问题。由于调控体制不健全,受比较利益驱使,各层次资金投入重点向非农业倾斜,资金投入不足已成为农业生产发展的主要制约因素。要达到农业增产的目的,就要增加耕地投入,加强中低产田改造,不断提高耕地的质量,从而提高耕地利用的经济效益。济阳县宜进一步加强对耕地改良利用的投入,通过对耕地的改良,逐步消除制约耕地生产力的限制因素,培肥地力,改善农业生产条件和农田生态环境。

二、配方施肥,用养结合,增施有机肥料,培肥地力

长期以来,济阳县在耕地开发利用上重利用,轻培肥,重化肥,轻有机肥。虽然全县化肥的施用量逐年增加,但有机肥投入量却逐年减少,且投入的化肥以氮肥、磷肥为主,引起土壤养分特别是有机质含量的下降和矿质养分的失衡,导致耕地肥力下降。因此,要想持续提高中低产耕地的基础地力,为农作物生长创造高产基础,必须将用土与养土妥善结合起来,广辟有机肥源,重视有机肥的施用,提倡冬种绿肥和使用有机—无机复混肥。同时应利用中低产耕地调查评价成果,科学指导化肥的调配,科学优化配方施肥,重视合理增施有机肥、钾肥及微肥,不断培肥地力,实现中低产耕地资源的持续利用。

三、加强水利建设,改善灌溉条件,注重盐碱地的改良

水是作物生长的必要条件,灌排条件与耕地的基础地力有着密切的关系,因而可以通

过采取以下措施，实现自然降水的空间聚集，改善区域农田的土壤水分状况，推广节水灌溉技术，改善和扩大灌溉面积。

(1)健全灌溉工程，改善灌区输水、配水设备，加强灌溉作业管理，改进地面灌溉技术，采用增产、增值的节水灌溉方法和灌溉技术。加强水利建设，修筑田埂，防止水土冲刷；安排好水利规划，修好水渠，制止渗漏，加强管理，提高引灌水的利用率。

(2)人工富集天然降水，建造大、中、小型蓄水池、塘等蓄水体系，将集纳雨水、拦截径流和蓄水有效结合起来，在作物需水的关键时期进行灌溉，解决作物的需求和降水错位的矛盾，以充分发挥水分的增产效果。

(3)改善土壤结构，增加土壤的蓄水能力，通过对土壤增施有机肥料(如施用有机肥、秸秆还田等)和应用土壤改良剂，改良土壤结构，增强土壤结构的稳定性，提高土壤的降水入渗速率和持水量。

(4)盐碱地的改良原则是在排盐、隔盐、防盐的同时，积极培肥土壤。地势低洼的盐碱地块，通过挖排水沟排水，排出的地面水可以带走部分土壤盐分；灌水洗盐；水源充足的盐碱地种植水稻；增施有机肥，促进土壤团粒结构的形成，改良盐碱土的通气、透水和养料状况；深耕深松，加深耕层，加速淋盐，防止返盐，增强保墒抗旱能力，改良土壤的养分状况；客土压碱；因地种植，合理布局。

四、采用农业措施改良土壤质地，改善土体结构

济阳县耕地土壤限制性因素主要为耕层土壤沙化，可以采用以肥改沙的方法，一方面增加土壤中养分含量，另一方面增加土壤中的有机胶体，对改良土壤沙化和提高土壤肥力有显著的作用。此外选择适宜性的作物种植，既能改善土壤性质又能获得较好的经济效益。因地制宜地发展当地名优产品，是适应自然、提高经济效益的有效措施。

五、集约化利用耕地资源，发展生态型可持续农业，改善生态环境

耕地生态环境质量的高低是保证农作物持续稳产、高产、优质、高效的重要前提。根据济阳县资源优势以及生态环境的特点，因地制宜地利用耕地资源，通过合理轮作、科学间套种等措施，增加复种指数，努力提高耕地资源的利用率；注重多物种、多层次、多时序、多级质能、多种产业的有机结合，农、林、牧、副、渔并举，建立生态型可持续农业系统，达到经济、生态和社会效益的高度统一。此外，应重新审视耕地承包到户政策所导致的耕地经营权分散在新形势下出现的不利于耕地资源规模集约经营的缺点，努力探讨建立“公司＋农户”或各种专业化合作组织等耕地规模集约经营模式，提高全县耕地资源的集约经营和经济效益。

第七节　耕地改良的实践(模式)与效果

一、耕地改良利用分区

全县耕地利用具有区域差异性，即在耕地质量、土地利用方式、利用潜力、利用特点和

利用方向上具有地域分异规律。为指导耕地利用的合理组织和科学管理，结合测土配方施肥及土壤有机质提升，在分析耕地利用现状的基础上进行地域分区，并依耕地利用结构的调整进行用地分区，即：沿黄缓平坡地盐化潮土粮、菜、棉区，县东决口扇形地沙质盐化潮土粮、瓜、油区，县西决口扇形地沙质潮土粮、瓜、菜、油区，县西北部洼坡地壤质潮土粮、菜、棉区，黄河滩地防洪粮区。

二、耕地改良的实践(模式)与效果

(一)沿黄缓平坡地盐化潮土粮、菜、棉区

本区位于沿黄地带，包括崔寨镇、回河镇、济阳街道办事处、曲堤镇等镇(街道办事处)。耕地面积为 19324.71hm^2，占全县总耕地面积的 27.3%。其中，盐化潮土面积为 11594.80hm^2，占区耕地面积的 60%，盐土为 169.03hm^2，壤质潮土为 7123.52hm^2，湿潮土为 104.62hm^2。土壤有机质含量平均为 14.7g/kg，全氮为 1.12g/kg，碱解氮为 103mg/kg，有效磷为 24.5mg/kg，速效钾为 139mg/kg。较第二次土壤普查时的土壤有机质 8.7g/kg、全氮 0.61g/kg、碱解氮 56mg/kg、有效磷 6mg/kg、速效钾 130.7mg/kg 分别提高 69%、83.6%、83.9%、308.3%、6.4%。

本区主要特点是黄河水资源丰富，盐化潮土面积较大；历史上的“南果北棉”逐渐演变为粮食、蔬菜区，辅以棉花，且棉花种植面积呈逐年减少趋势；沿黄一带村庄稠密，人多地少，生产发展不平衡。

本区耕地改良原则是“防治结合，防重于治”，主要采取生物措施、农业耕作措施、工程措施等。生物措施包括营造农田内的防护林、种植耐盐碱作物；农业耕作措施主要是平整土地、增施有机肥、秸秆还田等；工程措施即水利改良措施。搞好灌排配套工程，对易受洪涝灾害的地区要整修农田、疏通渠道，保证汛期不受危害。增施肥料，提高土壤养分，要以有机肥为主、化学肥料为辅，特别是以优质厩肥为主。在化肥施用中，要合理搭配氮、磷、钾的肥料比例，并注重中微量元素肥料的施用，提高肥料利用率。

发展方向及措施：本区在正常年份水资源充沛，土质较好，要充分发挥这一优势，在搞好粮食生产的前提下，通过产业结构调整，重点发展蔬菜生产，特别是黄瓜、番茄、香瓜等优势蔬菜。合理布局，发展一批蔬菜专业户、专业村。研究蔬菜供求动态，提高经济效益。借助“稍门”牌黄河大米的品牌效应，发展水稻生产。

(二)县东决口扇形地沙质盐化潮土粮、瓜、油区

本区位于县东北部的仁风镇，属黄河决口扇形地，其地貌特征与西部决口扇形地相似。地势南高北低，地面起伏不平。但土壤类型与县西部有较大差异，沙质盐化潮土面积大。该区耕地面积为 7996.62hm^2，占全县总耕地面积的 11%。区内沙质盐化潮土面积为 2926.74hm^2，占区耕地面积的 36.6%，沙质潮土为 1967.42hm^2，占区耕地面积的 24.6%，壤质潮土为 1140.74hm^2，黏质潮土为 778.55hm^2。土壤有机质含量平均为 13.4g/kg，全氮为 0.94g/kg，碱解氮为 90mg/kg，有效磷为 19.8mg/kg，速效钾为 117mg/kg。较第二次土壤普查时的土壤有机质 7g/kg、全氮 0.48g/kg、碱解氮 46 mg/kg、有效磷 5mg/kg、速效钾 115mg/kg 分别提高 91.4%、95.8%、95.7%、296%、1.7%。

本区的特点是土壤质地偏沙，盐碱地面积大；地下水资源贫乏；具有多年种植西瓜、花生等作物的传统。

根据本区自然条件可知，本区优势在于多种经营综合发展。种植业调整应合理安排粮经作物比例，建立油、瓜基地。主要措施：一是采取综合措施，治理旱、涝、碱、薄。旱、涝、碱、薄是本区农业发展的主要障碍因素，要统一规划、综合治理。扩建引黄工程建设，平整土地，做到旱能浇、涝能排。宜井区重视发展井灌。二是在发展灌溉的同时，根据本区自然条件，选择抗旱、抗碱及耐瘠的作物品种。三是重视作物秸秆还田，增施有机肥，以无机促有机，增加土壤有机质，提高土壤肥力，改善土壤理化性状。四是调整种植业结构，稳定粮田面积，建立油、瓜生产基地。减少棉花面积，增加西瓜、花生面积。布局上应因地制宜、相对集中。粮棉应集中于北部和西部，其余大部分耕地以粮、油、瓜为主。重点发展“仁风”牌富硒西瓜，突出保护地西瓜的栽培，推行“西瓜－小麦－夏花生”二年三熟制或“小麦－夏花生”一年两熟制。重视选用良种、轮作倒茬、配方施肥和合理用地。五是以绿化沟渠路为主，抓好农田林网建设，防风固沙，改善生态环境。

（三）县西决口扇形地沙质潮土粮、瓜、菜、油区

本区位于县西部，涉及孙耿镇、太平镇、回河镇的西部及西南部，耕地面积为14298.87hm^2，占全县总耕地面积的20.2%。其中沙质壤土面积为6291.45hm^2，占区耕地面积的44%，壤质潮土为6363.06hm^2，占区耕地面积的44.5%，盐化潮土为1334.19hm^2，风沙土为207.94hm^2。土壤有机质含量平均为14.2g/kg，全氮为1.01g/kg，碱解氮为95mg/kg，有效磷为24mg/kg，速效钾为139.6mg/kg。较第二次土壤普查时的土壤有机质7.4g/kg、全氮0.52g/kg，碱解氮50mg/kg、有效磷5mg/kg、速效钾108mg/kg分别提高91.9%、95.2%、90%、380%、29.3%。

本区的特点是地下水资源丰富，又是引黄灌区，灌排条件好，宜发展灌溉农业；耕地起伏不平，以沙质、壤质潮土为主，耕层通透性好，易耕易种；适种作物多，花生、西瓜的种植历史悠久；地理位置优越，交通便利，适宜瓜菜生产的发展；本区土体构型多为漏沙型，漏肥漏水，作物生长的中后期常出现脱肥早衰现象。

根据本区的自然条件和地理位置，发展方向应是在保持粮食稳定增长的基础上，进一步调整种植结构，适当增加花生面积，主攻单产，提高质量。同时大力发展“太平宝”西瓜，建立西瓜、蔬菜商品基地，以满足城镇市场的需求。

主要措施：提倡井、渠并用，引黄补源，以井保丰，扩大灌溉面积；搞好以整平土地，改良土壤为中心的农田基本建设，实施测土配方施肥，增施有机肥，提高土壤有机质，将旱、薄、沙地建成稳产高产田；发展林业生产，以沟渠路绿化为主，建成防风林网。

（四）县西北部洼坡地壤质潮土粮、菜、棉区

本区位于县西北部，分布于徒骇河南北两侧。西北与临邑、商河两县接壤，东南近邻县城。全区包括新市镇和太平镇、垛石镇、济阳街道办事处、回河镇等镇（街道办事处）部分耕地。耕地面积为26828.08hm^2，占全县总耕地面积的37.9%。大部分为壤质潮土，是全县土壤条件最好的一个区。土壤有机质含量平均为15.2g/kg，全氮为1.05%，碱解氮为120mg/kg，有效磷为26.9mg/kg，速效钾为163.3mg/kg。本区地下水资源条件较好。井灌、引黄并举，徒骇河从本区穿过，既可扬水灌溉，又能排水。

主要特点：一是分为缓平坡地、浅平洼地两大类，土壤质地偏重，水资源较丰富；二是本区东北部多为黏质潮土，耕性不良；三是区边缘有盐化潮土分布；四是土地宽满，是全县土地资源最多的地区。

本区应充分发挥水土资源优势，搞好农田水利工程配套建设，提高抗旱、排涝能力。改良措施应以培肥地力、深耕活化土壤、增加耕作层、提高耕地生产能力为主。配方施肥、因土施肥是解决土壤氮、磷、钾肥料施用比例失调的根本措施。在搞清土壤条件、养分状况的基础上，确定最佳肥料配比和最佳用量，以最小的投资获得最大的经济效益。对质地黏重、耕性差的洼地，坚持以有机肥为主、化肥为辅的原则，合理进行秸秆还田，大力推广粮菜等间作，这是用养结合的良好方法，也是改善耕层理化性状、增加土壤养分、培肥地力的有效措施，可保证粮食持续高产。必须切实掌握秸秆还田技术，确定合理的翻压时期。南部完善水利设施，整平土地，扩大灌溉面积；北部发展灌溉的同时，重视改造碱、洼地，防涝、防渍，提高抗灾能力，建设粮、棉高产基地。依托“垛石”牌番茄基地，扩大蔬菜种植面积。

（五）黄河滩地防洪粮区

本区位于黄河滩地内。全区涉及崔寨镇、回河镇、济阳街道办事处、曲堤镇、仁风镇等5个镇（街道办事处）。面积为2338.2hm^2，占全县总土壤面积的3.3%。区内土壤受洪水影响，变化较大。区内农田水利设施不完善，滩地高燥，干旱严重，秋季作物收成无保证。

本区为洪涝区，以行洪为主，只能搞适应性种植，不能影响行洪，宜发展小麦，夏播以生长期短的作物为好。利用大堤，堤角搞好植树造林，既可保护堤防，又可增加经济收入。

第九章 耕地污染防治对策与建议

一、耕地污染源

耕地污染是环境污染的一种。随着农业现代化的发展,耕地污染的问题日益突出。耕地污染主要来自工业“三废”和农业生产本身,耕地污染的途径主要有四个方面。

(一)污水灌溉

由污水灌溉引起的耕地污染最为普遍。目前,济阳县境内的污水灌溉区主要是徒骇河。污水主要来源于生活污水和工业污水。生活污水水质好、肥分高,对耕地污染较小。工业污水含有多种重金属离子,如铅、铬、砷、汞,以及氯、硫、酚、氰化物等有害成分,超出农田灌溉水水质标准。因此,利用污水灌溉要注意使用方法,取利避害,才能发挥更大的作用。

(二)工业废气

2010 年,济阳县空气质量达到国家环境空气质量二级标准。虽然达到了国家有关标准,但仍有部分乡镇企业及个体企业没有或根本无法实现达标排放,非金属产品制造业产生的粉尘排放量较大,对环境污染明显。

(三)工业废渣

济阳县是一个新兴工业城市,工矿企业少,每年产生的工业废渣较少。虽然产生少量的工业废渣,但若长期堆存,不仅占用耕地,而且也对水系和大气造成严重的污染和危害。

(四)农业生产本身

随着农业生产的发展,农民盲目加大农业生产资料的投入,农药、化肥、地膜等农用物质的不合理和过量使用,以及畜禽粪便等农业废弃物的任意排放,使农业面源污染有不断加重的趋势,受污染的农田比例逐步上升。农业面源污染已成为目前水质恶化的一大原因,同时也是导致农业生态环境恶化和资源退化的一个重要因素。

1. 农作物秸秆

全县常年生产各种农作物秸秆总量为 83.17 万吨,其中禾本科粮食作物秸秆为 74.48 万吨,油料、豆类秸秆为 3.2 万吨,棉花秸秆为 4.49 万吨。造成面源污染的主要原因是夏收、秋收时,极少部分农户在田间就地焚烧麦秆、玉米秸等。另外,部分农户将秸秆长期弃置堆放或推入河沟,经日晒、雨淋、沤泡引起腐烂,产生污水,污染水体。

2. 畜禽粪尿

据济阳县统计局统计资料,2010 年全县畜禽饲养量为大牲畜 20.35 万头、猪 29.73 万头、羊 21.82 万头。全年畜禽类粪便(鲜)产生量约为 200 万吨。据调查测算,有 90%

以上的畜禽粪尿得到收集，用于积肥。产生农业面源污染的主要原因是农村少部分散养畜禽粪尿散失，粪肥露天堆放，经雨水冲淋、地表径流，污染水体；农村积肥池夏季雨水过多时，外溢污染；规模养殖场露天堆放粪肥淋失及臭气污染；无害处理不彻底而排入水体，引起水体污染。

3.化肥

济阳县化肥施用量较大，氮肥（折纯，下同）施用总量为3.23万吨，磷肥为1.2万吨，钾肥为0.27万吨，复（混）肥为0.7万吨。主要原因是复种指数高，蔬菜等经济作物种植面积大，对化肥的需求量比较多。化肥引起农业面源污染的主要原因为矿质肥料中重金属含量高于土壤本底。长期大量施用：造成部分土壤重金属含量明显上升；氮、磷、钾比例不协调，且氮肥过量，造成肥料当季利用率不高，蔬菜、水果等农产品硝酸盐含量超标，品质下降；设施栽培田块超量施用化肥，加之频繁灌溉，造成土壤次生盐渍化和地下水污染。

4.农药

全县每年使用各种农药（实物）953.4吨左右，平均每亩约1kg。近年来，由于推广抗病抗虫杂交棉，在棉花上使用农药有所减少，但水果、蔬菜病虫严重，其用药量居高不下。使用农药造成农业面源污染的主要表现：在蔬菜、果树等农作物使用禁用农药，造成农药残留超标，夏、秋季发生率较高；施药器械和方法落后，大部分药液洒落于土壤表面，在土壤中形成农药残留；用后的农药瓶、袋弃置于沟渠边、池塘旁，或施药后经雨水冲洗，部分农药污染水体。

5.农膜

全县每年使用农膜700多吨，其中地膜约1800吨，地膜覆盖栽培面积在$1.1\times10^4 hm^2$以上，地膜回收率虽在85%以上，但仍有少部分地膜残存于农田土壤中，造成耕地理化性状恶化，通透性变差，其分解产生的有毒物质污染土壤。

二、耕地污染的防治

根据我国制定的“全面规划、合理布局、综合利用、化害为利、依靠群众、大家动手、保护环境、造福人民”的方针，防治土壤污染必须以防为主，彻底清除污染源，对已经污染的土壤，必须采取一切有效的措施加以改良，从而提高土壤的环境质量，同时提高土壤的健康质量。

（一）科学规划，确定控制目标

在无公害农产品生产基地，严格控制农、牧、渔业生产活动，控制使用农用化学品，禁止排放养殖污水和生活污水，防止渔业养殖因密度过大而造成水质恶化。一般控制区要优化农业生产和投入结构，改善农业生产条件，逐步降低农业化学品的使用量，其化肥使用总量减少10%～20%，农药使用量减少15%～30%，提高规模养殖比重和规模养殖场畜禽粪尿处理利用率，逐步达到50%和70%以上。

（二）实施生态农业建设工程

结合生态农业县建设，大力实施农田林网工程、以沼气为纽带的生物链生态养殖工程、农业废弃物综合利用工程、太阳能等可再生资源利用（包括日光温室）工程、农作物病虫草鼠害综合防治和生物防治工程、耕地质量建设和平衡配套施肥工程等生态农业建设工程，大力发展有机食品、绿色食品和无公害农产品，推广无公害标准化生产技术，按照优质、高产、高效、安全、生态和可持续发展的要求，组织农业生产，加快打造绿色农业进程。

（三）推广农业实用新技术，减轻农业自身污染

1.推广平衡配套施肥技术

实行三个“平衡”，即：有机肥与无机肥平衡施用；氮、磷、钾素平衡施用；大量元素与中微量元素平衡施用。针对现在的施肥状况，一是要增加有机肥的投入，培肥土壤地力；二是要控制和减少氮肥总量，协调氮、磷、钾施用比例，增加施用硅肥、硼肥、锌肥等；三是化肥品种上要淘汰易挥发流失品种，推广高浓度的复合肥及作物专用配方肥（BB 肥），提高化肥利用率，达到 35%～40%。

2.加大秸秆综合利用开发力度

大力推广秸秆还田、留高茬、过腹还田、秸秆汽化和沼气池等多种秸秆还田模式。

3.推广可降解地膜

降解地膜具有普通地膜同样的功能，在保温性能、产量水平、经济效益上与普通地膜均无显著差异，但降解地膜对土壤无污染、是治理农田白色污染、保护人类生存环境的理想地膜，对这一环保产品应采取行政及经济的措施来大力推广。

4.加强植保新技术和替代农药的引进推广

禁止销售和使用甲胺磷等高毒、高残留农药。采取生物措施，降低化学农药对土壤的污染。措施：保护和利用天敌；采取性诱剂、雄性绝育技术的方法以及害虫病毒、菌类和其他微生物的利用等方法，同样可以控制害虫，且对环境没有消极影响。

5.推广应用抗病、抗虫作物品种

抗病及抗虫育种主要是通过作物抗病和抗虫基因的研究，建立各种作物的抗性资源库，通过转基因或育种等工作选育出适合的抗性品种，这种方法不仅有利于环境，减少了化学农药的使用量，而且具有很高的经济效益。

6.规模化畜禽养殖

加强畜禽养殖污染防治，促进养殖业健康持续发展。严格落实新、扩、改建畜禽养殖场的环境影响评价。对畜禽养殖场要控制污染物排放总量，实行排污申报和许可制度，对农村家庭养殖户进行适度规模集中，鼓励建立生态养殖小区，形成以沼气为纽带的综合利用系统。

（四）强化监督管理，增强环保责任

一要认真贯彻落实有关法律法规，加大对保护农田生态环境的宣传，加大执法力度；二要建立农业环境监管体系，建立健全农业生态环境、农产品质量、农业投入品监测机构、管理机制和长效监管制度；三要加强领导，加大投入，加大对农业环境监测和控制、污染源综合治理等公益性事业的投入力度，保障全县农业面源污染防治工作的有效实施。

第十章　测土配方施肥技术

第一节　开展测土配方施肥的意义

人们常说:“有粮无粮在于水,粮多粮少在于肥。”事实并非完全如此,有的农民化肥没少用,但产量却不高,或产量较高,收入却没增加多少。农民盲目施肥、过量施肥,不仅造成农业生产成本的增加,而且带来严重的环境污染,威胁农产品质量安全。特别是近年来化肥价格持续上涨,直接影响春耕生产和农民增收。开展测土配方施肥,对于提高粮食单产、降低生产成本、实现粮食稳定增产和农民持续增收具有重要的现实意义;对于提高肥料利用率、减少肥料浪费、保护农业生态环境、保证农产品质量安全、实现农业可持续发展具有深远影响。开展测土配方施肥的重大意义具体表现为以下六个方面。

(1)满足提高作物单产、保障粮食安全的客观要求。提高作物产量离不开土、肥、水、种四大要素。肥料在农业生产中的作用是不可或缺的,对农业产量的贡献在40%左右。人增地减的基本国情决定了提高单位耕地面积产量是唯一出路,合理施肥能大幅度地提高作物产量。在测土配方的基础上合理施肥,促进农作物对养分的吸收,可增加作物产量5%～20%,甚至更高。

(2)降低生产成本、促进节本增效的重要途径。肥料在农业生产资料的投入中约占50%,但是施入土壤的化学肥料大部分不能被作物吸收,未被作物吸收利用的肥料,在土壤中发生挥发、淋溶,被土壤固定。在测土配方施肥条件下,由于肥料品种、配比、施肥量是根据土壤供肥状况和作物需肥特点确定的,所以,既可以保持土壤均衡供肥,又可以提高化肥利用率,降低化肥使用量,节约成本。测土配方施肥解决了盲目施肥、过量施肥造成的农业生产成本增加的问题。

(3)减少环境污染、保护生态环境的需要。盲目施肥、过量施肥,不仅造成农业生产成本增加,而且降低肥料利用率,还带来严重的环境污染。在测土配方施肥条件下,作物生长健壮,抗逆性增强,减少了农药使用量,降低了化肥、农药对农产品及环境的污染。

(4)提高农产品质量、增强农业竞争力的重要环节。施肥方式不仅决定农作物产量的高低,同时也决定农产品品质的优劣。通过测土配方施肥,实现合理用肥,科学施肥,能改善农作物品质。滥用化肥会使农产品质量降低,导致“瓜不甜、果不香、菜无味”。

(5)不断培肥地力、提高耕地产出能力的重要措施。农业生产中施肥不合理,主要表现在不施有机肥或少施有机肥,偏施、滥施氮肥,养分失衡,土壤结构受到破坏,土壤肥力下降。经过测土,能明白土壤中到底缺少什么养分,根据需要配方施肥,才能使土壤缺失的养分及时获得补充,维持土壤养分平衡,改善土壤理化性状。

(6)节约能源消耗、建设节约型社会的重大行动。化肥是资源依赖型产品,化肥生产必然需消耗大量的天然气、煤、石油、电力和有限的矿物资源。节省化肥生产性支出,对于缓解能源紧张矛盾具有十分重要的意义,节约化肥就是节约资源。

第二节　测土配方施肥技术的实施

测土配方施肥以养分归还(补偿)学说、最小养分律、同等重要律、不可代替律、报酬递减律和因子综合作用律等为理论依据,遵循有机、无机相结合,氮、磷、钾相配合,用地、养地相结合三大原则。

一、肥料配方原理和方法

当前所推广的配方施肥技术主要依据定量施肥的不同来划分。

(一)地力分区(级)配方法

按土壤肥力高低分成若干等级,或划出一个肥力均等的片区,作为一个配方区。利用土壤普查资料和过去田间试验成果,结合群众的实践经验,估算出这一配方区比较适宜的肥料种类及其施用量。可以参考表 10-1 和表 10-2 进行土壤肥力分级和确定不同作物施肥量。

表 10-1　　土壤肥力分级

肥力等级	土壤养分状况				主要农作物空白田产量(kg/hm^2)				
	有机质(g/kg)	全氮(g/kg)	有效磷(mg/kg)	速效钾(mg/kg)	冬小麦	夏玉米	春玉米	水稻	棉花(皮棉)
高	＞1.2	＞0.08	＞15	＞140	＞3000	＞3750	＞4500	＞3750	＞750
中	1～1.2	0.06～0.08	5～15	100～140	1500～3000	2250～3750	3000～4500	2250～3750	375～750
低	＜1	＜0.06	＜5	＜140	＜1500	＜2250	＜3000	＜2250	＜375

表 10-2　　主要农作物分区施肥量方案

作　物	土壤肥力分级	氮、磷、钾推荐用量(kg/hm^2)		
		N	P_2O_5	K_2O
冬小麦	高	180～210	165～195	90～120
	中	150～180	120～150	75
	低	120～150	105～135	60
夏玉米	高	210～240	90～120	90～120
	中	180～210	75～90	75
	低	150～180	60～75	60

续表

作　物	土壤肥力分级	氮、磷、钾推荐用量(kg/hm^2)		
		N	P_2O_5	K_2O
春玉米	高	225～240	150～180	75
	中	165～195	120～150	60
	低	120～165	90～120	60
水稻	高	180～210	105～120	75
	中	150～180	90～105	60
	低	120～150	75～90	60
棉花	高	150～180	120～150	90～120
	中	120～150	90～120	60～90
	低	90～120	75～90	60～90

注：引自《农业测土配方施肥工作实务全书》，银声音像出版社 2005 年版，第 979 页。

（二）目标产量配方法

根据作物产量的构成，由土壤和肥料两个方面供给养分的原理来计算肥料的施用量。先确定目标产量以及为达到这个产量所需要的养分数量，再计算除土壤所供给的养分外需要补充的养分数量，最后确定施用多少肥料。此法包括养分平衡法和地力差减法，目前主要采用养分平衡法，就是以土壤养分测定值来计算土壤供肥量。肥料需要量可按下列公式计算：

化肥施用量＝[（作物单位产量养分吸收量×目标产量）－土壤供肥量]÷（肥料中有效养分含量×肥料当季利用率）

目标产量：以当地前三年作物的平均产量为基础，增加 10%～15%，作为目标产量。

作物单位产量养分吸收量：作物单位产量养分吸收量是一个常数，可参考表 10-3。

作物养分总吸收量＝作物单位产量养分吸收量×目标产量

土壤供肥量＝土壤养分测试值×0.15×校正系数

（或＝空白田一季作物养分的总吸收量）

土壤养分测试值：通过测定土壤可以得到，土壤养分测试值以 mg/kg 为单位，0.15 是耕层养分测定值换算为每亩土壤养分含量的系数（每亩土壤耕层重量约为 1.5×10^5 kg）。

校正系数：作物实际吸收养分测定值的比值，常通过田间试验获得。因土壤类型、气候条件不同，校正系数差异很大，一般由当地土肥站测算。

肥料中有效养分含量：现有化肥的有效成分都是按化工部颁布标准生产的，查标签可以得知。

肥料当季利用率：不是一个定值，因作物种类、土壤肥力、气候条件和农艺措施不同而不同，在很大程度上取决于肥料用量、用法和施用时期。

表 10-3　　主要农作物单位产量吸收氮、磷、钾量

作　物	收获物	形成 100kg 经济产量吸收的养分量(kg)		
		N	P_2O_5	K_2O
冬小麦	籽粒	2.8	1	3.2
夏玉米	籽粒	2.6	0.9	2.1
春玉米	籽粒	3.15～3.5	1.44	1.8～2.4
谷子	籽粒	2.5	1.25	1.75
高粱	籽粒	2.6	1.3	1.3
水稻	籽粒	2.8～3.15	1.44～1.68	1.56～1.8
棉花	籽棉	6.39	2.5	4.3
烟草	鲜叶	4.1	1	6
芝麻	籽粒	8.23	2.07	4.41
花生	荚果	6.8	1.3	3.38
大豆	豆粒	7.2	1.8	4
甘薯	鲜块根	0.35	0.18	0.55
马铃薯	鲜块根	0.5	0.2	1.06
黄瓜	果实	0.4	0.35	0.55
茄子	果实	0.3	0.1	0.4
番茄	果实	0.45	0.5	0.5
胡萝卜	鲜块根	0.31	0.1	0.5
萝卜	鲜块根	0.6	0.31	0.5
洋葱	葱头	0.27	0.12	0.23
芹菜	全株	0.16	0.08	0.42
菠菜	全株	0.36	0.18	0.52
卷心菜	叶球	0.41	0.05	0.48
大葱	全株	0.3	0.12	0.4
苹果	果实	0.3	0.08	0.32
梨	果实	0.47	0.23	0.48
柿子	果实	0.59	0.14	0.54
葡萄	果实	0.6	0.3	0.72
桃	果实	0.48	0.2	0.76

注:①大豆、花生等豆科作物借助根瘤菌固定空气中的氮素,从土壤中吸取的氮仅占 1/3 左右。

②引自《农业测土配方施肥工作实务全书》,银声音像出版社 2005 年版,第 983 页和第 984 页。

（三）田间试验法

田间试验法的原理是通过简单的单一对比，或应用较复杂的正交、回归等试验设计，进行多点田间试验，从而选出最优处理，确定肥料施用量。

1. 肥料效应函数法

肥料效应函数法采用单因素、二因素或多因素的多水平回归设计进行布点试验，将不同处理得到的产量进行数理统计，求得产量与施肥量之间的肥料效应方程式。根据其函数关系式，可直观地看出不同元素肥料的不同增产效果，以及各种肥料配合施用的联合效果，确定施肥上限和下限，计算出经济施肥量，以作为实际施肥量的依据。

2. 养分丰缺指标法

利用土壤养分测定值与作物吸收养分量之间存在相关性的原理，对不同作物通过田间试验，按不同土壤养分测定值下所得的产量进行分类，把土壤的测定值按一定的级差分等，制成养分丰缺及推荐施肥量对照检索表。制定养分丰缺指标，首先要在 30 个以上不同肥力水平即不同土壤养分测定值的田块上安排试验，试验田除全肥区和缺肥区两个处理外，一切条件均相同，每个试验点都要测定土壤速效养分的含量。收获后，用下列公式计算相对产量：

$$相对产量(\%)=(缺肥区作物产量/全肥区作物产量)\times 100\%$$

以土壤养分测定值为横坐标，以相对产量为纵坐标，作相关曲线图。图中相对产量低于 50％所对应的养分含量为极缺，50％～75％为缺，75％～95％为中，95％以上为丰。在推广应用中，通过分析某地土壤养分含量，即可确定该养分施用与否及施用量大小。当土壤养分测定值达到丰富时，说明施肥效果不显著，一般可以不施含该养分的肥料；在缺乏的范围内，则表明施肥效果很显著，应适量施用含该养分的肥料。

3. 氮、磷、钾比例法

此法也是田间试验法的一种。原理是通过田间试验，在一定地区的土壤上，取得某一作物不同产量情况下各种养分之间的最好比例，然后通过对一种养分的定量，按各种养分之间的比例关系，来决定其他养分的肥料用量。如以氮定磷、定钾，以磷定氮，以钾定氮等。

二、测土配方施肥技术路线与工作要点

测土配方施肥主要围绕“测土、配方、配肥、供肥、施肥指导”五个环节，开展十一项工作。

（一）野外调查

坚持资料收集整理与野外定点采样调查相结合、典型农户调查与随机抽样调查相结合，通过广泛深入的野外调查和取样地块农户调查，掌握耕地立地条件、土壤理化性状与施肥管理水平。

（二）采样测试

测土是制定肥料配方的重要依据。按照农业部统一的测土配方施肥技术规范和要求，平均每 6.7～13.3hm^2 耕地采集 1 个土样。对采集土壤样品进行分析化验，并根据需要开展植株、水样品分析，为制定配方和田间校验试验提供基础数据。另外，选择有代表

性的采样点，对测土配方施肥效果进行跟踪调查。

（三）田间试验

按照测土配方施肥技术规范要求，布置田间肥料效应小区试验，摸清土壤养分校正系数、土壤供肥量、农作物需肥规律和肥料利用率等基本参数。建立不同施肥分区主要作物的氮、磷、钾肥料效应模型，确定作物合理施肥品种和数量，基肥、追肥分配比例，最佳施肥时期和施肥方法，建立施肥指标体系，为配方设计和施肥指导提供依据。

（四）配方设计

组织有关专家，汇总分析土壤测试和田间试验数据结果，根据气候、地貌、土壤类型、作物品种、耕作制度等差异，合理划分施肥类型区。审核测土配方施肥参数，建立施肥模型，分区域、分作物地制定肥料配方。

（五）校正试验

为保证肥料配方的准确性，减少配方肥大面积应用的风险，在每个施肥分区单元，以当地主要作物、主栽品种为对象，设置测土配方施肥、农户习惯施肥、空白对照三个处理的校正试验，对比测土配方施肥的效果，验证和完善肥料配方，优化测土配方施肥技术参数。

（六）配肥加工

依据配方，以各种单质或复混肥料为原料，配制配方肥。目前有两种方式：一是农民根据配方建议卡自行购买各种肥料，配合施用；二是由配肥企业按配方加工配方肥，农民购买施用。

（七）示范推广

针对项目区农户地块养分和作物种植状况，制定测土配方施肥建议卡，由项目乡（镇）农技人员和村委会发放入户，并由户主签名确认。建立测土配方施肥示范区，树立样板，展示测土配方施肥技术成果，引导农民应用测土配方施肥技术。

（八）宣传培训

一方面加强对各级农技推广部门、肥料生产企业、经销商有关技术人员的培训，逐步建立持证上岗制度。另一方面要通过广播、电视、报刊、明白纸、现场会等形式，加强宣传培训，提高广大农民的测土配方施肥意识，普及科学施肥知识。

（九）数据库建设

运用计算机技术、地理信息系统（GIS）和全球卫星定位系统（GPS），采用规范化的测土配方施肥数据字典，以第二次土壤普查、耕地地力调查、历年土壤肥料田间试验和土壤监测数据资料为基础，收集整理这次野外调查、田间试验和分析化验数据，建立不同层次、区域的测土配方施肥数据库，在此基础上，建立耕地资源管理信息系统，构建测土配方施肥宏观决策和动态管理基础平台。

（十）效果评价

通过对项目区施肥效益和土壤肥力进行动态监测，并及时获得农民反馈的信息，对测土配方施肥的实际效果进行评价，从而不断完善管理体系、技术体系和服务体系。

（十一）技术研发

重点开展田间试验、土壤养分测试、肥料配方、数据处理、专家咨询系统等方面的技术研发工作，不断提升测土配方施肥技术水平。

三、测土配方施肥分区

通过分析土壤测试结果，并根据济阳县耕地地力评价结果、不同区域的农户施肥情况调查表、土壤类型及基础地力等，将全县分为四个施肥区域，分别是沿黄缓平坡地盐化潮土施肥区、县东决口扇形地沙质盐化潮土施肥区、县西决口扇形地沙质潮土施肥区、县西北部洼坡地壤质潮土。

(一)沿黄缓平坡地盐化潮土施肥区

该区土壤以盐化潮土、潮土为主，湿潮土、盐土很少。耕层质地多为轻壤、中壤，有少部分沙壤。地貌以起伏洪积平原、平坦洪积平原和洪积扇为主。土壤养分储量稍高，保水、保肥及供水、供肥性能稍好，土体构型为均质壤，多为三级地、一级地、四级地和二级地。该区土壤养分：有机质含量平均为 14.7g/kg，全氮为1.12g/kg，碱解氮为 103 mg/kg，有效磷为 24.5mg/kg，速效钾为 139mg/kg。

(二)县东决口扇形地沙质盐化潮土施肥区

耕层质地以沙壤、轻壤为主，其余还有少量中壤，土体构型为沙均质、壤均质。主要是五级地、四级地和六级地。该区土壤养分：有机质含量平均为 13.4g/kg，全氮为 0.94g/kg，碱解氮为 90mg/kg，有效磷为 19.8mg/kg，速效钾为 117mg/kg。

(三)县西决口扇形地沙质潮土施肥区

本区以沙质壤土、壤质潮土为主。耕层质地主要为轻壤和沙壤，土体构型多为沙均质、壤均质、壤质黏心、壤质黏腰等。该区土壤养分：有机质含量平均为 14.2g/kg，全氮为 1.01g/kg，碱解氮为 95mg/kg，有效磷为 24mg/kg，速效钾为 139.6mg/kg。

(四)县西北部洼坡地壤质潮土施肥区

本区大部分为壤质潮土，耕层质地以轻壤、中壤、重壤为主，土层厚度较厚，土体构型为均质壤、黏均质。土壤有机质含量平均为 15.2g/kg，全氮为 1.05%，碱解氮 120 为 mg/kg，有效磷为 26.9mg/kg，速效钾为 163.3mg/kg。

第三节　主要农作物及保护地主要蔬菜测土配方施肥技术

根据本次耕地地力调查土壤测试结果，结合济阳县实际，尊重农民施肥习惯，在征求专家意见并充分准备的基础上，提出济阳县主要农作物及保护地主要蔬菜测土配方施肥技术。

一、冬小麦测土配方施肥技术

(一)冬小麦需肥特点

冬小麦一般在 10 月上中旬播种，翌年 6 月中旬收获，生育期较长。小麦是一种需肥较多的作物。据化验分析，在一般栽培条件下，每生产 50kg 小麦，需从土壤中吸收 N 1.5kg左右、P_2O_5 0.5～0.75kg、K_2O 1.5～2kg，氮、磷、钾的比例约为 3∶1∶3。小麦对氮、磷、钾的吸收量，随着品种特性、栽培技术、土壤、气候等而有所变化。产量要求越高，吸收养分的总量也随之增多。

小麦在不同生育期，对养分的吸收数量和比例是不同的。小麦对氮的吸收有两个高峰：一是在出苗到拔节（经越冬期和返青期）阶段，吸收的氮占总氮量的40%左右。二是在拔节到孕穗开花阶段，吸收的氮占总氮量的30%～40%，在开花以后仍有少量吸收。小麦对磷、钾的吸收，在分蘖期吸收量占总吸收量的30%左右，拔节以后吸收率急剧增长。磷的吸收以孕穗到成熟期吸收最多，占总吸收量的40%左右。钾的吸收以拔节到孕穗、开花期为最多，占总吸收量的60%左右，到开花时对钾的吸收已达最大量。因此，在小麦苗期，应有适量的氮素营养和一定的磷肥、钾肥，促使幼苗早分蘖、早发根，培育壮苗。拔节到开花是小麦一生吸收养分最多的时期，需要较多的氮、钾营养，以巩固分蘖成穗，促进壮秆、增粒。抽穗、扬花以后应保持足够的氮、磷营养，以防脱肥早衰，促进光合产物的转化和运输，促进麦粒灌浆饱满，增加粒重。

小麦高产不仅要求某一营养元素的绝对含量高，也要求营养元素之间有一个合适的比例，特别在营养需求的关键时期更为重要。因此，在小麦配方施肥上，不仅要求各营养元素的量要适宜，它们之间的比例也要适宜，平衡施用各种肥料。(1)增施有机肥，大力推广秸秆直接还田有机肥是一种完全肥料，富含有机质、氮、磷、钾和微量元素，而且又是微生物的重要营养源。施足有机肥，既可以满足小麦对各种营养元素的需要，又可以促进微生物的活动，有利于土壤各种形态养分的转化，提高土壤肥力。(2)合理施用氮肥、磷肥、钾肥，因地补施锌肥。

（二）测土配方施肥技术

小麦施肥种类及施肥量因目标产量及土壤测试值的不同而不同，小麦测土配方施肥建议如表10-4所示。

表10-4　　小麦测土配方施肥建议卡

目标产量 ($kg/667m^2$)	土壤有机质测试值（g/kg）			土壤有效磷测试值(mg/kg)			土壤速效钾(mg/kg)		
	<1	1～1.5	>1.5	<15	15～30	>30	<75	75～100	>100
	尿素施用量($kg/667m^2$)			磷酸二铵施用量($kg/667m^2$)			氯化钾施用量($kg/667m^2$)		
350～400	30	28	26	15	15～13	13	10～8	8～6	6
400～450	32	30	28	17	17～15	15	12～10	10～8	8
450～500	34	32	30	19	19～17	17	14～12	12～10	10
>500		34	32	21	21～19	19	16～14	14～12	12

注：

1. 如果施用测土配方专供肥：14－18－10复合肥50kg，相当于15kg尿素、20kg磷酸二铵、10kg氯化钾；12－18－15复合肥50kg，相当于13kg尿素、20kg磷酸二铵、15kg硫酸钾。施用复合肥时应以需求量相对最低的元素为基准，不足养分需施用单质肥补充。

2. 施用方法。每亩用42%的复合肥40kg，45%的复合肥35～40kg，全部作为基肥。剩余尿素于小麦起身期追施。

3. 建议每亩施用硫酸锌1～2kg，硼砂或硼酸1kg，或施用活性锌、活性硼，于小麦起身期、挑旗期、灌浆期喷施。

4. 建议盐碱地施用硫基复合肥，忌施氯基复合肥。

二、玉米测土配方施肥技术

（一）玉米需肥特点

1.不同生长时期，玉米对养分的需求特点

每个生长时期，玉米需要养分比例不同。玉米从出苗到拔节，吸收氮2.5%、有效磷1.12%、有效钾3%；从拔节到开花，吸收氮51.15%、有效磷63.81%、有效钾97%；从开花到成熟，吸收氮46.35%、有效磷35.07%、有效钾0%。

玉米营养临界期：玉米磷素营养临界期在三叶期，一般是种子营养转向土壤营养时期；玉米氮素临界期则比磷稍后，通常在营养生长转向生殖生长的时期。临界期对养分需求并不大，但养分要全面，比例要适宜。这个时期营养元素过多、过少或者不平衡，对玉米生长发育都将产生明显的不良影响，而且以后无论怎样补充缺乏的营养元素都无济于事。

玉米营养最大效率期：玉米最大效率期在大喇叭口期。这是玉米养分吸收最快、最大的时期。这期间玉米需要养分的绝对数量和相对数量都最大，吸收速度也最快，肥料的作用最大，此时肥料施用量适宜，增产效果最明显。

2.玉米整个生育期内对养分的需求量

玉米生长需要从土壤中吸收多种矿质营养元素，其中以氮素最多，钾次之，磷居第三位。一般每生产100kg籽粒，需从土壤中吸收N 2.5kg、P_2O_5 1.2kg、K_2O 2kg，氮、磷、钾比例为：1∶0.48∶0.8。

（二）玉米施肥量

1.确定目标产量

目标产量就是当年种植玉米要定多少产量，它是由耕地的土壤肥力高低情况来确定的。另外，也可以根据地块前三年玉米的平均产量，再提高10%～15%作为玉米的目标产量。如，某地块为较高肥力土壤，当年计划玉米每亩产量达到600kg，玉米整个生育期所需要的氮、磷、钾养分量分别为15kg、7.2kg和12kg。

2.计算土壤养分供应量

测定土壤中含有多少速效养分，然后计算出每亩地中含有多少养分。由于土壤多种因素影响土壤养分的有效性，土壤中所有的有效养分并不能全部被玉米吸收利用，需要乘上一个土壤养分校正系数。我国各省配方施肥参数研究表明，碱解氮的校正系数为0.3～0.7，有效磷的校正系数为0.4～0.5，速效钾的校正系数为0.5～0.85。氮、磷、钾化肥的利用率为：氮30%～35%、磷10%～20%、钾40%～50%。

3.确定玉米施肥量

有了玉米全生育期所需要的养分量和土壤养分供应量及肥料利用率，就可以直接计算出玉米的施肥量，再把纯养分量转换成肥料的实物量，就可以用来指导施肥。

4.微肥的施用

玉米对锌非常敏感，如果土壤中有效锌低于0.5mg/kg，就需要施用锌肥。土壤中锌的有效性在酸性条件下比碱性条件要高，所以，碱性和石灰性土壤容易缺锌。长期施磷肥的地区，由于磷与锌的拮抗作用，易诱发缺锌，应给予补充。常用锌肥有硫酸锌和氯化锌，基施每亩用量为0.5～2.5kg/hm^2，拌种为4～5g/kg，浸种浓度为0.02%～0.05%。如果复混肥中含有一定量的锌，就不必单独施锌肥。

（三）玉米施肥技术

1. 基肥

玉米基肥每亩用1000～1500kg有机肥，并同时将全部磷肥、三分之一的氮肥、50%的钾肥，在整地前施用。

2. 追肥

剩下的三分之二氮肥作追肥。追肥分苗肥、秆肥、穗肥和粒肥四种追肥时期，并将以下两个时期作为重点。

秆肥：拔节后10天内追施，有促进茎生长和促进幼穗分化的作用。将追肥中氮肥的三分之一作拔节肥，结合薅锄，肥与苗的距离5～7cm。

穗肥：剩下的氮肥在玉米抽雄前10～15天大喇叭口期施入，能促进穗大粒多，并对后期籽粒灌浆也有良好效果。

玉米测土配方施肥建议如表10-5所示。

表10-5 玉米测土配方施肥建议卡

计划产量($kg/667m^2$)	尿素施用量($kg/667m^2$)	土壤有效磷测试值(mg/kg)			土壤速效钾(mg/kg)		
		<15	15～30	>30	<75	75～100	>100
		磷酸二铵施用量($kg/667m^2$)			氯化钾施用量($kg/667m^2$)		
400	22～26	0	0	0	0	0	0
500	26～30	5	3	0	12	10	8
600	30～34	9	7	4	16	14	12

注：

1. 如果施用测土配方专供肥：26－6－8复合肥40kg，相当于23kg尿素、5.2kg磷酸二铵、6.4kg氯化钾；26－14－8复合肥35kg，相当于20kg尿素、11kg磷酸二铵、6.4kg氯化钾。施用复合肥时应以需求量相对最低的元素为基准，不足养分需施用单质肥补充。

2. 建议玉米播种时每亩施用40%新正大智囊肥40kg，或48%新正大智囊肥35kg，播种时注意种子和肥料分开5～7cm，以免烧种，也可在苗期一次性追施。

三、棉花测土配方施肥技术

棉花生长发育对肥料的需求较为敏感严格，氮、磷、钾三要素总用量之比为1：(0.4～0.5)：1。同时，不同生育时期对氮、磷、钾的需求差异也较大，出苗至现蕾分别占总用量的4.5%、2%和2.8%；现蕾至初花分别占总用量的11.5%、7.9%和9%；初花至盛花分别占总用量的56.7%、24%和36.5%；盛花至吐絮分别占总用量的27.9%、65.5%和51.7%。根据棉花生长发育的特性及其需肥规律，生产实践中每亩产100kg皮棉，一般需施有机肥2000～3000kg或饼肥75～100kg、过磷酸钙50～60kg、氯化钾25～30kg、尿素40～45kg、硼肥0.5kg、锌肥1kg。具体施肥方法大致分七步。

（一）轻施苗床肥

3月底整理苗床时，每亩苗床均匀撒播高效复合肥15～25kg，用作营养钵肥。移栽前5～7天，每亩苗床施用腐熟带水的稀人粪尿50～75kg，加尿素2～3kg。并在移栽前喷施0.5%～1%的过磷酸钙浸出液（喷时搞拌均匀，以免伤苗），以促发根。

（二）穴施安家肥

安家肥是促苗快发、早搭丰产架子的主要营养基础，但在施用时又要注意使棉苗在盛蕾期稳得住、初花期有个落黄的过程。根据这个原则，一般每亩用复合肥7.5～10kg，施于移栽穴底。

（三）早施提苗肥

早追苗肥，有利于促进棉苗早生快发、早现蕾、早发棵。苗肥要本着早施、轻施的原则，一般追施2次左右氮素肥。在移栽5～7天后，普施一次提苗肥，每亩用尿素5～7kg点蔸。然后看天、看地、看苗再补施一次平衡肥，每亩施用稀水粪300～350kg，掺施尿素5～6kg。

（四）稳施蕾期肥

蕾肥施用的总体原则是“数量要足，品种要全，时间得当，促中求稳”。一般每亩用饼肥50～75kg、磷肥（过磷酸钙）35～40kg、钾肥15～20kg、硼砂0.5kg、锌肥1kg，于现蕾期（6月中旬前后）混合埋施于窄行。对于二、三类棉田可视情况配施速效氮肥，以促平衡生长。

（五）重施花铃肥

重施花铃肥，除有利于满足开花结铃需要的氮肥以外，还能满足保持茎叶营养生长对氮的需求，从而促多开花、多结桃、结大桃。每亩用饼肥25kg、尿素20kg、钾肥7.5～10kg，于花铃盛期（7月中旬）混合埋施于宽行沟边。

（六）普施盖顶肥

为了满足不断增多、增大的棉桃生长发育的需要，力争多结秋桃，要普施一次盖顶肥。每亩用尿素5～7.5kg，于8月中下旬结合抗旱施于宽行，促秋桃盖顶。

（七）喷施叶面肥

进入吐絮期后，要及时喷施叶面肥，促进功能叶的光合作用。结合打药，每隔一周喷施一次0.2%的磷酸二氢钾和1%～2%的尿素液，共2～3次。

四、水稻测土配方施肥技术

（一）施肥原则

水稻测土配方施肥要掌握以土定产，以产定肥，因缺补缺，有机、无机相结合，氮、磷、钾平衡施用的原则。

一是要测土。测土是测土配方施肥的前提，通过对土壤养分的分析测定，较准确地掌握土壤养分状况及供肥性能，为配方施肥提供科学依据。二是要配好配方。配方是施肥的关键。在测土的基础上，根据土壤特性、栽培习惯、作物的需肥规律、生产水平和气候等条件，结合上年的产量水平，确定目标产量，再根据肥料的效应，提出氮、磷、钾的最适用量和最佳比例。三是配肥（供肥）。按照配方要求选择优质单质肥料或专用肥、复合肥、有机—无机复混肥等肥料品种进行科学搭配。四是施肥模式。根据土壤类型、作物的生育特性和需肥规律，制定相应的施肥模式。

水稻的需肥量为每 100kg 稻谷需要吸收 N 2～2.4kg、P_2O_5 0.9～1.4kg、K_2O 2.5～2.9kg，综合考虑土壤供应能力、肥料利用效率以及生产水平等因素，在土壤养分中等的情况下，施用肥料中氮、磷、钾配比应为 1∶0.5∶0.9 左右。

1. 施足基肥

基肥以有机肥为主、化肥为辅。有机肥属完全肥料，含有各种养分，除氮、磷、钾外，还有钠、镁、硫、钙及各种微量元素。施用有机肥，可改善土壤通气性能，提高保肥、保水性能，促进稻株稳健生长，从而有利于水稻获得高产优质。农家肥一定要选用腐熟的农家肥。

2. 控制氮素肥

适量施用氮肥可促进稻株发棵生长，过量施用不仅会造成无效分蘖增多，变青、倒伏、病虫害加剧，而且导致空秕粒多，结实率下降，影响水稻产量。因此，在水稻生长发育过程中要注意控制氮肥用量。

3. 重视施用磷肥、钾肥

磷肥、钾肥是水稻生长发育不宜缺少的元素，可增强植株体内活动力，促进养分合成与运转，加强光合作用，延长叶的功能期，使谷粒充实饱满，提高产量。磷肥以基肥为宜，钾肥以追施较好。

4. 适当补充中微量元素

中量元素硅、钙、镁、硫均具有增强稻株抗逆性、改善植株抗病能力、促进水稻生长的作用，实践表明，缺硫土壤施用硫肥、缺硅土壤施用硅肥，均有显著的增产效果。微量元素如锌、硼等，能改善水稻根部氧的供应，增强稻株的抗逆性，提高植株抗病能力，促进后期根系发育，延长叶片功能期，防止早衰；能加速花的发育，增加花粉数量，促进花粒萌发，有利于提高水稻成穗率；还能促进穗大粒多，提高结实率和籽粒的充实度，从而增加稻谷产量。

（二）高产水稻施肥模式

水稻亩产 450～550kg 的测土配方施肥模式如下：

1. 施肥总量与配比

施肥的氮、磷、钾配比应为 1∶0.5∶0.9 左右，总量为：N 10～13kg、P_2O_5 5～7kg、K_2O 8～12kg。

2. 施肥方案

（1）基肥：一般每亩施厩肥 500～1000kg 或商品有机肥 60～80kg；尿素 7～9kg，钙镁磷肥 35～45kg，氯化钾 4～6kg，硫酸锌 1kg。

（2）追肥：分蘖期：尿素 5～7kg，氯化钾 4～6kg；孕穗期：尿素 6～8kg，氯化钾 5～7kg；抽穗期：磷酸二氢钾 0.2kg 加尿素 0.5kg 对水 50kg 喷施，防止早衰。

五、保护地主要蔬菜测土配方施肥技术

保护地蔬菜施肥方面存在问题较多，多年来菜农凭经验施肥，盲目施肥现象比较严

重，造成了土壤养分不平衡，肥料利用率低，土壤盐分积累，病害严重。因此，搞好保护地蔬菜测土配方施肥已是刻不容缓。

（一）保护地主要蔬菜的需肥规律

1. 冬暖式大棚黄瓜的营养需求规律

大棚黄瓜各生育期三要素的积累趋势为钾大于氮、氮大于磷。根据试验结果统计，每形成 100kg 黄瓜约吸收 N 0.41kg、P_2O_5 0.23kg、K_2O 0.55kg，比例为 1∶0.56∶1.34。大棚黄瓜氮、磷、钾需求最大期为盛瓜期，其需求量约占总量的 80%。大棚黄瓜生育前期和后期对三要素的吸收速率很慢，初瓜期开始加快，至盛瓜后期呈递增趋势。但这并不意味着盛瓜后期还需施用大量肥料。一般情况下，施入化肥 7～10 天后作物才能吸收利用。因此，按此吸收速率计算的肥料至少应提前 15～20 天施用。

大棚黄瓜三要素吸收比例：黄瓜不同生育时期需要氮、磷、钾的比例不同，如表 10-6 所示；苗期需磷、钾的比例较高，苗期至盛瓜初期呈下降趋势，需氮量相对提高；盛瓜初期至盛瓜后期所需磷、钾的比例又上升；盛瓜后期至拉秧，磷、钾比例再次下降。

表 10-6　　大棚黄瓜不同生育期三要素吸收比例

生育期	N∶P_2O_5∶K_2O
苗期	1∶0.59∶1.71
初瓜期	1∶0.57∶1.33
盛瓜初期	1∶0.41∶1.05
盛瓜中期	1∶0.43∶1.21
盛瓜后期	1∶0.50∶1.28
末瓜期	1∶0.29∶0.26

2. 大棚番茄的营养需求规律

每形成 100kg 番茄需吸收 N 0.4kg、P_2O_5 0.18kg、K_2O 0.48kg，比例为 1∶0.44∶1.18。其氮、磷、钾吸收在定植后 30～50 天期间，出现一个大的吸收高峰期，以后随生殖生长加快，氮、磷、钾呈波动性吸收，磷呈缓慢降低，而氮、钾呈缓慢增加趋势，在吸肥高峰期应加大施肥量，此期施肥量占整个生育期的 40%，此后应均匀施用。

番茄不同时期需要磷、钾的比例不同，在苗期需磷、钾稍低，定植 20 天后磷、钾需求比例逐渐增高，以钾表现最为明显，在定植 30～50 天，营养生长的高峰期需钾的比例达最高点。

3. 大棚西瓜的营养需求规律

西瓜生长期较长，需肥量较大。据试验，每生产 100kg 西瓜果实，需 N 0.25～0.32kg、P_2O_5 0.08～0.12kg、K_2O 0.29～0.36kg，三要素的比例为 3∶1∶(3.5～4)。

西瓜一生经历发芽期、幼苗期、伸蔓期、开花期和结瓜期，不同时期对养分的需求是不同的。一般幼苗期氮、磷、钾的吸收量仅占总吸收量的 0.6%；伸蔓期占总吸收量的 14.6%；结瓜期约占 84.8%。

(二)保护地主要蔬菜测土配方施肥方案

1.黄瓜

(1)新棚

目标产量:每亩 6000～8000kg。

有机肥(腐熟鸡粪或优质圈肥):每亩 4000～6000kg,全部作基肥施用。

化肥:每亩 N 45～55kg、P_2O_5 40～45kg、K_2O 55～65kg,多元素微肥 0.5～1kg。

施肥方法:

基肥:总氮量的 20%,总磷量的 30%,总钾量的 30%,多元素微肥 0.5～1kg,剩余的作追肥。

追肥:

方案一:结瓜前期和后期每隔一次水追一次肥,结瓜盛期每浇一次水追一次肥。每亩追 N 2.6～3.1kg、P_2O_5 2～2.3kg、K_2O 2.8～3.3kg。分别在初花期和盛果期叶面喷施多元素螯合微肥,喷施浓度为 0.1%。

方案二:结瓜前期和后期每隔一次水追一次肥,结瓜盛期每浇一次水追一次肥。每次冲施"沃丰源"冲施肥 15kg,高氮、高钾、磷酸二铵、氨基酸冲施肥交替施用。

(2)3 年以上的棚

目标产量:每亩 10000～12000kg。

有机肥(腐熟鸡粪或优质圈肥):每亩 4000～5000kg,全部作基肥施用。

化肥:每亩 N 55～65kg、P_2O_5 30kg,K_2O 45～55kg。

施肥方法:

基肥:总氮量的 20%,总磷量的 20%,总钾量的 30%,剩余的作追肥。

追肥:

方案一:结瓜前期和后期每隔一次水追一次肥,结瓜盛期每浇一次水追一次肥。每次追 N 3.1～3.7kg、P_2O_5 1.7kg、K_2O 2.3～2.8kg。

方案二:结瓜前期和后期每隔一次水追一次肥,结瓜盛期每浇一次水追一次肥。每次冲施"沃丰源"冲施肥 20kg,高氮、高钾、磷酸二铵、氨基酸冲施肥交替施用。

以上施肥量要根据土壤化验结果作适当调整。土壤含磷量高的,可适当降低磷的施用量;土壤含钾量高的,可适当降低钾的施用量。

2.番茄

(1)新棚

目标产量:每亩 6000～8000kg。

有机肥(腐熟鸡粪或优质圈肥):每亩 5000～6000kg,全部作基肥施用。

化肥:每亩 N 50kg、P_2O_5 40kg、K_2O 60kg。

施肥方法:

基肥:总氮量的 30%,总磷量的 50%～60%,总钾量的 60%,硫酸锌 1～2kg,硼酸或硼砂 0.5kg,剩余的作追肥。

追肥:

方案一:苗期每亩追 N 4kg,开花坐果后追氮 7kg。以后每采一次果追一次肥。每次追 N 2.8kg、P_2O_5 2～2.3kg、K_2O 3.33kg。其间，有条件的适当追施腐熟好的有机肥料。连续喷施 2～3 次钙肥，一般喷硝酸钙或螯合钙肥，喷施浓度为 0.1%。

方案二：苗期每亩追 N 4kg，开花坐果后追 N 7kg。以后每次冲施"沃丰源"冲施肥 20kg，高氮、高钾、磷酸二铵、氨基酸冲施肥交替施用。

(2)3 年以上的棚

目标产量：每亩 8000～12000kg。

有机肥(腐熟鸡粪或优质圈肥)：每亩 4000～5000kg，全部作基肥施用。

化肥：每亩 N 55～65kg、P_2O_5 42～48kg、K_2O 55～65kg。

施肥方法：

基肥：总氮量的 30%，总磷量的 30%，总钾量的 20%，剩余的作追肥。

追肥：

方案一：每采一次果追一次肥。每次追 N 4.1～5.3kg、P_2O_5 2.6～3.3kg、K_2O 4.7～6kg。期间，有条件的适当追施腐熟好的有机肥料。

方案二：每次冲施"沃丰源"冲施肥 25kg，高氮、高钾、磷酸二铵、氨基酸冲施肥交替施用。

以上施肥量要根据土壤化验结果作适当调整。土壤含磷量高的，可适当降低磷的施用量；土壤含钾量高的，可适当降低钾的施用量。

3. 西瓜

目标产量：每亩 4000kg。

基肥：结合精细整地，每亩施优质腐熟农家肥 1000kg、磷酸二铵 20kg、硫酸钾 25kg 与挖出的一部分回填土混均拌匀，一次性回填到所开的西瓜沟内，上面覆盖另一部分回填土，整平后做畦。

追肥：在西瓜膨果期前一般不施肥，但对个别弱株可增施"偏心肥"。膨果期是西瓜需肥量最大的时期，也是追肥的关键期。以沟施为佳，可在瓜根一侧 40cm 处开一条长 100cm 的小沟，每亩施用三元复合肥 35kg 左右，每株为 40～50g，施后及时浇水。

叶面喷肥：硼、锌等微肥对西瓜有明显的增产和提高品质的作用，可在西瓜开花期、授粉期、膨果期用 0.2%硼砂和 0.2%硫酸锌进行叶面喷肥。开花后结合防治病虫害，在药液中加入 0.1%～0.2%尿素和磷酸二氢钾，每隔 10 天喷施一次。

第十一章　加强耕地质量管理的对策与建议

通过本次耕地地力调查与质量评价工作，对济阳县耕地资源的状况有了基本的了解，为合理开发利用有限的土地资源提供了可靠的依据，同时也使我们认识到加强耕地质量管理的重要性和迫切性。只有加强耕地的质量管理，才能提高土地的综合生产能力，保持农业的可持续发展。

一、建立健全耕地质量监测体系和耕地资源信息管理系统，对耕地的质量进行动态管理

（一）建立耕地质量监测网

建立耕地质量监测网络，设置监测组织，确定监测点位，配套相应的设备，对耕地质量实行动态监测，制定监测点的工作内容及技术标准，使耕地质量监测工作做到经常化、制度化、规范化。

（二）建立耕地质量档案

充分利用第二次土壤普查资料及国土资源部门土地详查的资料和图件，按地块建立耕地质量档案，逐年记载。档案包括：地块编号，农户姓名，所在行政区域，经纬度，地块面积，种植作物品种，施肥种类及数量，使用农药种类、数量及时间，农作物产量等内容。应引进耕地管理方面的应用软件，建立数据库，实现微机操作。

（三）建立耕地质量管理制度

首先应明确耕地质量管理的职能部门。下级的职能部门向同级政府和上级主管部门负责。职能部门要负责建立耕地质量监测网络，建立耕地质量档案，制定耕地质量管理办法等各项工作。向同级政府和上级主管部门报告本辖区内耕地质量信息，并对耕地环境质量变化情况以及发展趋势等作出评价，针对问题提出解决方案。

二、健全耕地质量管理的法律体系

为了切实保护好耕地和基本农田，加强耕地地力建设和土壤改良，不断提高耕地质量，有关部门应依据《中华人民共和国农业法》、《中华人民共和国土地管理法》、《基本农田保护条例》等相关的法律法规，并根据耕地的保护和管理，农田基本建设，中低产田改造，无公害、绿色农产品生产基地建设，耕地环境监测与评价的实际需要，制定相应法规或条例，为依法加强耕地地力建设和质量管理提供法律依据，使耕地质量管理步入法制轨道。应设立相应的监督机构，制定监督机制，加强对耕地保护工作的监督管理。

三、建立耕地质量管理专项资金

各级政府部门要高度重视耕地质量建设工作，加大对耕地质量建设的投资力度，设立专项基金。投资的重点应放在以下四个方面：一是农田基本建设，包括农田防护林、农田道路和水利工程的建设。二是污染源的治理。三是中低产田的改造。四是新型绿色肥料、低残留农药的开发和利用。

第三篇 专题报告

专题一 济阳县稻田地力状况与改良专题研究

2009年，济阳县耕地面积为70786.48hm^2，粮食面积为75882hm^2，粮食总产为516559吨，其中水稻种植面积为4999.53hm^2，稻谷产量为40496吨。水稻是济阳县第三大粮食作物，得天独厚的黄河水利资源为济阳县发展水稻生产提供了自然条件。

一、济阳县水稻种植的历史和现状

济阳县的稻区现在主要集中在沿黄的济阳街道办事处稍门管区、曲堤镇、仁风镇，崔寨镇沿黄村庄也有分布。水稻在济阳县的种植是济阳人民的一个创新。最早引进水稻种植的是稍门管区的稍门、高楼、苇园、徐家湾、小任家等沿黄村。这一带地势低洼，由于黄河河床逐年淤积抬高，造成地下水位不断上升，历史上一直是盐碱涝洼地区，“冬春白茫茫，夏秋水汪汪，遍地蛤蟆叫，产碱不产粮”是沿黄一带当年真实的写照。

20世纪60年代末期，济阳县修建引黄闸，建设引黄灌溉工程，号召、引导沿黄的村子种植水稻，以水压碱，实行稻改。泛滥了多少年的碱灾终于被压住，没有污染而甘甜的黄河水大大改良了土质，使土壤变得松软而肥沃，昔日贫瘠的盐碱地里长出了“晶莹剔透、软筋香甜”的优质大米。从此以后，水稻种植成为了许多沿黄群众的主要收入来源。随着水稻产量不断提高，效益不断增加，水稻种植面积逐年扩大。2005年时面积最大，达到6740hm^2，总产量为51230吨。沿黄稻田一望无垠，田园风光十分美丽，被称为“鲁北小江南”“鱼米之乡”。济阳县所产黄河大米光泽鲜亮，无杂质，无碎米，味道可口，香气怡人，深受城乡居民青睐，不仅占据了济南大市场，还远销北京、天津、内蒙古、石家庄、廊坊等地区。稍门稻区稻米被农博会评为全国优质米之一，成功注册为“稍门”牌黄河大米，并且获得了省级无公害产品称号。盐碱地变成了聚宝盆。

近几年，随着水稻多年的连续种植和化肥施用量的增加，济阳县的稻田也出现了一些障碍因素，种植面积有所减少，需要进一步的改良，以发挥更大的生产潜力。

二、济阳县稻田地力现状

(一)种植模式

济阳县的稻田由盐碱地转化而来,最早引进水稻时,水稻产量很低,每亩产量一般在300～350kg。随着农业科学技术水平的不断提高,1984年以后,开始采用一麦一稻的一年两熟制,经济效益有了很大提高。水稻全生育期一般在130天左右,每亩产量一般在500～600kg。经96户农户调查,化肥每亩平均施用量折纯量N、P_2O_5、K_2O分别为29.6kg、5.7kg、5.7kg,总施肥量为41kg。

(二)稻田养分状况

对96户农户的稻田进行了测土化验,分析化验了碱解氮、有效磷、速效钾、有机质、全氮、全磷、全钾、有效铁、有效锰、有效铜、有效锌、有效硼、缓效钾、有效硫、pH、交换性钙、交换性镁、阳离子交换量等18个项目,并对测土结果进行了分析汇总(见表1)。

表1 济阳县稻田土壤耕层养分统计表

项 目	最大值	最小值	平均值	标准差	最大值/最小值
pH	8.4	7.95	8.17	0.12	1.06
碱解氮(mg/kg)	165	35	110	55.71	4.71
有效磷(mg/kg)	61.9	12	35.6	13.55	5.16
速效钾(mg/kg)	154	61	99	21.97	2.52
有机质(g/kg)	19.6	7.1	14	3.1	2.76
全氮(g/kg)	1.31	0.56	0.97	0.02	2.34
全磷(g/kg)	3.67	2.78	3.23	0.06	1.32
全钾(g/kg)	17.94	10.03	13.99	5.59	1.79
有效铁(mg/kg)	75.85	11.29	51.31	19.9	6.72
有效锰(mg/kg)	19.61	9.71	13.43	2.81	2.02
有效铜(mg/kg)	4.64	1.29	3.52	1.08	3.6
有效锌(mg/kg)	7.66	0.9	3.25	1.69	8.51
有效硼(mg/kg)	1.42	0.25	0.8	0.29	5.68
缓效钾(mg/kg)	959	497	638	104.81	1.93
有效硫(mg/kg)	99.1	41.9	67.4	21.62	2.37
交换性钙(mg/kg)	16600	13600	15100	1.5	1.22
交换性镁(mg/kg)	690	530	600	0.08	1.3
阳离子交换量(cmol/kg)	1.31	0.97	1.14	0.24	1.35

由表1可以看出,稻田土壤pH最高值为8.4,最低值为7.95,众数为8.17,通过对比分析济阳县耕地地力评价的数据资料(全县土壤一般为碱性,耕层土壤pH众数为8.07,

粮田耕层土壤 pH 众数为 8.1）发现，稻田土壤碱性较强。稻田土壤碱解氮最大值为165mg/kg，最小值为 35mg/kg，平均值为 110mg/kg，耕地地力评价中全县耕层土壤耕层碱解氮平均值为 118mg/kg，其中粮田平均值为 99mg/kg，稻田碱解氮含量低于全县平均水平，但高于粮田。稻田土壤有效磷最高值为 61.9mg/kg，最低值为 12mg/kg，平均值为35.6mg/kg，耕地地力评价中全县土壤有效磷平均值为 31.1mg/kg ，粮田土壤有效磷平均值为 20.6mg/kg，稻田有效磷水平高于全县和粮田。稻田土壤速效钾最大值为154mg/kg，最小值为 61mg/kg，平均值为 99mg/kg，耕地地力评价中全县耕层土壤速效钾含量平均值为 153mg/kg，粮田平均值为 134mg/kg，稻田速效钾水平低于全县和粮田。稻田土壤缓效钾最大值为 959mg/kg，最小值为 497mg/kg，平均值为 638mg/kg，耕地地力评价中全县耕层土壤缓效钾平均值 747mg/kg，粮田平均值为 726mg/kg，稻田缓效钾水平低于全县和粮田，低于全县 109mg/kg，低于粮田 88mg/kg。稻田有机质含量变化范围为 7.1～19.6g/kg，平均值为 14g/kg，耕地地力评价中全县耕地土壤有机质平均值为15.3g/kg，粮田土壤有机质平均值为 14.6g/kg，稻田有机质水平低于全县和粮田。济阳县稻田碱性仍然较强，与全县土壤及粮田比较，氮、磷水平较高，有机质、钾不足。

稻田中中微量元素含量与全县土壤也有很大差别，稻田有效铁含量非常高，平均值为51.31mg/kg，全县土壤平均值仅为 8.77mg/kg，粮田平均值为 8.66mg/kg，稻田是全县的 5.85 倍，是粮田的 5.92 倍。稻田有效锰平均值为 13.43mg/kg，全县土壤平均值为8.61mg/kg，粮田平均值为 8.46mg/kg，稻田比全县高 4.82mg/kg，比粮田高 4.97 mg/kg。稻田有效铜平均值为 3.52mg/kg，全县土壤平均值为 2.15mg/kg，粮田平均值为 2.1mg/kg，稻田比全县高 1.37mg/kg，比粮田高 1.42mg/kg。稻田有效硫平均值为67.4mg/kg，全县土壤平均值为 45.4mg/kg，粮田平均值为 42.3mg/kg，稻田比全县高22mg/kg，比粮田高 25.1mg/kg。有效硼、交换性钙、交换性镁都高于全县和粮田。但是稻田有效锌比全县和粮田低，稻田有效锌平均值为 3.25mg/kg，全县土壤平均值为3.67mg/kg，粮田平均值为 3.48mg/kg，稻田比全县低 0.42mg/kg，比粮田低0.23mg/kg。稻田与全县及良田土壤各种养分含量对比如表 2 所示。

表 2　　稻田与全县及粮田土壤养分含量对比统计表

项　目	稻田土壤平均值	粮田土壤平均值	全县土壤平均值	稻田比粮田差值(±)	稻田比全县差值(±)
pH	8.17	8.1	8.07	0.07	0.1
碱解氮(mg/kg)	110	99	118	11	−8
有效磷(mg/kg)	35.6	20.6	31.1	15	4.5
速效钾(mg/kg)	99	134	153	−35	−54
有机质(g/kg)	14	14.6	15.3	−0.6	−1.3
全氮(g/kg)	0.97	1.04	1.08	−0.07	−0.11
全磷(g/kg)	3.23		3.19		0.04

续表

项　目	稻田土壤平均值	粮田土壤平均值	全县土壤平均值	稻田比粮田差值(±)	稻田比全县差值(±)
全钾(g/kg)	13.99		13.18		0.81
有效铁(mg/kg)	51.31	8.66	8.77	42.65	42.54
有效锰(mg/kg)	13.43	8.46	8.61	4.97	4.82
有效铜(mg/kg)	3.52	2.1	2.15	1.42	1.37
有效锌(mg/kg)	3.25	3.48	3.67	−0.23	−0.42
有效硼(mg/kg)	0.8	0.67	0.73	0.13	0.07
缓效钾(mg/kg)	638	726	747	−88	−109
有效硫(mg/kg)	67.4	42.3	45.4	25.1	22
交换性钙(mg/kg)	15100	9610	9850	5490	5250
交换性镁(mg/kg)	600	441	460	159	140
阳离子交换量(cmol/kg)	1.14		1.51		−0.37

(三)稻田土壤养分变化趋势

随着化肥、有机肥等肥料使用量的不断增加，稻田土壤耕层中的有效养分发生了很大的变化，与第二次土壤普查时相比，有机质、全氮、全磷、碱解氮、速效磷含量出现明显上升的趋势，因钾肥施用不足，速效钾含量有所降低。稻田土壤有机质含量平均值为14g/kg，比第二次土壤普查时的8.5g/kg提高5.5g/kg。全氮含量为0.97g/kg，比第二次土壤普查时的0.68g/kg提高42%。全磷含量为3.23g/kg，比第二次土壤普查时的1.3g/kg提高1.93g/kg，提高1.5倍。碱解氮含量为110mg/kg，比第二次土壤普查时的51mg/kg提高59mg/kg，提高115%。有效磷含量为35.6mg/kg，比第二次土壤普查时的8mg/kg提高27.6mg/kg，提高3.5倍。速效钾含量为99.3mg/kg，比第二次土壤普查时的130mg/kg降低30.7mg/kg，降低23.6%。

三、高产稻田对土壤的要求

(一)高产要求

高产稻田应该具备土地平整、土壤肥沃、耕层深厚、蓄水性和爽水性良好等条件。

1. 土地平整、排灌良好

稻田建设要求在田、渠、林、路、池等方面进行统一规划，综合配套，使田块大小适中，方向一致，土地平整，渠系配套，沟渠布局合理，灌溉流程短，保证供水及时，控水容易，排水良好，旱涝保收。田面高低差为3cm，使水肥分布均匀。

2. 蓄水、爽水、保肥、供肥性能良好

爽水是指土壤具有适宜的渗漏性，田面的水比较容易落干。适宜的稻田渗漏性可以增加土壤中的氧气含量，降低土壤中有毒物质的含量，更新土壤环境。但土壤渗漏性也不宜过大，否则使土壤保水、保肥能力降低，造成水、肥的大量流失，增加生产成本。稻田的日渗透量以 9～15mm 较为合适，灌溉 1 次水能保持 5～7 天。高产稻田要求耕性良好，干耕不成块，阻力小；水耕软而不烂，深而不陷，土水融合。既有较坚实的犁底层，可以保水、保肥，又有适当的渗漏性。

3. 耕层深厚、土壤肥沃

较深厚的耕作层，可以保蓄较多的肥水，扩大水肥的供应范围，加速土壤的熟化程度，为水稻根系的生长发育创造良好的条件。一般要求耕层深度为 20cm，有机质含量在 20g/kg 以上，全氮含量为 1.3～2.3g/kg，全磷含量在 1g/kg 以上，全钾含量在 15g/kg 以上，同时要求较高的阳离子代换量(每 100g 土不低于 20mg 当量)，土壤酸碱度以微酸性至中性为好(pH 为 6～7.5)，主要元素充足，又不缺微量元素，既要有较多的活性有效养分，也要有大量的非活性有效养分，使各种营养元素平衡供应，不致缺素脱肥，以保证水稻正常生育。

4. 有益微生物活动旺盛

稻田固氮菌的数量有随肥力水平的提高而增加的趋势；硝化细菌、氨化细菌、好气性纤维分解菌和反硫化细菌等的数量也与土壤肥力成正相关，反硝化细菌则与此相反。

5. 土壤升温快、土壤中水、肥、气、热状况良好

(二)水稻需肥特性

水稻为了正常生长发育需要吸收各种营养元素，各种元素有其特殊的功能，不能相互替代。水稻生长发育所需的各类营养元素主要依赖其根系从土壤中吸收。一般来说，每生产 100kg 稻谷，需从土壤中吸收 N 1.6～2.5kg、P_2O_5 0.6～1.3kg、K_2O 1.4～3.8kg，氮、磷、钾的比例为 1∶0.5∶1.3。但由于栽培地区、品种类型、土壤肥力、施肥和产量水平等不同，水稻对氮、磷、钾的吸收量会发生一些变化。通常杂交稻对钾的需求高于常规稻约 10%。

水稻的整个生育过程分为营养生长期和生殖生长期。营养生长期主要是营养体根、茎、叶的生长，施肥目标在于促进分蘖，形成壮苗，确保单位面积有足够的穗数。生殖生长期主要是生殖器官的形成、长大和开花结实，施肥应以促穗大、粒多、粒饱为中心。这两个时期是相互联系着的，只有在良好的营养生长基础上才能有良好的生殖生长。因此，掌握水稻各生育阶段的生长和营养特点及其与环境之间的相互关系，然后进行合理施肥，才能获得高产。水稻不同生育期对氮、磷、钾的吸收规律不同。分蘖期由于苗小，稻株同化面积小，干物质积累较少，因而吸收养分数量也较少。这一时期，氮的吸收率占全生育期吸氮量的 30%左右，磷的吸收率为 16%～18%，钾的吸收率为 20%左右。水稻幼穗分化至抽穗期，叶面积逐渐增大，干物质积累相应增多，是水稻一生中吸收养分数量最多和强度最大的时期。此期吸收氮、磷、钾养分的百分率几乎占水稻全生育期养分吸收总量的一半。水稻抽穗以后直至成熟，由于根系吸收能力减弱，吸收养分的数量显著减少，氮的吸收率为 16%～19%，磷的吸收率为 24%～36%，钾的吸收率为 16%～27%。因此，施肥必须根据水稻营养规律和吸肥特性，充分满足水稻吸肥高峰对各种营养元素的需要。

四、济阳县稻田存在的障碍因素

(一)土壤盐碱

济阳县稻田历史上是盐碱涝洼地，经过几十年的水稻种植，盐碱状况有了很大改善，但碱性仍然较强，pH 为 7.95～8.4，众数为 8.17，而水稻适宜的酸碱度为 6～7.5，稻田土壤的盐碱影响了水稻产量的进一步提高。

(二)土壤养分不均衡

从化验结果上看，济阳县稻田土壤养分的主要问题是不均衡，一是各种养分含量水平差别很大，总体上看氮、磷含量较高，有机质和钾不足，中微量元素中有效锌含量水平较低；二是各养分极差较大，高低不均，不同地块间同一项目值差距较大，比如碱解氮最低的只有 35mg/kg，最高的能超过 165mg/kg；三是有机肥与化肥施用的不均衡，从农户调查的情况看，许多农户重施化肥，基本不施或少施有机肥；四是同一地区不同地块间肥力状况差距也较大，经过二十多年的土地分散承包经营，每家每户都有不同的耕作习惯，使处于同一地区的不同地块之间肥力差距很大，即使是地邻之间的土壤肥力情况也不相同。以上问题均不利于水稻的高产、稳产。

(三)基础条件差

搞好农田基本建设，是保证稻田水层管理和培肥的先决条件。有的稻田农田排灌设施差，排灌设施简陋，串灌、串排，渠系零乱；许多地方排灌系统渗漏严重，排水不良，致使地下水位上升；有的年份受到黄河上游降雨量少的影响，黄河水引用不及时，水稻不能适时灌溉；有的稻田不平整，灌水不均匀，排水不及时，田中渍水严重，影响了水稻产量；稻田机械化程度普遍较低，插秧靠人工，增加了劳动成本，收获不能机械化，增加了劳动强度。总之，基础条件较差，使水稻生产受到了很大影响。

(四)施肥单一、病害多发

化肥中只含有一种或几种营养元素，在稻田中长期单一施用，其他营养元素会大量被吸取，因得不到补充而造成水稻某些营养元素严重不足，生长不良，出现各种病害。如水稻叶瘟病就是因为稻田长期灌水，产生有毒物质，妨碍了水稻根系生长，再加上钾肥缺乏，导致该病发生；水稻纹枯病偏重发生与偏施氮肥有关。

五、障碍因素产生的原因

(一)水稻多年连续种植

济阳县稻区从实行稻改到现在几十年的时间里，一直种植水稻，随着多年的连续种植及水稻产量的不断提高，水稻从土壤中吸收养分不断增加，致使稻田有的养分含量水平偏低。如水稻从土壤中吸收氮、磷、钾的比例为 1∶0.5∶1.3，吸收钾的量比较大，致使稻田土壤中钾含量比较低。

(二)施肥技术观念落后

稻区传统施肥观念是重化肥，轻有机肥，重氮肥、磷肥，轻钾肥，重大量元素施肥，轻中微量元素施肥，相近或相似的肥料多年连续施用，致使稻田养分含量不均衡，有的养分含量很高，有的养分含量很低。

（三）社会经济因素

随着全县农业经济结构调整不断取得成效，蔬菜大棚效益不断提高，蔬菜生产迅猛发展，种植水稻的经济效益不如种植蔬菜大棚经济效益好，对水稻生产有一定影响。随着全县经济条件的不断发展，农民群众从事二、三产业的比例逐渐提高，稻区不再依靠水稻种植作为主要经济收入来源，外出打工现象普遍，只在农忙季节才回家收种水稻，对水稻重视程度有所降低，管理粗放，一定程度上也影响了水稻生产。

六、促进稻田高产、稳产的对策建议

（一）建立高质量的排灌体系

良好的土壤环境条件是保证水稻高产科学管理的重要前提，而其中的重点乃是建立一个高标准的农田排灌体系。

（二）培肥土壤

1.增施有机肥料，合理使用化肥

增施有机肥，对提高稻田的土壤肥力有很重要的作用。第一，积极引导农户施用农家肥，施用农家肥可以改善土壤结构，提高土壤肥力，增加土壤中有效养分的含量，使稻田土质变得疏松，从而减少或阻止土壤毛细管水上升，减少地面蒸发，降低土壤盐分。另外，由于农家肥在土壤中形成的腐殖质能吸收和溶解某些农药，并能与重金属形成溶于水的络合物，从而有效地降低农药残留和重金属污染，有利于生产绿色无公害的稻米。第二，增施商品有机肥，这是提高土壤肥力的有效途径，施用商品有机肥能有效地提高土壤有机质含量，源源不断地提供水稻所需的多种营养元素，增强土壤保肥、保水能力，提高土壤肥沃度，显著提高水稻抗病、抗倒、抗旱的能力，能有效防止稻田多次施用化肥而导致次生盐渍化发生。第三，合理施用化肥，除养分种类全面考虑以外，在氮肥的施用方法上也应考虑反硝化作用，应当以铵类化肥进行深施为宜。

2.合理灌排

这是改善稻田温度以及养分有效释放的首要土壤管理措施。合理灌排可以调节土温，一般为“深水护苗，浅水发棵”。水稻插秧时，一般实行浅水插秧，插秧后，适当加深水层，以利于返青成活，返青后立即把水层放浅，提高水温、土温，增加土壤中的有效养分，水稻分蘖末期要排水烤田，一方面可以增加土壤通气，排除土壤中有毒物质，另一方面还可以提高地温，土壤发生增温效应和干土效应，使土壤铵态氮增加，这样在烤田后再灌溉时，速效氮增加，水稻旺盛生长。

3.大水排碱

在排水的基础上，加大灌溉量以对盐碱进行冲洗。

（三）配方施肥

配方施肥是根据水稻的需肥规律、土壤供肥性能及肥料效应，在产前提出肥料的适宜用量和比例，充分地利用肥料资源，提高化肥利用率，增加作物产量，改善产品品质，降低生产成本，提高经济效益，同时能恢复和提高土壤肥力，减少环境污染，提高农产品的安全性，是农业增产、农民增收的一项重要措施。配方施肥要掌握以土定产，以产定氮，因缺补缺，有机、无机相结合，氮、磷、钾平衡施用的原则。适当增施钾肥及中微量元素，减少氮肥投入。

（四）加大农业补贴范围和力度

改良土壤、培肥地力需要有较大的资金投入，但农户自行筹措资金困难较大，最终还是需要政府的扶持，所以，建议加大农业的补贴范围和力度。第一，继续强化测土配方施肥工作，一方面继续加强配方施肥技术知识的宣传培训工作，引导农户养成合理的耕作施肥习惯，提高农户配方施肥、培肥地力的意识和能力，另一方面为农户提供免费的测土配肥等技术服务，让农户有意识、有能力地提高土壤肥力。第二，制定施用有机肥的补贴政策，引导农民施用有机肥。第三，加大农田水利设施的补贴，政府出资帮助农户修建农田水利设施，保证稻田适时灌溉。

（五）走规模化发展道路

逐步将水稻生产集中在少数种田大户或专业化公司手中，租赁或承包经营，引进推广水稻机械化生产技术，进行标准、专业化生产，规模化发展，生产、加工、销售一体化，做大做强济阳大米品牌，使济阳大米真正成为济阳的一大特色名牌产业。

专题二　济阳县蔬菜大棚土壤地力状况调查及改良利用专题报告

济阳县大棚蔬菜发展较早，面积大，是本县农业经济的一个重要支柱产业。近年来，随着大棚蔬菜效益的不断提高，济阳县蔬菜大棚面积逐年扩大，蔬菜种类逐年增加，蔬菜产量不断提高。但随着蔬菜复种指数的提高和化肥施用量的增加，蔬菜大棚土壤板结现象加重，这不但影响蔬菜的生育，还可能诱发多种病害，导致蔬菜产量和品质下降。地力监测也显示，济阳县蔬菜大棚由于土壤酸根离子增加，使 pH 降低的趋势日益明显，蔬菜生理病害越来越严重，影响了蔬菜优质高效安全生产及其可持续发展。

通过对蔬菜大棚土壤施肥现状及土壤理化性状的调查和分析，为改良土壤、培肥地力、提高蔬菜品质、促进蔬菜生产可持续发展提供决策依据。

一、蔬菜生产概况

济阳县地处黄河下游北岸、鲁北平原南端，总面积为 1098.81km^2，耕地面积为 70786.48hm^2。全县共辖 8 镇及 2 个街道办事处，共 854 个村委会，有 54.81 万人，其中，农业人口 47.74 万人，占总人口的 87%。济阳县土类分为潮土、盐土、风沙土 3 个土类，潮土、盐化潮土、湿潮土、潮盐土、固定风沙土 5 个亚类，蔬菜基地主要集中分布在潮土、盐化潮土上。

济阳县是山东省蔬菜生产基地、国家蔬菜产业技术体系建设示范县。2009 年，蔬菜面积为 21013hm^2，其中蔬菜大棚有 87295 个，面积为 10785hm^2，蔬菜总产量 1125529 吨，远销北京、上海、南京及东北三省等地区。济阳县瓜菜特色品牌基地建设成效显著，仁风镇被农业部命名为“中国西瓜之乡”，太平镇被确定为“中国优质西瓜第一镇”，垛石镇番茄生产基地被列为国家级绿色食品生产标准化基地，培育如“曲堤”牌黄瓜、“垛石”牌番茄、“仁风”牌富硒精品西瓜、“太平宝”西瓜等瓜菜著名品牌近二十个。济阳县充分发挥毗邻省城的优势，大力发展观光休闲农业，建设精品园区。积极引导广大菜农运用先进农业技术，精心打造有机蔬菜生产基地，推广了蔬菜 、作物秸秆生物反应堆、配方施肥和增施有机肥等提质增效的关键配套措施。济阳县的蔬菜业生产迅猛发展。

二、土壤地力状况调查检测结果

（一）种植模式及肥料施用现状

济阳县大棚蔬菜种类繁多，主要有黄瓜、番茄、尖椒、芸豆、豆角等，其中，黄瓜、番茄的面积最大。黄瓜、番茄大都是单作种植模式，全生育期为 8～10 个月。一般每亩产黄瓜

11000kg、番茄 10000kg。

调查 128 户蔬菜大棚农户，每亩化肥平均施用量折纯量 N、P_2O_5、K_2O 分别为 96.5kg、73.6kg、88.1kg，氮肥、磷肥、钾肥比例为 1∶0.76∶0.91，每亩总施肥量为 258.2kg，有机肥以家畜粪肥为主，每亩施用量平均为 2000～3000kg；调查 320 户粮田农户，每亩化肥平均施用量折纯量 N、P_2O_5、K_2O 分别为 46.58kg、11.25kg、3.74kg，氮肥、磷肥、钾肥比例为 1∶0.24∶0.08，每亩总施肥量为 61.57kg，有机肥不施用或很少施用。蔬菜大棚与粮田进行比较，每亩氮肥、磷肥、钾肥施用量明显加大，氮肥增加 49.92kg、磷肥增加 62.35kg、钾肥增加 84.36kg，蔬菜大棚氮肥施用量是粮田的 2.07 倍，磷肥施用量是粮田的 6.54 倍，钾肥施用量是粮田的 23.56 倍。

(二)土壤养分状况

为摸清济阳县蔬菜大棚土壤养分含量情况，2010 年检测分析土样 410 个，有机质平均为 20.9g/kg，有效磷平均为 113.6mg/kg，速效钾平均 306mg/kg。检测分析土样 276 个，碱解氮平均为 226mg/kg。

2011 年检测分析土样 235 个，有机质平均含量为 26g/kg，有效磷平均为 170.8 mg/kg，速效钾平均为 399mg/kg。检测分析土样 154 个，碱解氮平均为 268mg/kg。

济阳县两年碱解氮平均为 241mg/kg，在中等范围内。两年有效磷平均为 134mg/kg，是较高标准的 1.34 倍。两年速效钾平均为 340mg/kg，含量中等。两年有机质平均含量为 22.8g/kg，较保护地栽培有机质适宜含量(40～50g/kg)有一定差距，较保护地发展水平较高的国家有机质含量(60～70g/kg)差距更大。土壤养分分级参考指标(保护地)如表 1 所示。

表 1　　土壤养分分级参考指标(保护地)

养分种类	极低	低	中等	较高
碱解氮(mg/kg)	<90	90～120	120～250	>250
有效磷(mg/kg)	<40	40～70	70～100	>100
速效钾(mg/kg)	<150	150～260	260～400	>400

蔬菜大棚土壤中氮、磷、钾含量较高是正常现象，蔬菜是喜肥作物，需肥量较小麦、玉米等大得多。但含量过高时，一是再施肥就有可能产生肥害，二是某一种肥的用量太高，易使其他元素的吸收受到影响，产生拮抗作用，发生缺素性生理病害。

(三)蔬菜大棚土壤 pH 降低

由于施肥过量，酸根离子积累，土壤 pH 降低。2006 年检测分析土样 245 个，pH 众数为 7.91，较大田农作物 pH(8.11)低 0.2；2007 年检测分析土样 157 个，pH 众数为 7.87，较大田农作物 pH(8.12)低 0.25。

(四)土壤性状时空变化趋势

2011 年济阳县蔬菜大棚土样化验结果表明，有机质含量平均达到 26g/kg，是 1984 年的 3.1 倍，速效氮达到 268mg/kg，是 1984 年的 4.9 倍，有效磷的含量达到 170.8mg/kg，是 1984 年的 28.5 倍，速效钾含量达到 399mg/kg，是 1984 年的 3.2 倍。蔬菜大棚土壤养分含量如表 2 所示。

表 2　　蔬菜大棚土壤养分含量统计表

年份	有机质(g/kg)	碱解氮(mg/kg)	速效磷(mg/kg)	速效钾(mg/kg)
1984	8.3	55	6	124
2010	20.9	226	113.6	306
2011	26	268	170.8	399

2010 年，全县耕地土壤有机质含量平均为 15.3g/kg，大田土壤有机质平均为 14.6 g/kg，蔬菜地平均为 19.8g/kg，其中露天菜地平均为 12.4g/kg，冬暖大棚平均为 20.9 g/kg，塑料拱棚平均为 14.8g/kg，冬暖大棚有机质含量最高，冬暖大棚＞塑料拱棚＞大田＞露天菜地。全县土壤耕层碱解氮平均为 118mg/kg，其中大田平均为 68mg/kg，露天菜地平均为 106mg/kg，塑料拱棚平均为 188mg/kg，冬暖大棚平均为 226mg/kg，蔬菜地明显高于大田，冬暖大棚＞塑料拱棚＞露天菜地＞大田。全县耕层土壤速效钾含量平均为 153mg/kg，大田平均为 134mg/kg，蔬菜地平均为 276mg/kg，其中露天菜地平均为 113mg/kg，冬暖大棚平均为 305.91mg/kg，塑料拱棚平均为 214mg/kg，冬暖大棚＞塑料拱棚＞大田＞露天菜地。全县土壤有效磷含量平均为 31.1mg/kg，其中大田土壤有效磷平均为 20.6mg/kg，蔬菜地平均为 98.8mg/kg，露天菜地平均为 42.3mg/kg，冬暖大棚平均为 113.6mg/kg，塑料拱棚平均为 60.1mg/kg，蔬菜地明显高于大田，冬暖大棚＞塑料拱棚＞露天菜地＞大田。

三、土壤理化性状变化原因分析

（一）土壤 pH 降低原因分析

（1）大棚蔬菜产量高，从土壤中移走了过多的碱基元素，如钙、镁、钾等，导致了土壤中的钾和中微量元素消耗过度，土壤 pH 降低。

（2）大量生理酸性肥料的施用，棚内温度高，湿度大，雨水淋溶作用少，随着栽培年限的增加，耕层土壤酸根离子积累严重，导致土壤的 pH 降低。

（3）由于大棚复种指数高、肥料用量大，导致土壤有机质含量下降，缓冲能力降低，土壤 pH 降低。

（4）高浓度氮、磷、钾三元复合肥的投入比例过大，而钙、镁等中微量元素投入相对不足，造成土壤养分失调，使土壤胶粒中的钙、镁等碱基元素很容易被氢离子置换。

（二）有机质变化的原因

土壤有机质是泛指以各种形态和状态存在于土壤中的各种含碳有机化合物，它既是生命活动的条件，也是生命活动的产物。动植物、微生物残体和施入的有机肥料是土壤有机质的主要来源。人为耕作管理措施是影响土壤有机质含量的一个主要因素，土壤中的有机质含量会随着人为耕作管理措施的不同，发生较大的变化。全国第二次土壤普查时，有机质的肥力水平是自然与人工复合作用的结果。自 20 世纪 80 年代以来，中国推行家庭联产承包责任制后，农民的种植积极性得到了极大的提高，施用堆肥、沤肥、饼肥、人畜粪肥、等有机肥及商品有机肥的数量逐年增长，改种大棚蔬菜后，随着蔬菜大棚收入的增加，有机肥的施用数量更加增大，使得有机肥的施入量超过有机质矿化分解的量，所以，蔬菜大棚有机质含量普遍呈上升趋势，但是与保护地栽培有机质适宜含量（40～50g/kg）相比，仍然有较大差距。

（三）土壤耕层无机养分变化的原因

土壤是在一定气候环境条件下形成的活生物体，它受形成条件、成土母质、气候、植被、耕作方式等因素的影响而不同，耕层土壤养分有明显的差异，在一定程度上，它的变化受人为因素的影响较大。根据合理施肥的理论，依据养分归还学说、最小养分律、报酬递减律、最适因子律、因子综合作用律等原理，在大棚蔬菜生产中，为了得到高的产量，就向土壤中施入了大量的肥料，以至于作物在整个生育周期有可能也吸收不了施入的养分，致使大量的未被吸收的养分残留在土壤中，因此，土壤中的有效养分因为过度施肥而有所增加。

1. 氮素

长期施用化肥，尤其是氮肥，可以提高土壤全氮及有效氮含量。这是因为施氮肥可增加根系分泌物的含量，即增加了归还土壤的有机氮量。有机肥单施能显著提高土壤全氮及有效氮含量，但其作用不如化学氮肥来得快。有机肥与无机肥配合施用对于提高土壤氮素含量具有重要意义，既能快速提高土壤中有效氮的含量，又能长久保存土壤氮素。

2. 磷素

磷在植物大量营养元素中占有重要地位，然而，与其他大量营养元素相比，土壤磷的含量相对较低。由于磷肥的残效期较长，重施一次磷肥，其后效至少可持续 10 年以上。近年来，农民认识到了施磷肥对作物的增产作用，加大了对磷肥的投入，长期施用磷肥致使土壤的有效磷水平显著提高。

3. 钾素

土壤钾库极大，即使长期施用钾肥，对土壤全钾的影响也很难测出，但钾肥能显著提高土壤代换性离子的含量。近几年来，农民的种田技术水平有所提高，了解到钾肥对作物的增产效果，加大了对钾肥的投入，提高了土壤中速效钾含量。

四、蔬菜大棚土壤改良利用措施

（一）增施有机肥

增施有机肥，不仅可增加土壤有机质的含量，提高土壤对酸碱度的缓冲能力，使土壤 pH 升高，而且在温室大棚中，有机物料分解利用率提高，增加土壤有效养分，改善土壤结构，培肥地力，并能促进土壤有益微生物的发展，抑制蔬菜病害的发生。

（二）配方施肥

配方施肥是根据不同类型的土壤肥力状况、土壤供肥特点、作物需肥规律和肥效试验结果，提出合理的施肥配方，按照合理的原料配比和采用相关工艺生产的养分齐全的配方肥料。通过开展测土配方施肥，可以合理地确定施肥量和肥料中各营养元素比例，有效提高化肥利用率，有效地控制化肥投入量及各种肥料的比例，减轻环境与资源的负担，达到降低成本、增产增收的目的。另外，测土配方施肥还可以培肥地力、保护生态、协调养分、防治病害、合理分配有限肥源等。

(三)加大对微肥及生物肥的利用

微肥能平衡作物所需的养分,而生物肥料又能通过自身所含有的微生物分泌生理活性物质,起到固氮、解磷、解钾、分解土壤中的其他微量养分的作用,提高化肥和有机肥的利用率,改善土壤的理化性状,使土壤能供给作物各种养分,促进作物生长,提高作物产量和产品品质。同时还能分解土壤中的有害化学物质和杀死有害菌群,减少化肥、农药的残留量及有害病菌。

(四)建设沼气池

在大棚内建设一座小型沼气池,为蔬菜生产提供优质有机肥,降低化学肥料使用量。根据大棚面积建设沼气池,把农作物秸秆填入沼气池,利用微生物分解成沼气、沼渣和沼液。沼气除供应农户烧饭、照明外,还可以点灯杀虫,沼气灯给棚(室)增温,进行病虫害综合防治,沼渣、沼液可用作蔬菜的基肥和叶面肥,培肥地力,是提高蔬菜品质、生产绿色蔬菜的有效途径。

(五)推广秸秆生物反应堆技术

秸秆生物反应堆技术是将农作物秸秆转化为作物所需要的二氧化碳、热量、生防抗病孢子、矿质元素、有机质等,进而获得高产、优质、无公害农产品的工艺设施技术。推广应用方式为内置式,就是在蔬菜大棚内按品种种植,栽种时挖种植沟,沟深为 20～25cm,宽度一般为 70cm 左右,放满玉米或其他农作物秸秆后,均匀撒施菌种,再覆土 20cm,最后浇水浸透秸秆,发酵后产生二氧化碳和热量,这就是秸秆生物反应堆。采用秸秆生物反应堆技术后,大棚内地温可提高 4℃～6℃,二氧化碳浓度可提高四倍多,土壤有机质也可大大提高,所种的蔬菜能更好地进行光合作用,提高抗病能力,而且产品可提前上市,延长生产期,大幅提高产量。利用秸秆生物反应堆技术,还可减少化肥用量,土壤微生物系群、团粒结构、通气性、保水保肥能力、理化性状能够显著提高和改善。

附 图

济阳县土地利用现状图

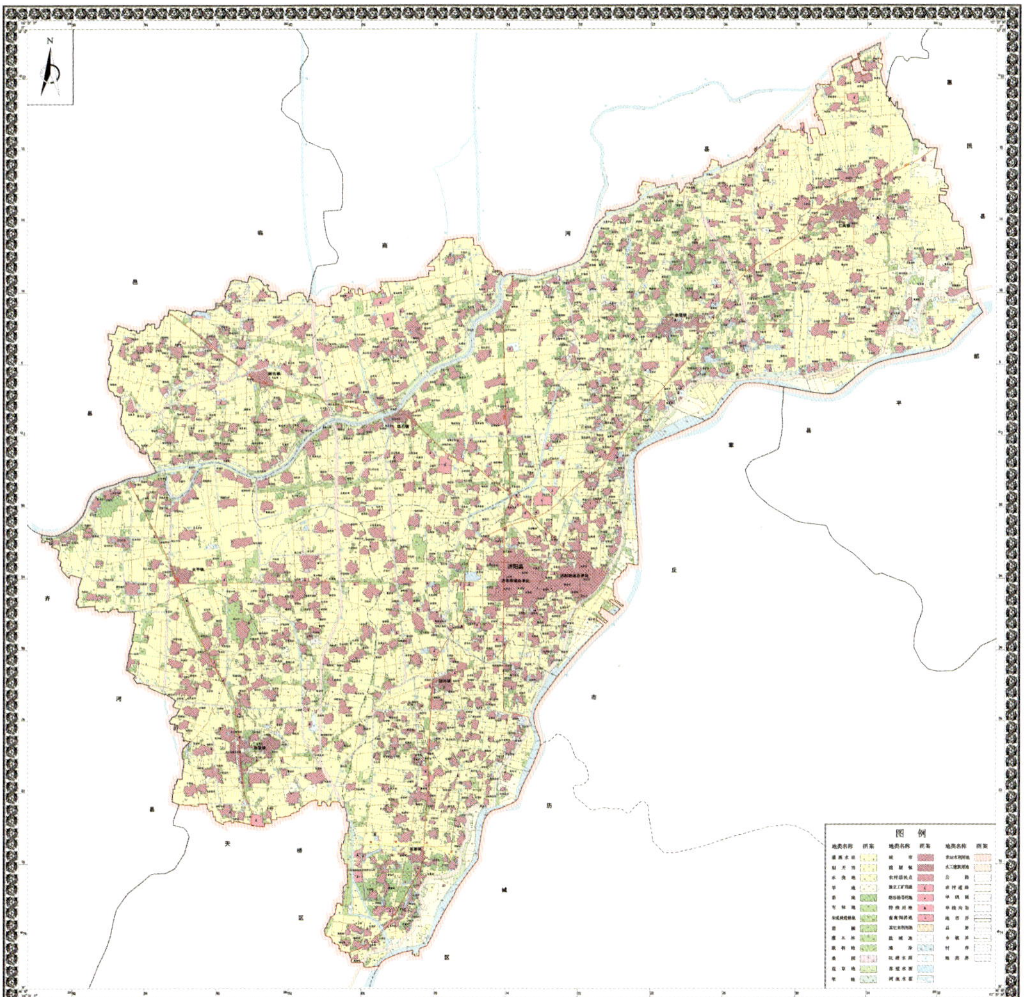

1954年北京坐标系 1956年黄海高程系　　比例尺：1∶425000　　山东天地亚太国土遥感有限公司　山东农业大学资源与环境学院　二〇〇九年十月

济阳县土壤图

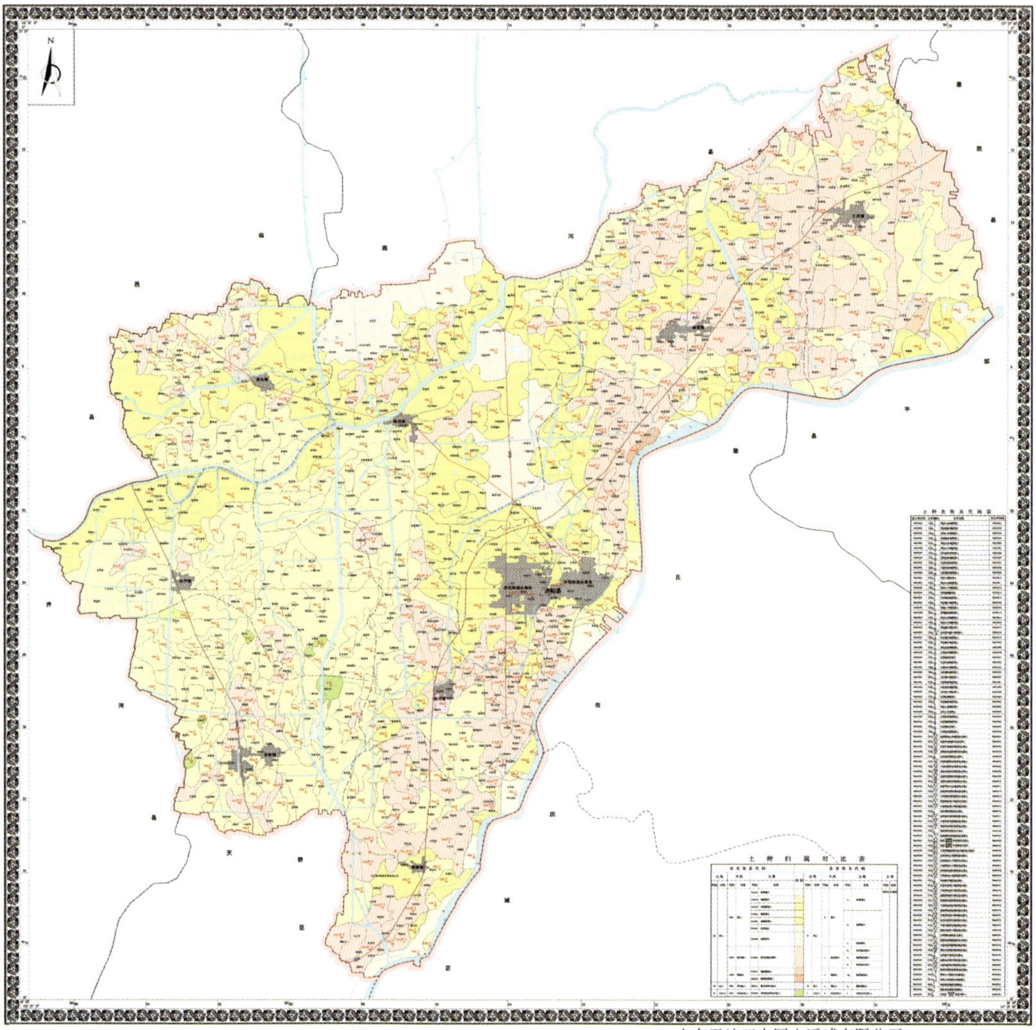

1954年北京坐标系 1956年黄海高程系　　比例尺：1:425000　　山东天地亚太国土遥感有限公司 山东农业大学资源与环境学院 二〇〇九年十月

济阳县地貌图

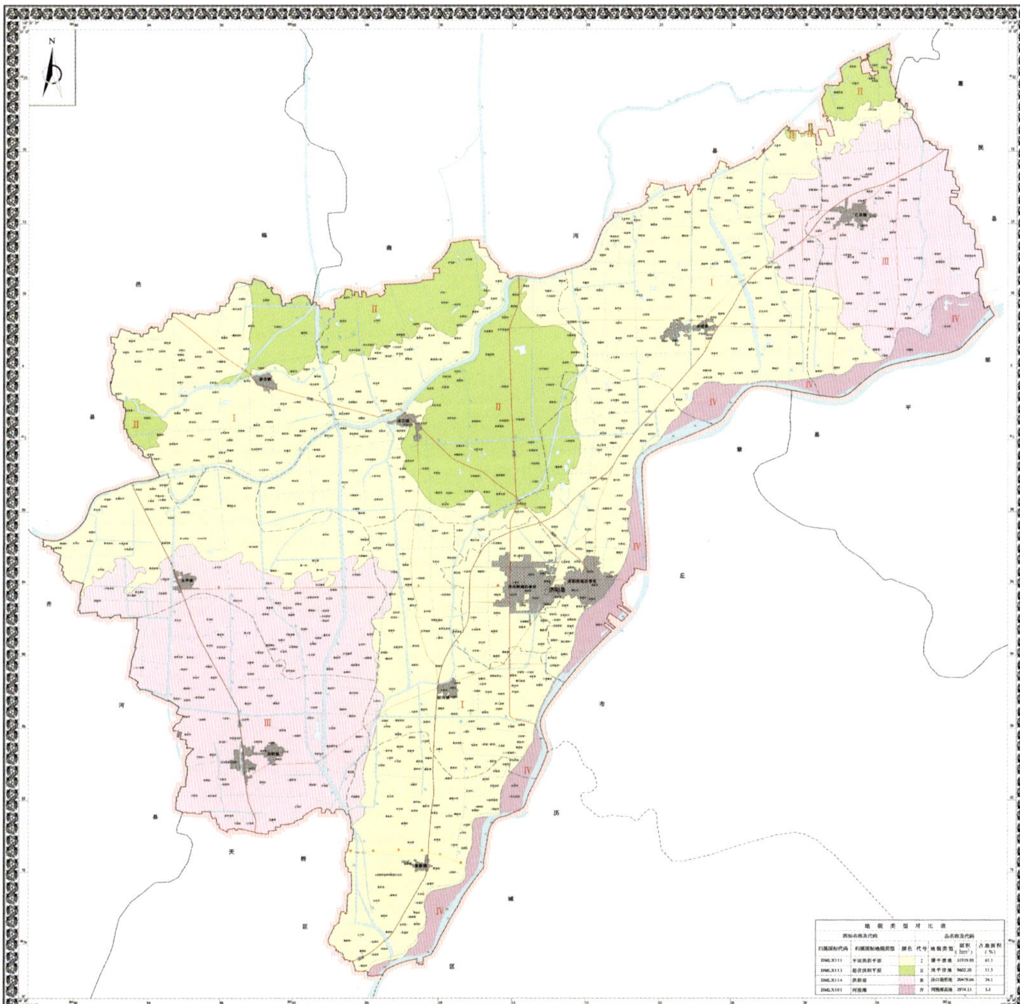

1954年北京坐标系 1956年黄海高程系　　比例尺：1∶425000　　山东天地亚太国土遥感有限公司 山东农业大学资源与环境学院 二〇〇九年十月

济阳县耕地地力调查点点位图

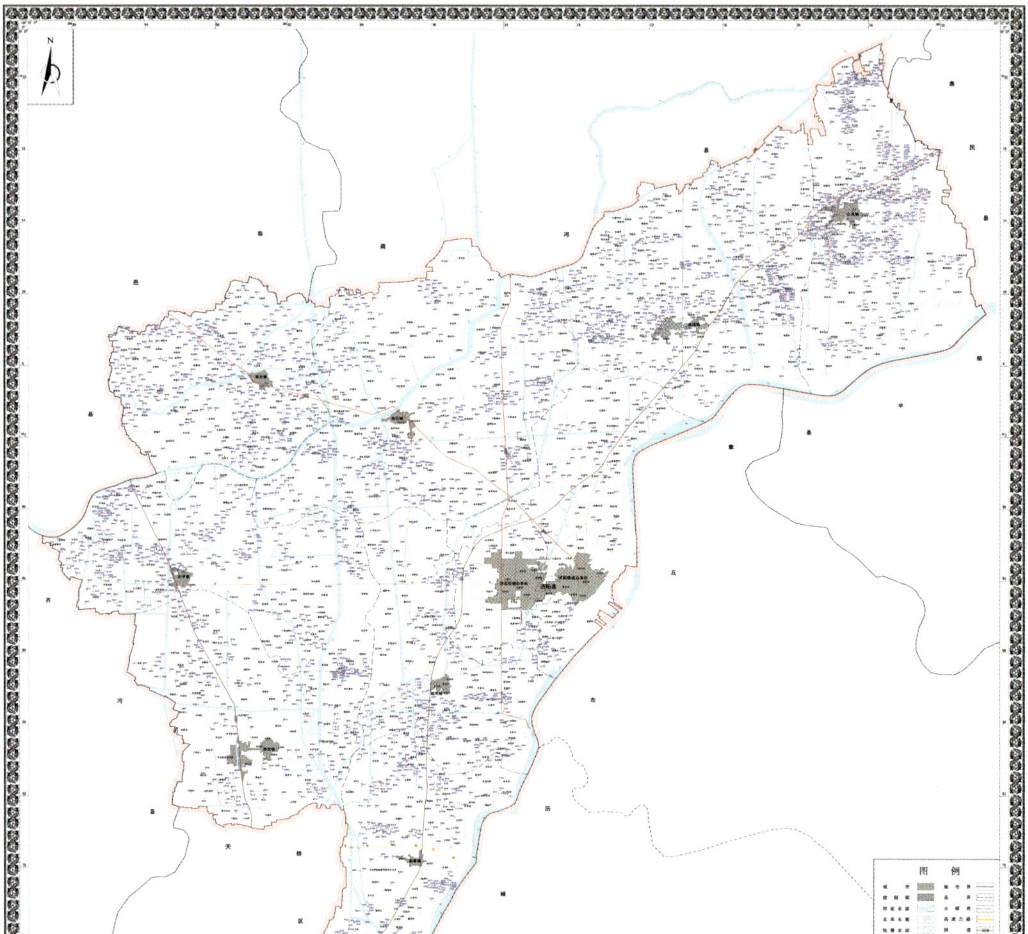

1954年北京坐标系 1956年黄海高程系　　比例尺：1∶425000　　山东天地亚太国土遥感有限公司　山东农业大学资源与环境学院　二〇〇九年十月

济阳县耕地地力评价等级图

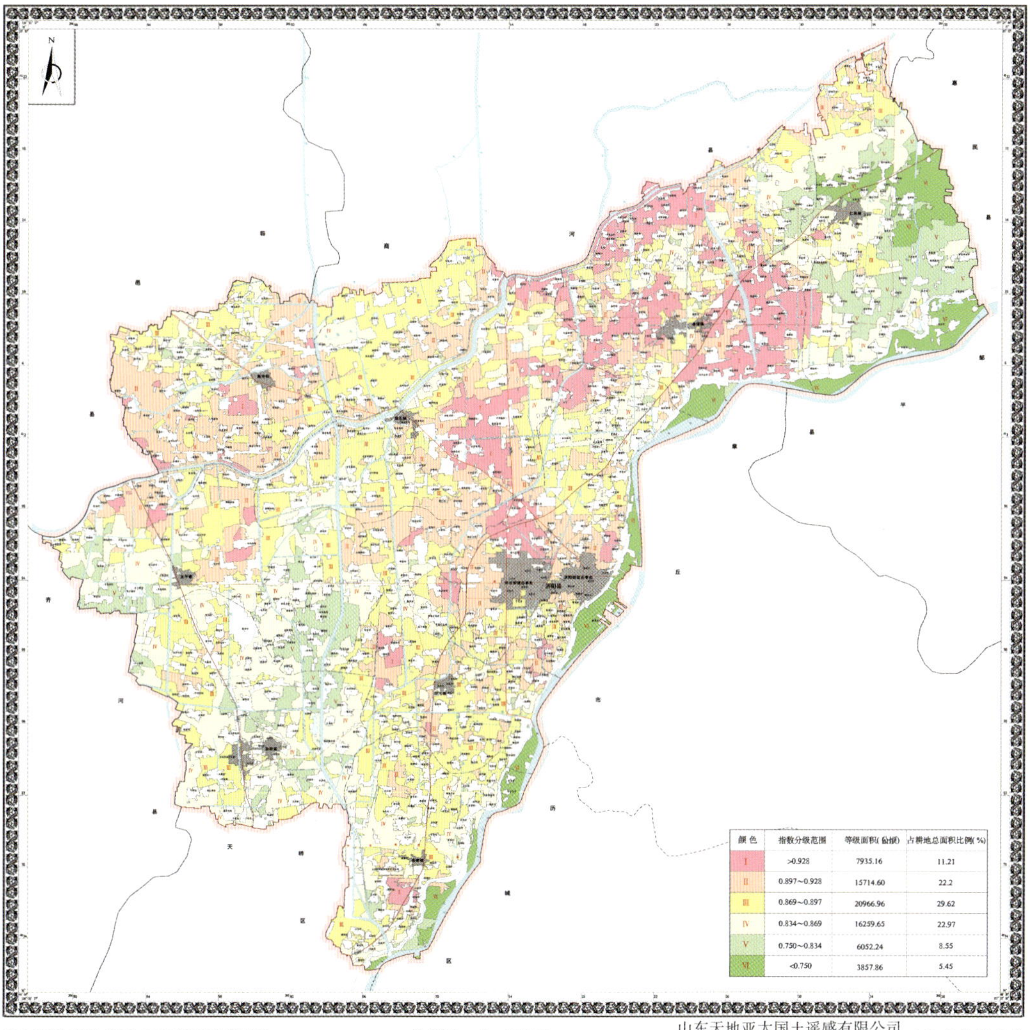

1954年北京坐标系 1956年黄海高程系　　比例尺：1∶425000　　山东天地亚太国土遥感有限公司 山东农业大学资源与环境学院 二〇〇九年十月

济阳县灌溉分区图

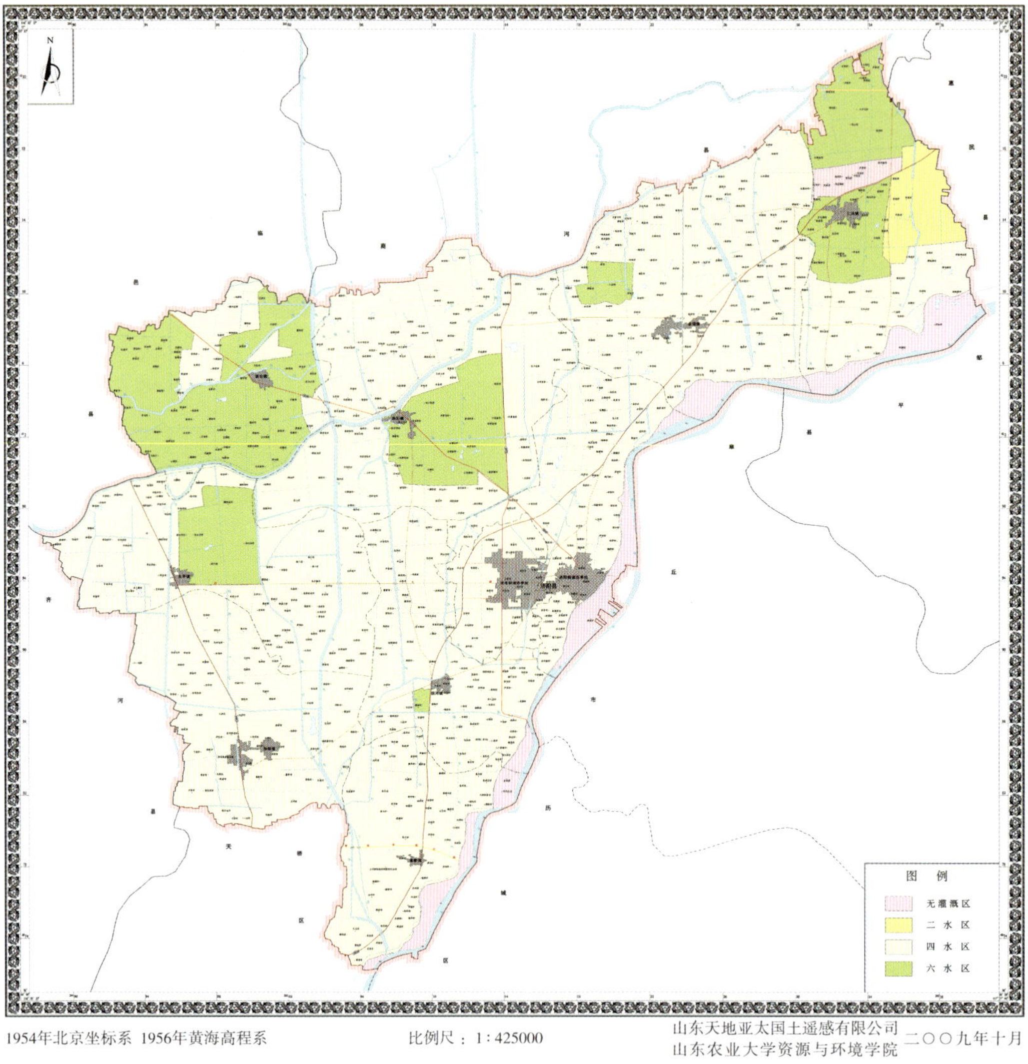

1954年北京坐标系 1956年黄海高程系　　比例尺：1∶425000　　山东天地亚太国土遥感有限公司
山东农业大学资源与环境学院　二○○九年十月

济阳县土壤pH分布图

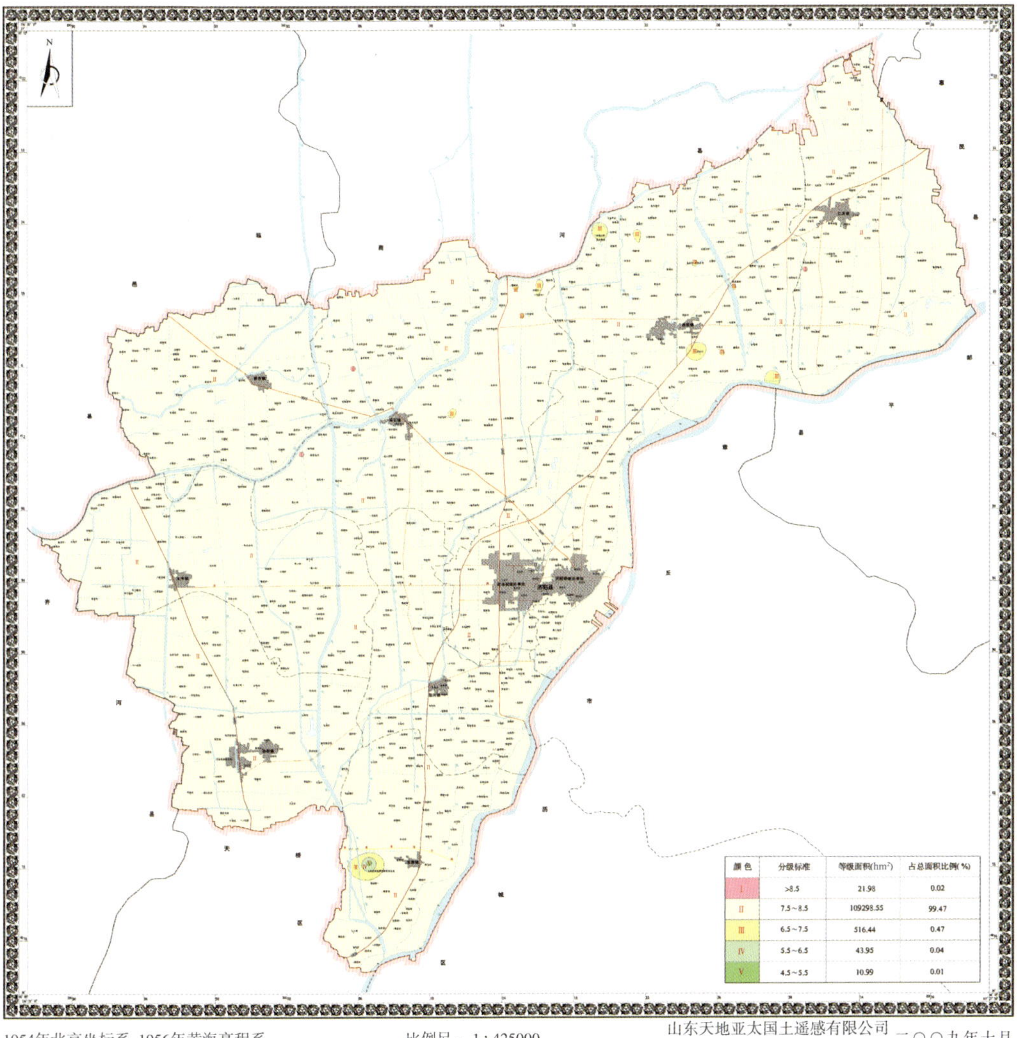

颜色	分级标准	等级面积(hm^2)	占总面积比例(%)
Ⅰ	>8.5	21.98	0.02
Ⅱ	7.5～8.5	109298.55	99.47
Ⅲ	6.5～7.5	516.44	0.47
Ⅳ	5.5～6.5	43.95	0.04
Ⅴ	4.5～5.5	10.99	0.01

1954年北京坐标系 1956年黄海高程系　　比例尺：1:425000　　山东天地亚太国土遥感有限公司 山东农业大学资源与环境学院　二〇〇九年十月

济阳县土壤有机质含量分布图

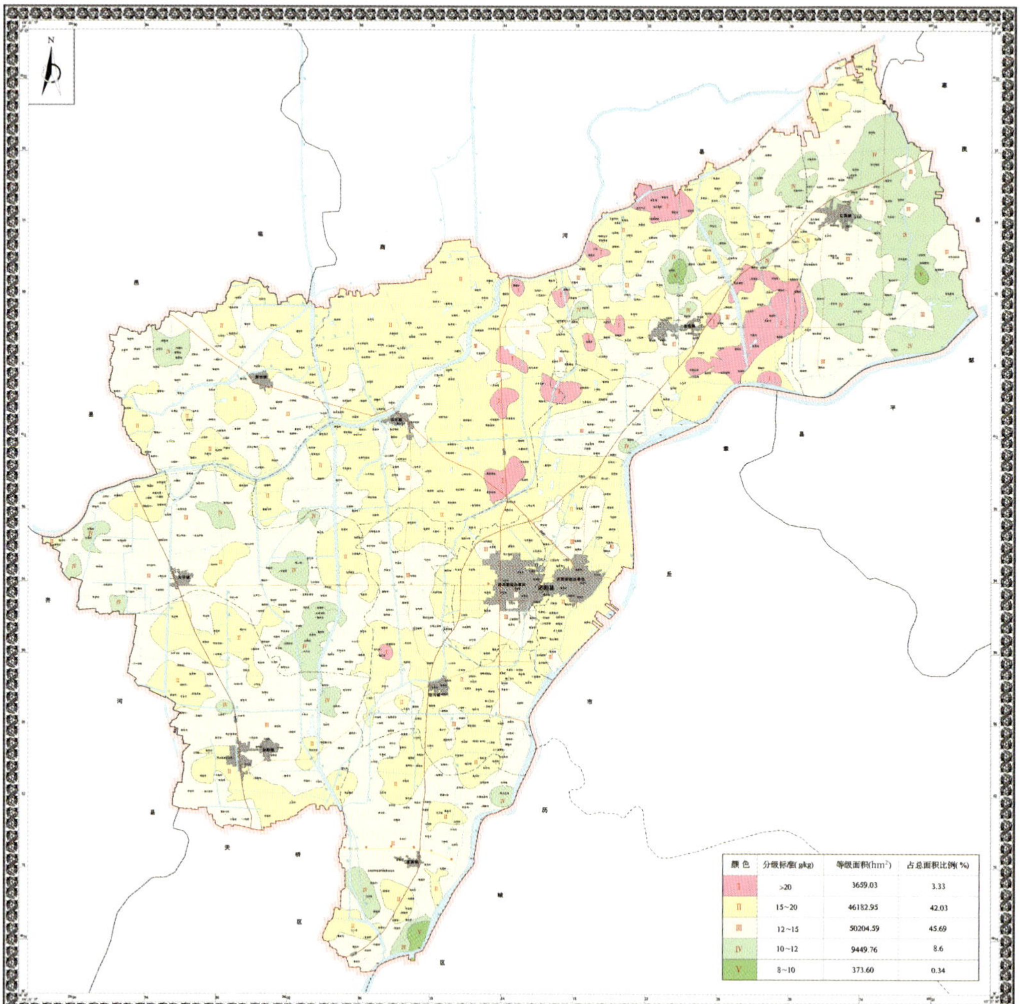

1954年北京坐标系 1956年黄海高程系　　比例尺：1:425000　　山东天地亚太国土遥感有限公司 山东农业大学资源与环境学院 二〇〇九年十月

济阳县土壤全氮含量分布图

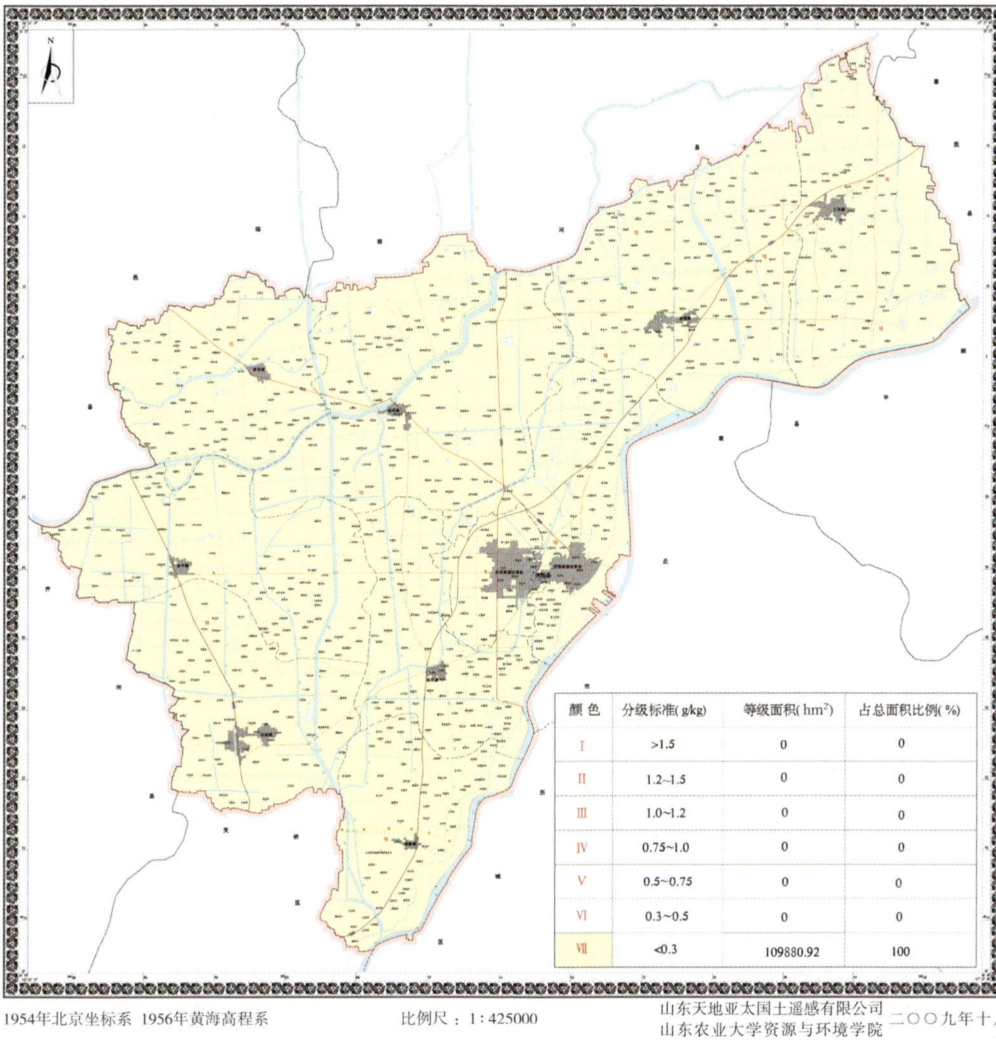

颜 色	分级标准(g/kg)	等级面积(hm^2)	占总面积比例(%)
Ⅰ	>1.5	0	0
Ⅱ	1.2~1.5	0	0
Ⅲ	1.0~1.2	0	0
Ⅳ	0.75~1.0	0	0
Ⅴ	0.5~0.75	0	0
Ⅵ	0.3~0.5	0	0
Ⅶ	<0.3	109880.92	100

1954年北京坐标系 1956年黄海高程系　　比例尺：1：425000　　山东天地亚太国土遥感有限公司 山东农业大学资源与环境学院 二○○九年十月

济阳县土壤碱解氮含量分布图

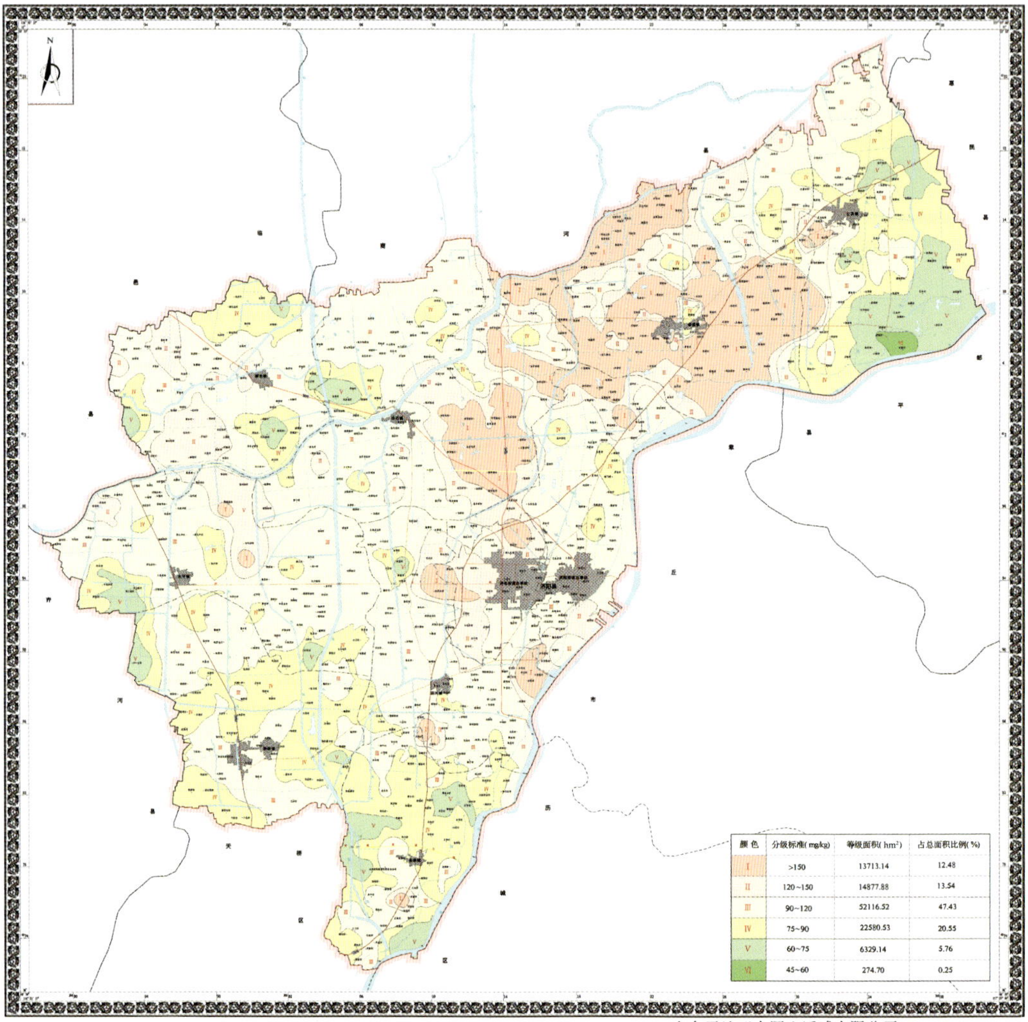

颜色	分级标准(mg/kg)	等级面积(hm²)	占总面积比例(%)
Ⅰ	>150	13713.14	12.48
Ⅱ	120~150	14877.88	13.54
Ⅲ	90~120	52116.52	47.43
Ⅳ	75~90	22580.53	20.55
Ⅴ	60~75	6329.14	5.76
Ⅵ	45~60	274.70	0.25

1954年北京坐标系 1956年黄海高程系　　比例尺：1∶425000　　山东天地亚太国土遥感有限公司 山东农业大学资源与环境学院　二〇〇九年十月

济阳县土壤缓效钾含量分布图

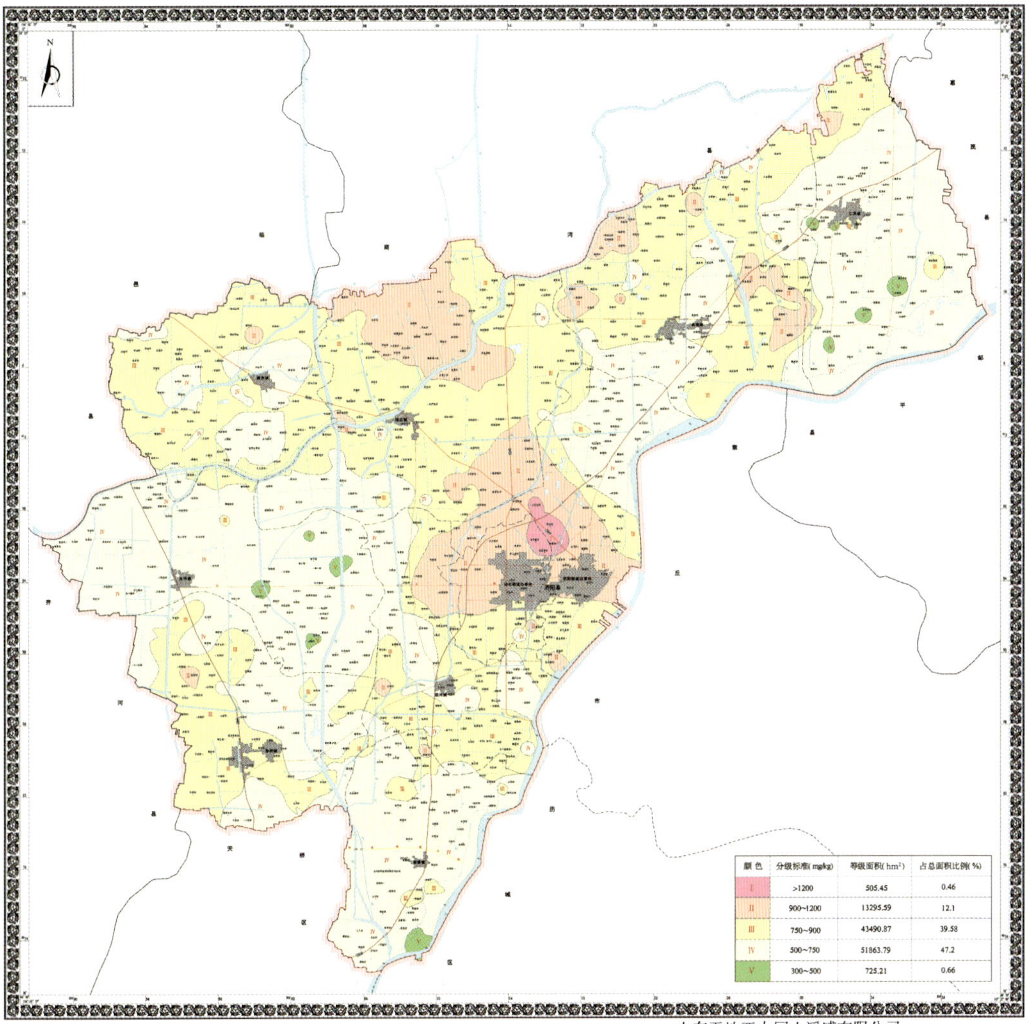

颜色	分级标准(mg/kg)	等级面积(hm^2)	占总面积比例(%)
Ⅰ	>1200	505.45	0.46
Ⅱ	900~1200	13295.59	12.1
Ⅲ	750~900	43490.87	39.58
Ⅳ	500~750	51863.79	47.2
Ⅴ	300~500	725.21	0.66

1954年北京坐标系 1956年黄海高程系　　比例尺：1∶425000　　山东天地亚太国土遥感有限公司　山东农业大学资源与环境学院　二〇〇九年十月

济阳县土壤速效钾含量分布图

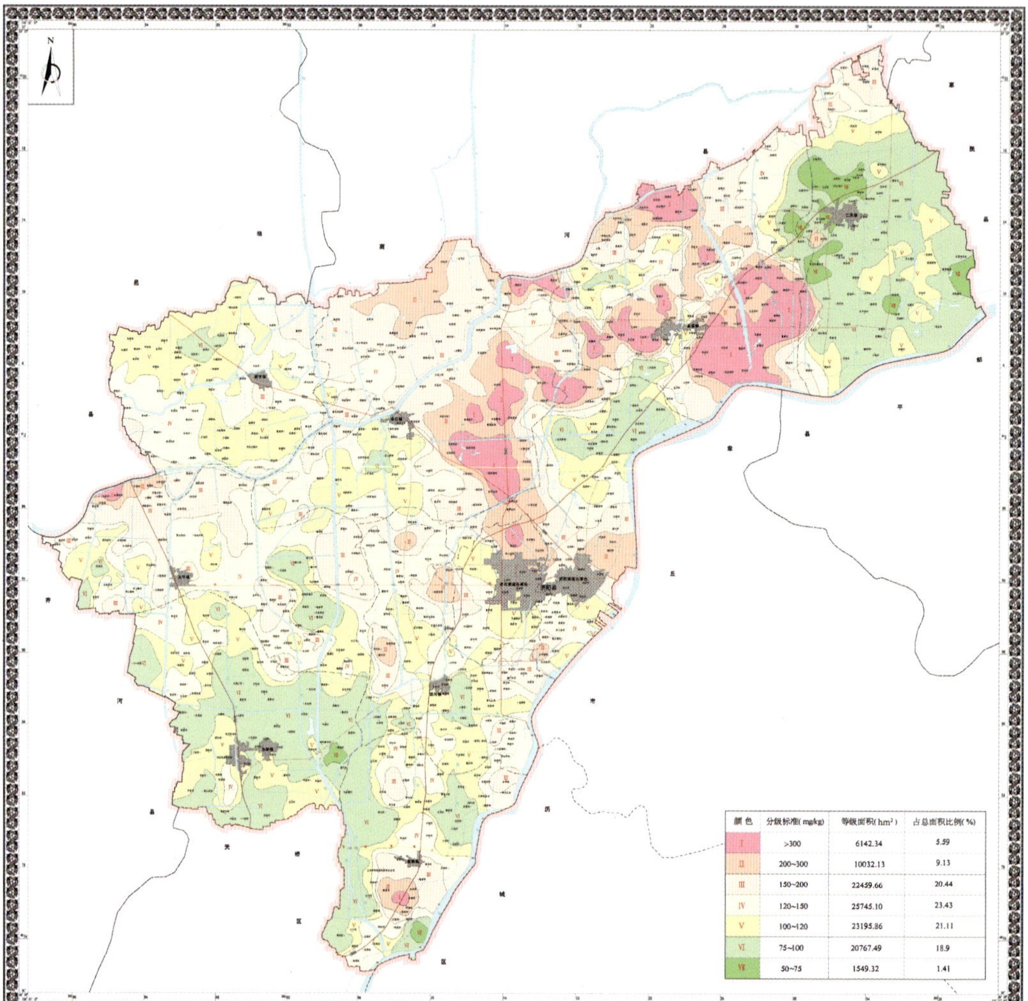

1954年北京坐标系 1956年黄海高程系　　比例尺：1∶425000　　山东天地亚太国土遥感有限公司 山东农业大学资源与环境学院　二〇〇九年十月

济阳县土壤交换性钙含量分布图

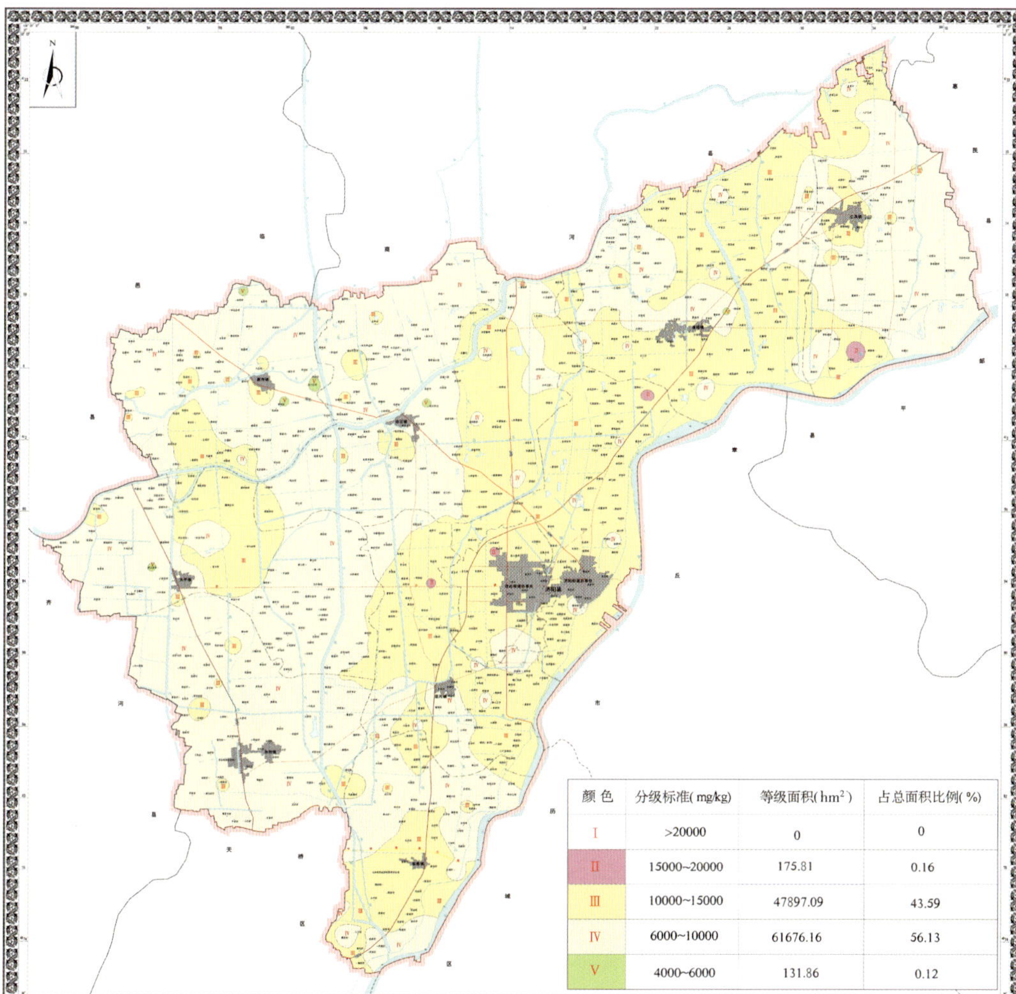

颜色	分级标准(mg/kg)	等级面积(hm^2)	占总面积比例(%)
Ⅰ	>20000	0	0
Ⅱ	15000~20000	175.81	0.16
Ⅲ	10000~15000	47897.09	43.59
Ⅳ	6000~10000	61676.16	56.13
Ⅴ	4000~6000	131.86	0.12

1954年北京坐标系 1956年黄海高程系

比例尺：1:425000

山东天地亚太国土遥感有限公司
山东农业大学资源与环境学院 二〇〇九年十月

济阳县土壤交换性镁含量分布图

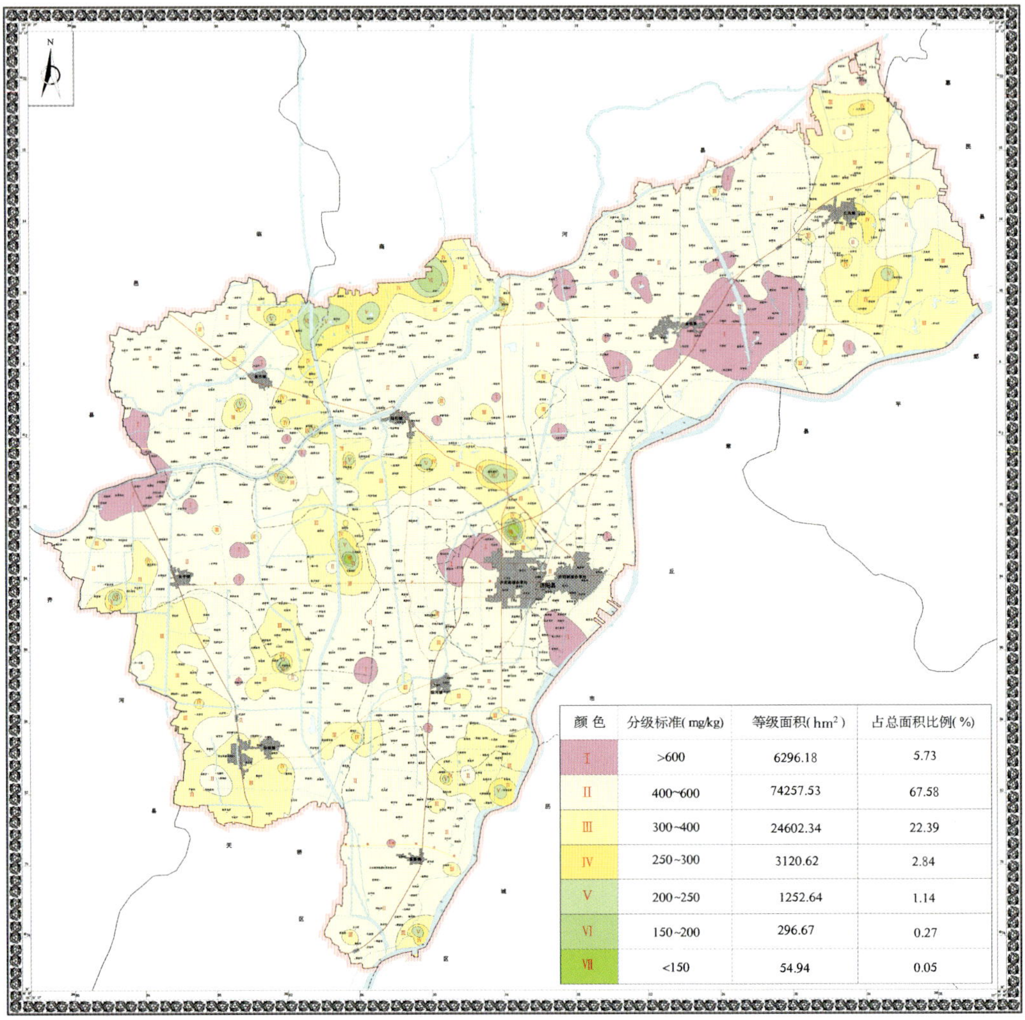

颜色	分级标准(mg/kg)	等级面积(hm^2)	占总面积比例(%)
Ⅰ	>600	6296.18	5.73
Ⅱ	400~600	74257.53	67.58
Ⅲ	300~400	24602.34	22.39
Ⅳ	250~300	3120.62	2.84
Ⅴ	200~250	1252.64	1.14
Ⅵ	150~200	296.67	0.27
Ⅶ	<150	54.94	0.05

1954年北京坐标系 1956年黄海高程系　　比例尺：1：425000

山东天地亚太国土遥感有限公司
山东农业大学资源与环境学院　二〇〇九年十月

济阳县潜水矿化度分布图

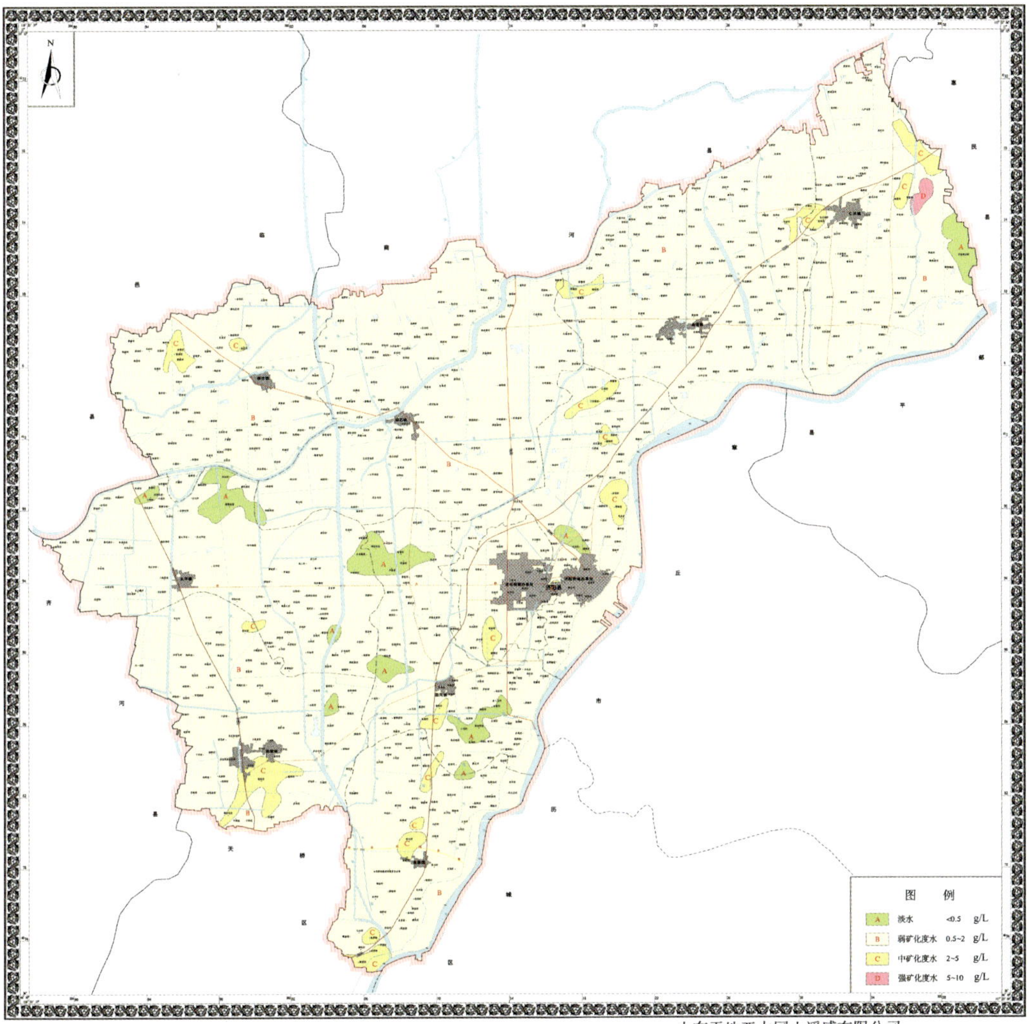

1954年北京坐标系 1956年黄海高程系　　比例尺：1∶425000　　山东天地亚太国土遥感有限公司 山东农业大学资源与环境学院　二〇〇九年十月

济阳县土壤有效磷含量分布图

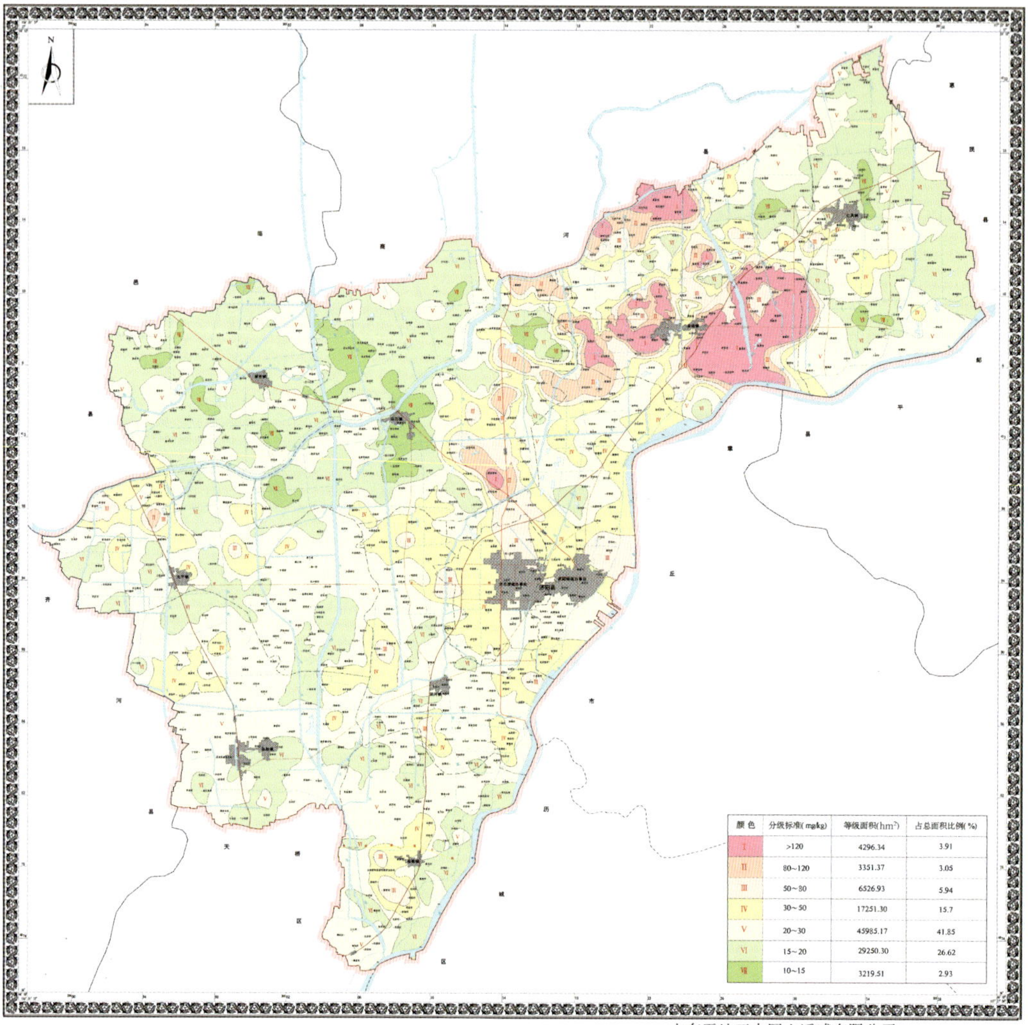

颜色	分级标准(mg/kg)	等级面积(hm^2)	占总面积比例(%)
Ⅰ	>120	4296.34	3.91
Ⅱ	80~120	3351.37	3.05
Ⅲ	50~80	6526.93	5.94
Ⅳ	30~50	17251.30	15.7
Ⅴ	20~30	45985.17	41.85
Ⅵ	15~20	29250.30	26.62
Ⅶ	10~15	3219.51	2.93

1954年北京坐标系 1956年黄海高程系

比例尺：1∶425000

山东天地亚太国土遥感有限公司
山东农业大学资源与环境学院
二〇〇九年十月

济阳县土壤有效硫含量分布图

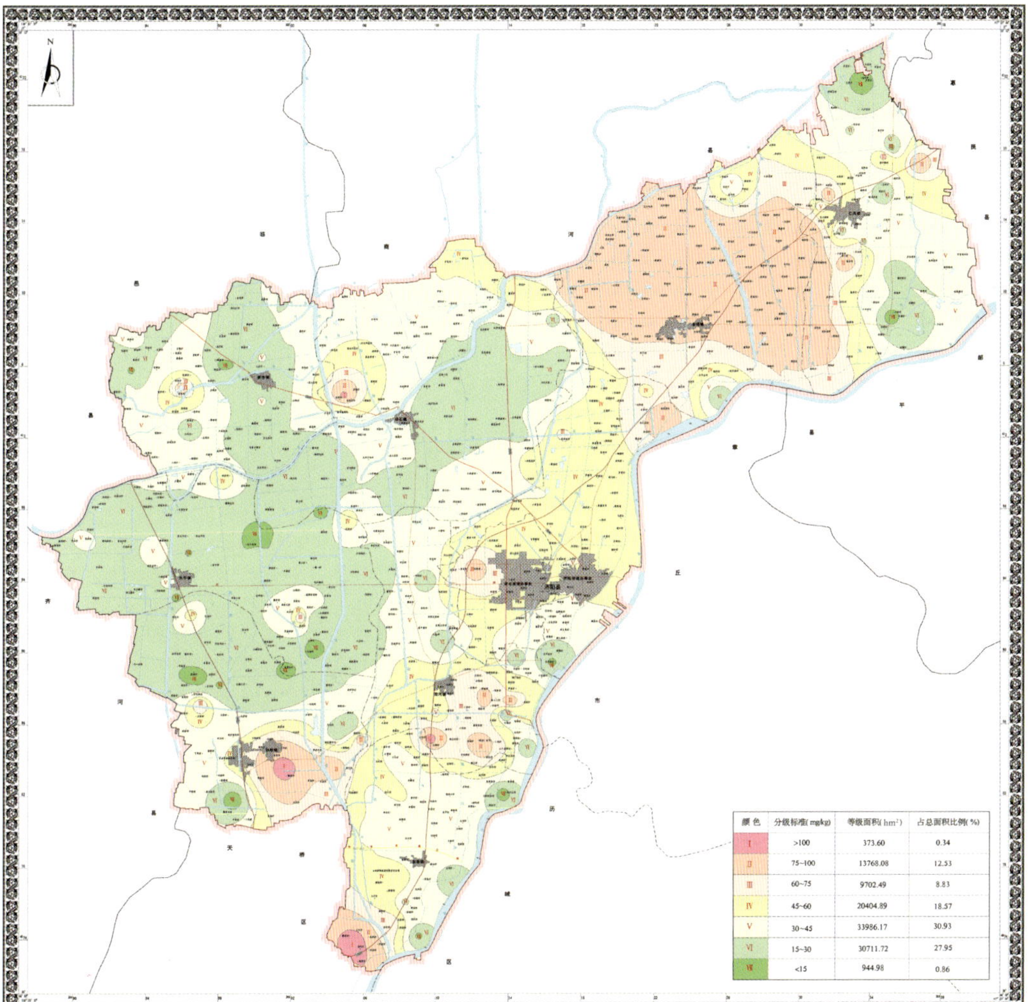

颜 色	分级标准(mg/kg)	等级面积(hm²)	占总面积比例(%)
Ⅰ	>100	373.60	0.34
Ⅱ	75~100	13768.08	12.53
Ⅲ	60~75	9702.49	8.83
Ⅳ	45~60	20404.89	18.57
Ⅴ	30~45	33986.17	30.93
Ⅵ	15~30	30711.72	27.95
Ⅶ	<15	944.98	0.86

1954年北京坐标系 1956年黄海高程系　　比例尺：1∶425000　　山东天地亚太国土遥感有限公司　山东农业大学资源与环境学院　二〇〇九年十月

济阳县土壤有效锰含量分布图

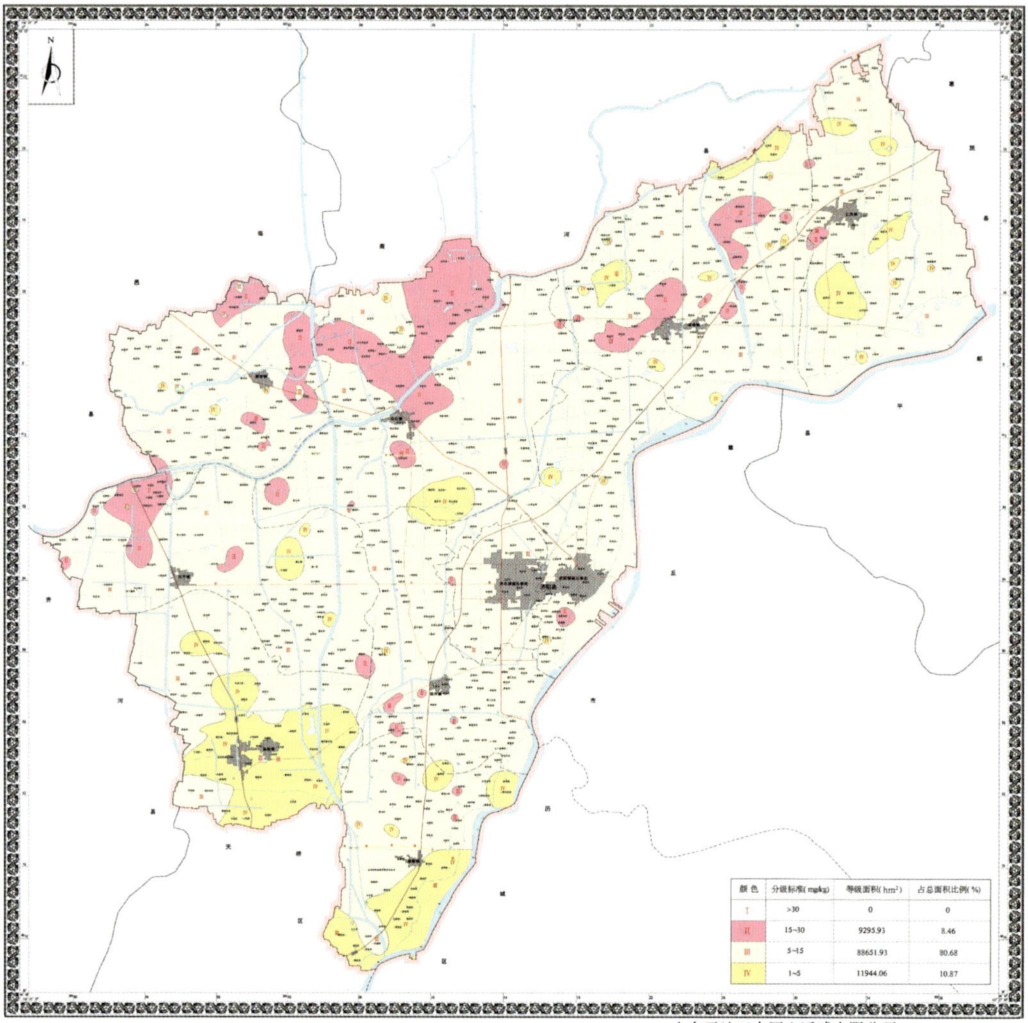

颜色	分级标准(mg/kg)	等级面积(hm^2)	占总面积比例(%)
Ⅰ	>30	0	0
Ⅱ	15~30	9295.93	8.46
Ⅲ	5~15	88651.93	80.68
Ⅳ	1~5	11944.06	10.87

1954年北京坐标系 1956年黄海高程系　　比例尺：1∶425000　　山东天地亚太国土遥感有限公司 山东农业大学资源与环境学院　二〇〇九年十月

济阳县土壤有效钼含量分布图

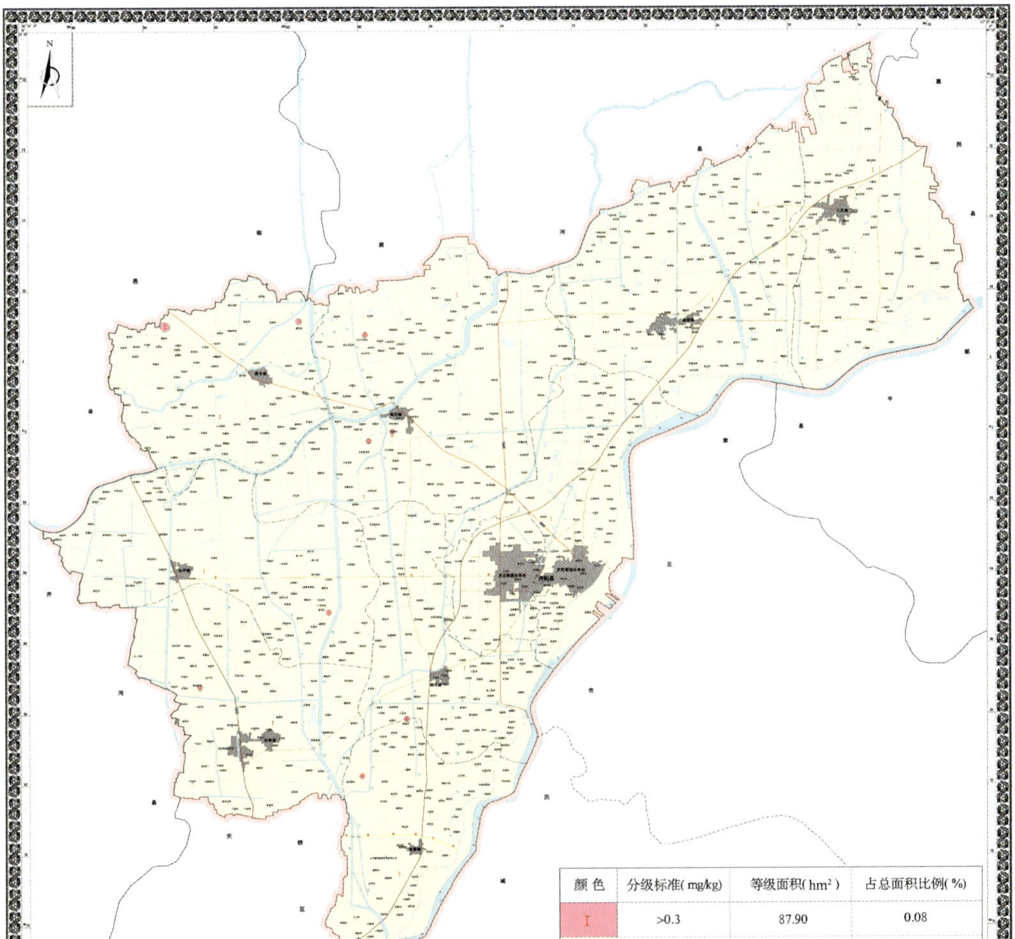

1954年北京坐标系 1956年黄海高程系　　比例尺：1∶425000　　山东天地亚太国土遥感有限公司 山东农业大学资源与环境学院 二○○九年十月

济阳县土壤有效硼含量分布图

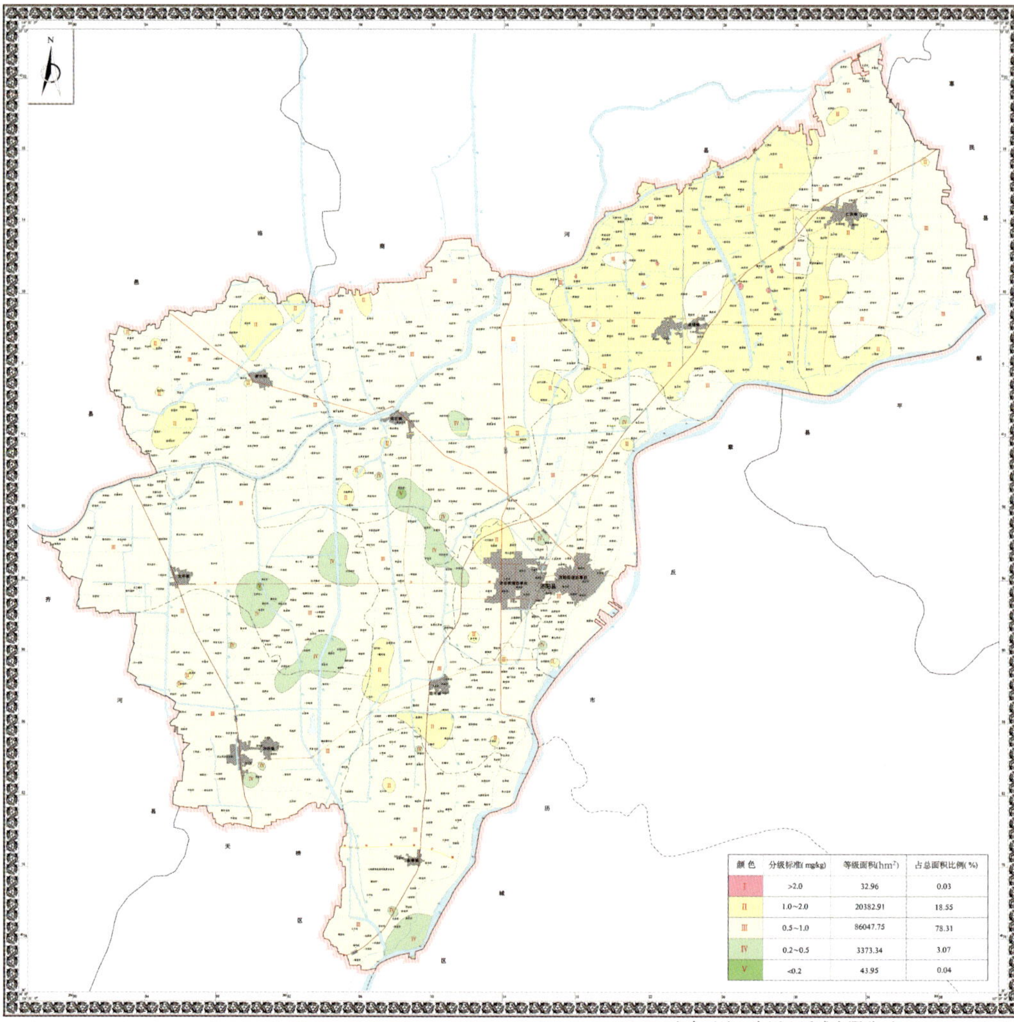

颜色	分级标准(mg/kg)	等级面积(hm^2)	占总面积比例(%)
Ⅰ	>2.0	32.96	0.03
Ⅱ	1.0~2.0	20382.91	18.55
Ⅲ	0.5~1.0	86047.75	78.31
Ⅳ	0.2~0.5	3373.34	3.07
Ⅴ	<0.2	43.95	0.04

1954年北京坐标系 1956年黄海高程系　　比例尺：1∶425000　　山东天地亚太国土遥感有限公司 山东农业大学资源与环境学院　二〇〇九年十月

济阳县土壤有效铁含量分布图

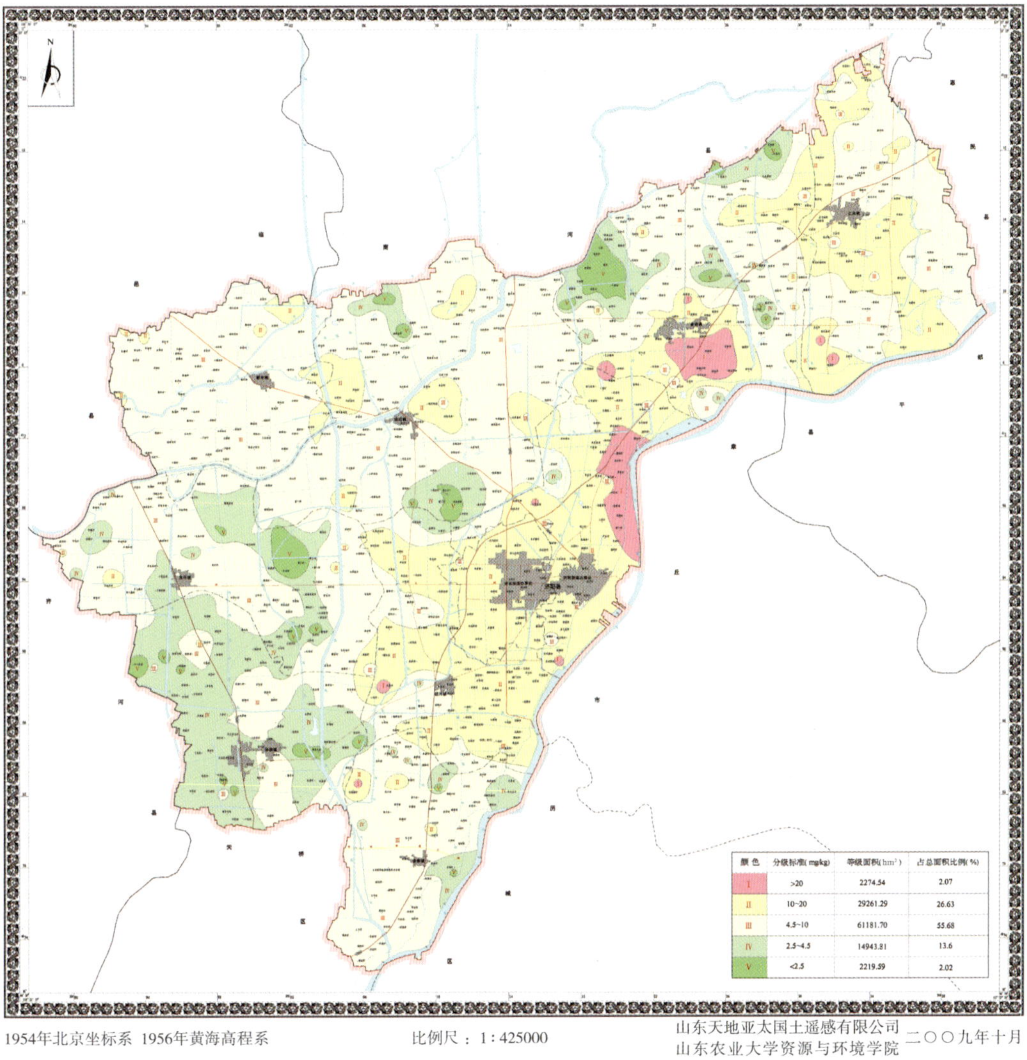

颜色	分级标准(mg/kg)	等级面积(hm²)	占总面积比例(%)
I	>20	2274.54	2.07
II	10~20	29261.29	26.63
III	4.5~10	61181.70	55.68
IV	2.5~4.5	14943.81	13.6
V	<2.5	2219.59	2.02

1954年北京坐标系 1956年黄海高程系　　比例尺：1∶425000　　山东天地亚太国土遥感有限公司 山东农业大学资源与环境学院 二〇〇九年十月

济阳县土壤有效铜含量分布图

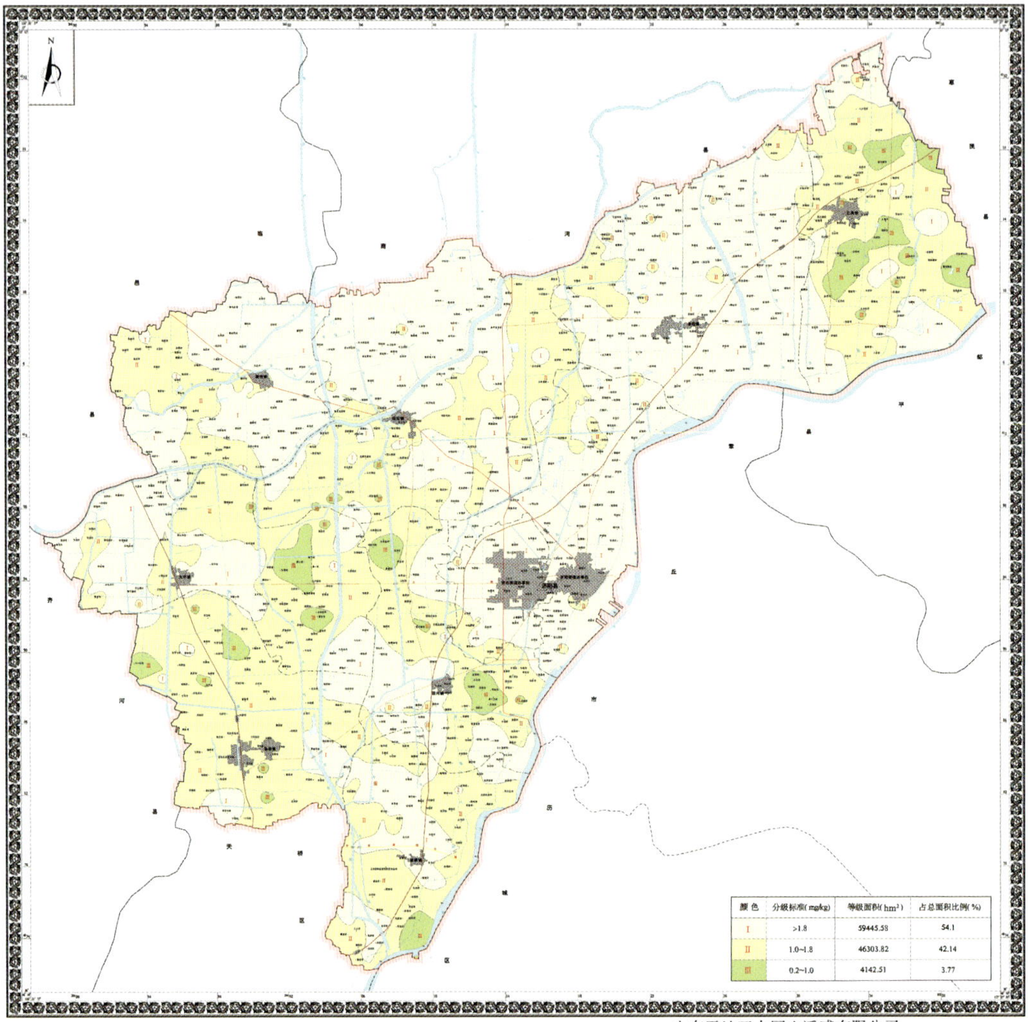

颜色	分级标准(mg/kg)	等级面积(hm²)	占总面积比例(%)
I	>1.8	59445.58	54.1
II	1.0~1.8	46303.82	42.14
III	0.2~1.0	4142.51	3.77

1954年北京坐标系 1956年黄海高程系　　比例尺：1∶425000　　山东天地亚太国土遥感有限公司
山东农业大学资源与环境学院　二〇〇九年十月

济阳县土壤有效锌含量分布图

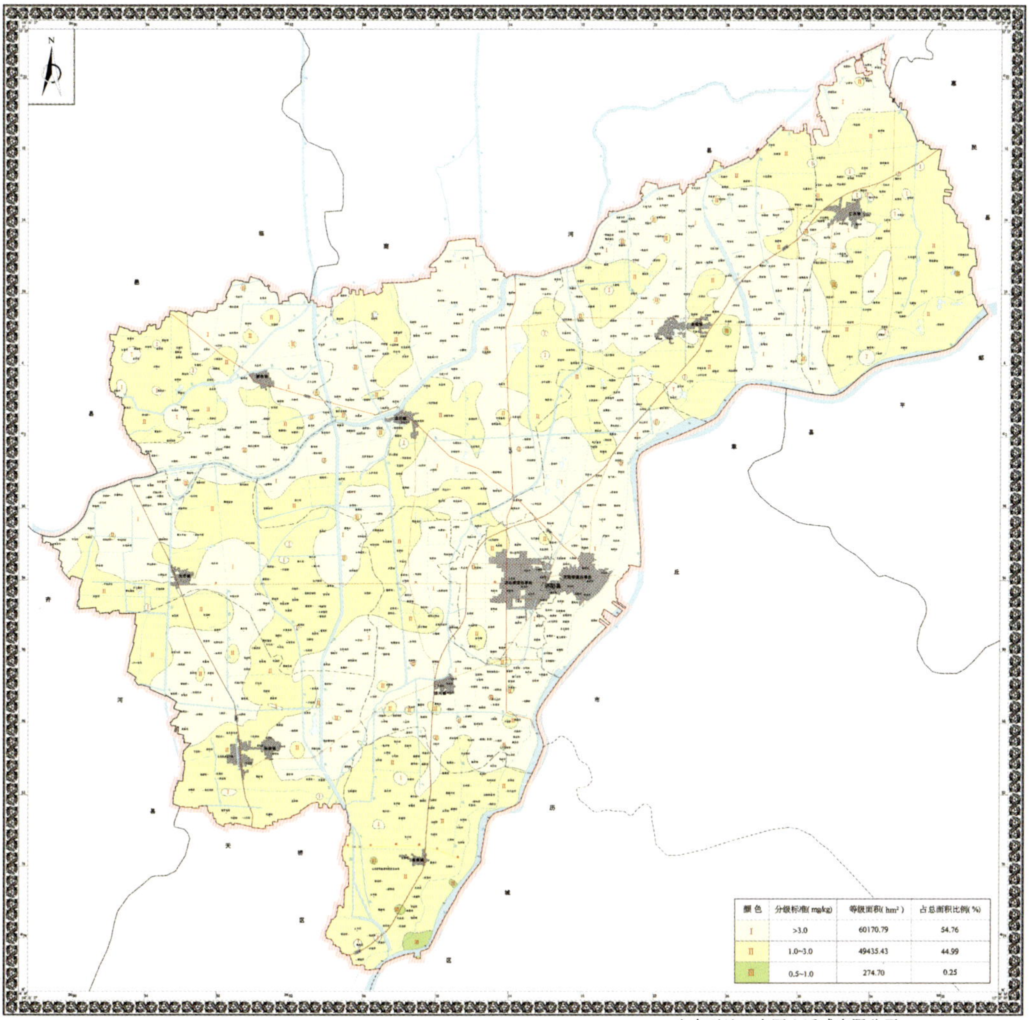

颜色	分级标准(mg/kg)	等级面积(hm²)	占总面积比例(%)
Ⅰ	>3.0	60170.79	54.76
Ⅱ	1.0~3.0	49435.43	44.99
Ⅲ	0.5~1.0	274.70	0.25

1954年北京坐标系 1956年黄海高程系　　比例尺：1∶425000　　山东天地亚太国土遥感有限公司 山东农业大学资源与环境学院 二〇〇九年十月

主要参考文献

[1]沈其荣.土壤肥料学通论.北京:高等教育出版社,2001

[2]山东省土壤肥料总站.山东省测土配方施肥工作暨培训会议材料,2006

[3]山东省土壤肥料工作站.山东土壤.北京:中国农业出版社,1994

[4]山东省土壤肥料工作站.山东土种志.北京:农业出版社,1993

[5]济南市土壤肥料工作站.济南市土壤(内部资料),2004

[6][日]大久保隆弘.作物轮作技术与理论.北京:农业出版社,1982

[7]中国作物学会,全国耕作制度研究会.耕作制度研究论文集.北京:农业出版社,1981

[8]南京土壤研究所.中国土壤系统分类(修订方案).北京:中国农业科学技术出版社,1995

[9]岳玉德,李涛.青州耕地.济南:山东大学出版社,2004

[10]济阳县农业局土肥站.济阳土壤志(内部资料),1984

[11]济阳县气象局.历年气象资料(内部资料),2004

[12]济阳县统计局.济阳统计年鉴(内部资料),1987～2010

[13]济阳县国土资源局.土地面积年报表(内部资料),2010

[14]杨彦程.农业测土配方施肥工作实务全书.北京:银声音像出版社,2005

[15]褚天铎等.化肥科学使用指南.北京:金盾出版社,2002

[16]张炳宁,彭世琪,张月平.县域耕地资源管理信息系统数据字典(第二版).北京:中国农业出版社,2008

[17]张绍迎,李涛,吴兵.章丘耕地.济南:山东大学出版社,2006